风华绝代

——民国上海四才女之张爱玲传

FENGHUA JUEDAI

邵江天 著

时代出版传媒股份有限公司
安徽文艺出版社

图书在版编目(CIP)数据

风华绝代——民国上海四才女之张爱玲传/邵江天著.—合肥：安徽文艺出版社，2012.1
ISBN 978-7-5396-3769-3

Ⅰ.①风… Ⅱ.①邵… Ⅲ.①张爱玲(1920~1995)-传记 Ⅳ.①K825.6

中国版本图书馆CIP数据核字(2011)第135282号

出版人：朱寒冬　　策划人：刘哲
责任编辑：刘哲　刘姗姗　　装帧设计：徐睿

出版发行：时代出版传媒股份有限公司　www.press-mart.com
安徽文艺出版社　www.awpub.com
地　址：合肥市翡翠路1118号　邮政编码：230071
营销部：(0551)3533889
印　制：合肥华星印务有限责任公司　(0551)5714687

开本：700×1010　1/16　印张：14　字数：290千字
版次：2012年1月第1版　2012年1月第1次印刷
定价：28.00元

序

张爱玲既是一个传奇，也是一个谜。这一切都源于她那奇绝的才华、独特的个性、“高贵的血统”、离奇的怪癖和灰色的婚姻。

张爱玲最初成名于二十三四岁，心智的早慧使她的文学才华一飞冲天，惊艳于上海滩的同时也唤起了历史的记忆。于是，张爱玲便成为一个符号，像一颗发光的恒星一样在时间深处闪烁。

张爱玲有一句名言：“出名要趁早。”她是这句名言的践行者。九岁时就给报纸的编辑写信尝试投稿，十二岁时就发表了第一篇小说《不幸的她》。五岁时与弟弟玩耍时就能杜撰出剿灭山大王的故事，然后就依据这样的“故事”情节来组织攻守。她的创作才华源于阅读，七八岁时她就通读了《西游记》，十岁时就开始翻阅《红楼梦》，当她的“两炉香”烧遍大江南北的时候，漫说创作了，大多数与她同龄的女孩子，就连读懂这些小说都做不到。

张爱玲的“自私”是颇为惊世骇俗的。即使与母亲黄逸梵、姑姑张茂渊、最要好的朋友炎樱交往，她也是锱铢必较的。她曾喜滋滋地对胡兰成说：“我姑姑说我是财迷。”事实上，张爱玲的“财迷”特性几乎是与生俱来的，一岁时生日“抓周”，面对那么多好看、好玩的东西她都不屑看上一眼，唯独抓起了一个“小金镑”。张爱玲的全部个性都是从这里出发的。因此，要读懂张爱玲，首先就要掌握她“自私”这一特性，否则你就永远也无法了解她。

张爱玲的“自私”是对一个名门望族曾经极度富有的反动。她的血管里流淌着先辈李鸿章、张佩纶、黄翼升的血液，李、张、黄三个名门望族富可敌国的历史尘封了子孙后代对于金山银海的想象力。于是，张爱玲的“财迷”特性就构成了对这一“高贵血统”的反讽。

与这一“反讽”相映成趣的是她的怪癖:从颜色到气味,从着装到饮食,凡是别人不喜欢甚或厌恶的东西,差不多都是张爱玲的最爱。张爱玲的这些怪癖直接浸润到她的性格纹路里,从而把自己与一般人作了区隔,她那“生命是一袭华美的袍,爬满了蚤子”的说法,其实不是哲学意义上的深刻,而是无可奈何的自我写照的宿命。

及至让这些“怪癖”辐射到人生的大事上来,就出现了她与胡兰成的那桩婚姻。在这桩婚姻中,张爱玲赔了,赔得一无所有。

如今人们一说起“张胡恋”,似乎已经习惯于把这桩婚姻的全部责任都加诸胡兰成的阴险狡诈,以及他玩弄感情的得心应手。其实,胡兰成驭女有方有术固然不假,但是客观地说,张爱玲对于促成这桩婚姻也并非全是被动的。事实上,张爱玲是深深爱着胡兰成的,她写在照片后面的那几句话绝对不是虚情假意的应酬,而是真情实感的表达:“见了他,她变得很低很低,低到尘埃里,但她心里是欢喜的,从尘埃里开出花来。”当然,我们说张爱玲在这桩婚姻中赔了,赔得一无所有,只是大而化之的说法。其实,胡兰成对于张爱玲在文学上的积极影响是润物细无声的周到,胡兰成的文字功夫是不可小觑的。

胡兰成的不堪之处是他的汉奸身份和滥情浮浪,糟糕的是,张爱玲对于这些“不堪之处”的麻木。当她最终为自己的“麻木”付出沉重代价的时候,历史却在一旁发出狡黠的一笑:恺撒的归恺撒,上帝的归上帝,人生没有“如果”,张爱玲必须为自己的“昏招”埋单。不管她愿意不愿意,胡兰成早已成为她生命密码的组成部分,人们无法完全避开胡兰成去评价张爱玲。其差别在于:张爱玲是唯一的,而胡兰成不是。

邵江天

2011年3月于上海“熙与·昊中”别墅

目　录

第一章 多事之秋的名门哀乐

一、张煐出世

1920年9月30日，张爱玲出生在上海距离苏州河不远的一幢别墅里。别墅位于麦德赫司脱路（今泰兴路）和麦根路（今泰安路）的转角上，与苏州河仅仅隔着一条马路，过了河就是闸北区。它是一幢清末民初时建造的房子，仿照西方建筑风格，房间很多而进深幽远。后院有一圈房子以供用人居住，有二十多个各自独立的房间。住房的下面是一个面积同样大小的地下室，通气孔都是圆形的，一个个都与后院用人房的房门相对着。平时地下室不派什么用场，只堆放一些杂物什么的，算是个可有可无的储物间。

这幢别墅如今仍在。我近距离地观察它的外貌时，实在看不出它与张爱玲这个名字能有什么联系。破败零落，灰头土脸，难免让人顿生今昔沧桑之慨。

由于命中缺火，刚刚出世的张爱玲被取名为张煐。张家已有许多年没有添丁加口，虽然是个女孩，但张爱玲的出生，还是给这个家庭带来了一点喜庆、欢乐的气氛。

张爱玲出生的时候，尽管她的祖父、曾祖父辈都已经不在人世，然而他们的血脉仍然非常鲜活。看到一个小生命的诞生，人们不能不联想到她的先人。

张爱玲的外曾祖父、晚清重臣李鸿章，官至文华殿大学士。

张爱玲的曾祖父张印塘是清末镇压太平军的一名悍将，官至安徽按察司按察使。1854年闰七月，张印塘病逝于前往徽州的船上。张印塘与李鸿章结识于团练时期的练兵场上，由于性情相近且志趣相投，两人很快就成为十分要好的朋友。虽然他们的交往时间不长，但张、李两家的交情却一直绵延到他们的下一代。

1871年，张印塘的儿子张佩纶以辛未进士的身份被授予翰林院编修之职，官至侍讲学士、署左副都御史。张佩纶的口才很好，能言善辩，并且擅长交际。他为人耿直且疾恶如仇，进入朝廷为官不久后就成为“清流党”的一员干将，奏折频频，纵论国是；抨击时弊，参劾大臣。朝廷上下，无人不知张佩纶。天长日久，难免树敌无数，从此埋下了日后折戟沉沙、命运多舛的种子。

尽管张佩纶由于锋芒过露而得罪了许多王公大臣，但却得到晚清重臣李鸿章的赏识。李鸿章之所以赏识张佩纶，于公，是赞赏他正直清廉、疾恶如仇的禀赋和勇气；于私，是心心念念与他父亲张印塘之间的友情，很想在关键时刻拉他一把。但终是形势比人强，还没有等到李鸿章伸出援手，作为一只始终处于“明处”的“出头鸟”，张佩纶已经被众多枪口瞄上了。

1883年12月，中法战争爆发，朝廷形成了主战与主和的两派，其时，张佩纶是主战派中的骨干。为了打击主战派，以慈禧为首的投降派使出了十分阴险的损招，让从未带过一兵一卒的书生张佩纶赶赴福建去会办海疆保卫事宜。这是一个一举两得的“好主意”，一方面，得以冠冕堂皇地把张佩纶赶出北京，让他没有机会再在朝廷内部兴风作浪；另一方面，也让他领教一下战败后面临的严厉责罚，必欲置之死地而后快。

事实上，从张佩纶接旨赴闽的那一刻起，他的失败就已经是注定了的。那时的福建海防，虽然也有几门近乎摆设的大炮放在那儿，但和法军早有准备的坚船利炮相比，简直不堪一击。1884年8月23日，马江战役开打，结果，法舰只用了不到两个钟头的时间，就把外强中干的福建水师打了个落花流水，福建水师不仅全军覆没，而且就连马尾船厂都被炸了个稀巴烂。接着，法军一鼓作气沿江而上，只在短短几天的时间内，就把闽江口至马尾的所有炮台都摧毁殆尽。结果可想而知，张佩纶不仅是这场战役的直接参与者，而且也是迎战法军的中方主将，如今既已惨败，需要为这一败绩负全部责任的，无疑首推张佩纶。朝廷先是给他安了个“临阵脱逃”的罪名，由于曾经被张佩纶弹劾过的众多大臣联名上疏诋毁，慈禧太后便下令严办，将张佩纶发配到察哈尔军台去戍边赎罪。发配后，一应官俸全部取消，所有开支费用一律自理。而其时的张佩纶，身无分文，一贫如洗，“官俸”既已“取消”，“开支”还如何“自理”？在这艰难时刻，张佩纶四顾茫然，他隐隐地意识到，此去“戍边”，凶多吉少，他本来就有病在身，如今却要他这个南方人到察哈尔那样一

张爱玲的祖父张佩纶

张爱玲的外曾祖父李鸿章,在朝四十余年,无一日不在要津。

个极寒的北方去戍边,那还不如要他的性命。是的,要不是李鸿章悄悄地及时赠银相助,张佩纶是无论如何也挺不过那三年"戍边赎罪"的艰难岁月的。就这一点而言,说李鸿章是张佩纶的救命恩人都不为过。

1888年4月,张佩纶三年戍边期满,终日为接下来的生计发愁。但天无绝人之路,刚刚回京不久,李鸿章就盛情邀请,让他马上到天津去小住。

此时的张佩纶,已是名副其实的孑然一身且一文不名。李鸿章的伸手相助,真可谓久旱逢甘霖,雪中送炭。

需要交代的是,张佩纶在此之前曾经有过两次婚姻。元配是清廷大理寺卿、军机章京朱学勤的女儿朱芷芗,她为张佩纶生了两个儿子,大儿子张志沧早逝,小儿子张志潜其时只有十岁。朱芷芗于1879年去世后,张佩纶曾经续娶了闽浙总督边宝泉的女儿边粹玉为妻,可边夫人短命,只和张佩纶在一起生活了五年多就过世了,好在她没有留下一男半女,这便没有给张佩纶带来雪上加霜的生活重负。

李鸿章将这一切看在眼里,心里便有了主张。这时候,张佩纶已经年近四十,而且仕途发达无望,在谁都不待见他的时候,这位"李中堂"却做出了一个令人难以置信的决定:他要把他最为疼爱的长女李菊耦嫁给张佩纶。

二、名门佳偶

张佩纶大李菊耦十七岁，作为一个过气的罪臣，几乎没有任何前途可言。李鸿章居然要把自己心爱的长女嫁给这样一个人，实在是太不可思议了。消息一经传出，立即引起朝野一片大哗。有人作诗挖苦张佩纶："蒉斋学书未学战，战败逍遥走洞房。"还有人作了一副恶毒至极的对联，嬉笑怒骂，讽喻若剑："老女嫁幼樵无分老幼，东床变西席不是东西。"但不管别人怎么议论，张李配这桩婚姻最终却成为一宗美谈。

婚后，两人感情日笃，夫妇恩爱，相敬如宾，堪称佳偶。遗憾的是，好景不长，张佩纶即又惨遭不幸。这一回倒不是他做错了什么，而是受到李鸿章"打了败仗"的"连累"：因为他是李鸿章的东床快婿，并且婚后一直住在李府，这便难辞其咎。指责虽属荒唐至极，但欲加之罪，何患无辞？张佩纶纵然满身是嘴，也无法抵御政敌的攻讦、诬陷。

众所周知，1894年，中日甲午战争爆发。北洋水师出师不利，最终全军覆没。虽然许多历史论者把这场战争失败的全部责任都加在李鸿章一个人的身上，但是，其实真正应该对战争失败负全责的慈禧太后却被人为地遗忘了。事实证明，李鸿章只是这场战争失败的替罪羊，虽然他也有一部分不可推卸的责任，但是，慈禧为了给自己开脱罪责，她还是把过错全部加之于李。最无辜的是张佩纶。他既没有像李鸿章那样参与朝廷的决策，更没有在战事过程中说过一言半语，而仅仅因为他是李鸿章的女婿，就被许多大臣参奏与战争失败不无干系而受到处分——朝廷下诏将张佩纶逐出天津，勒令回其原籍。

还没等张佩纶举家离京，朝廷又传新旨：不许张佩纶回老家河北丰润定居。至于到底迁居何处，则由他自己决定。无奈之下，1895年年底，张佩纶夫妇只好与李经述一家一同迁居南京。

张佩纶之所以选择南京作为定居之地，一是他不愿意距离天子脚下太近，同时也可以离那些始终与他有隙的大臣们远点，眼不见，心不烦，两不相干，你走你的阳关道，我过我的独木桥。二是张佩纶已经厌倦了官场的尔虞我诈，他想让自己和家人能够过上几天安稳的日子。更何况，那时的南京，自从太平天国被镇压以后，业已成为众多退役将领的终老之地。烟笼秦淮，王谢堂前，虽与志业无涉，但却和人生相谐。此时选择在南京定居，既不扎眼，也逍遥了自己，何乐而不为呢？

到了南京以后，张佩纶只动用李菊耦丰厚陪嫁当中的一小部分就轻松地买下了明末投降清廷的败军之将靖逆侯张勇的旧宅。这处旧宅，不仅规模宏大，而且位置极佳，距离秦淮河很近，只要打开楼窗，即可听到河上的夜夜笙歌。主要建筑是呈“品”字形分布的三幢楼房，主楼坐南朝北，两边的侧楼除了独立地自成系统外，还个个傍附着一个花园。这样的所在，对于决心闲居的张佩纶来说，确乎是再好不过的一块福地了。

也许是李菊耦的主意，他们给这处装饰一新的老宅子起了一个十分香艳的名字：兰骈馆。其寓意是他们夫妻一如并蒂的兰花，和美静好，相互辉映。

李鸿章的夫人和女儿李菊耦。右立者即张爱玲的祖母李菊耦，时年十八岁。

事实也正是如此。他们夫妇的日常生活就是抵面小酌，吟诗唱和。每逢春阑秋兴之时，则并肩漫步花园，赏花观鸟，吟哦新作，切磋技艺。在这期间，张佩纶还与李菊耦合编了一本他们两人的唱和诗集。更为有趣的是，这一对从来不曾下厨的“金童玉女”，还无端地编出一本菜谱来，花样百出，煞有介事，依稀其来有自，但直至今日，人们仍然难解个中蹊跷。除了编写诗集和菜谱以外，他们还合写了一部武侠小说《紫绡记》，虽说不上有多么精彩，但翻阅一过，倒也刀枪棍棒十八般武艺样样齐全，但觉打得无比热闹，却也解馋过瘾。诗酒风流如此，张李合璧，夫唱妇随，想必人世间顶级的“天作之合”，也确乎不过如此了。

三、孤儿寡母

1898年闰三月初十，李菊耦生下了他们夫妇俩唯一的儿子张志沂。1902年，张志沂的妹妹张茂渊出生。就在张茂渊出生后不久，张佩纶因肝癌去世，天不假年，去世时年仅五十五岁。

张佩纶的逝世彻底改变了李菊耦的生活。事实上，就在张佩纶逝世前的两年时间里，李菊耦的生父李鸿章与哥哥李经述也相继离开了人世。在这么短的时间里，一下子失去三位亲人，李菊耦承受的精神和心理压力是不难想象的。但好在这种精神与心理压力还不至于侵蚀到她的生存状态，虽然不再拥有额外的进项，但她仍然握有大量可观的陪嫁，这已足够这个大家族的日常花销了。更何况，李菊耦在上海、青岛和天津等地还拥有价值不菲的房产。因此，虽然说不上富可敌国，但起码全家老小衣食住行是不用发愁的。

也正因为生活无虞，张佩纶去世以后，李菊耦就把全部精力转移到对张志沂和张茂渊的教育上来。

对于在旧时代浸润了大半生的李菊耦来说，教育子女的样本早就在她的脑海里定了型，那就是她的父亲李鸿章和她的丈夫张佩纶的范式。李鸿章与张佩纶都是依靠苦读而步入仕途，继而发达的。因此李菊耦认定，她的子女要想成才，也必须走他们的先辈走过的路子。

李菊耦对于张志沂的培养教育是狠下了一番工夫的，早在张志沂尚不懂事的时候，李菊耦就着意去规范儿子的一举一动和一言一行。即使在诸如穿衣服这样的小事情上，她也根据自己的理解去要求儿子。为了防止他跟一些纨绔子弟学坏，她从小就把他打扮成一个小姑娘的模样，头上梳了几根辫子，身上穿的是颜色很跳很嫩的桃红柳绿，就连袜子，也拣有些花头的长筒样式，以便让他的小腿看上去更像女孩子的那样颀长而妩媚。脚上的鞋子就更不用说了，一律是各式颜

曾朴在《孽海花》里形容李菊耦："眉长而略弯，目秀而不媚，鼻悬玉淮，齿列贝编。"

色鲜艳的绸缎绣花鞋，行走无声，贴地袅娜。李菊耦之所以要如此打扮张志沂，其目的就是要让他羞于见人而大门不出二门不迈，一门心思好好读书。

张志沂自小身体就很虚弱，加之天生肠胃不好，因此大人一直对他的饮食管制得非常厉害。由于体弱多病，有时他爱闹点小脾气，大人也往往不太计较，但唯独对于读书一项，绝不稍有迁就。只要该背的书背不上来，不仅用戒尺打手心，有时还要罚站甚至罚跪。

每顿饭后，李菊耦都要让他"走趟子"，即一边反剪双手绕着房间行走，一边大声背诵当天的功课。走趟子是由李鸿章发明的，他认为这既有利于消化食物，也有利于消化知识。李菊耦将这一家族传统施之于张志沂的身上，足见她对这个独生子的寄望之高。在这种填鸭式的强行灌输下，张志沂早在十岁之前就把"四书五经"熟记于心，就此奠定了良好的古文功底。

然而，时移世易，李菊耦的这一套"教育方法"早已过时。张志沂若是再早出生数年，也许他的这些"功夫"能让他博得晋身仕途的功名。但事实上，早在1898年，光绪皇帝就曾下诏废除了八股文；1901年，不仅再下诏废除八股文，而且进一步落实为改试策论。这样一来，李菊耦精心设计的那一套"育儿模式"不仅显得过时，而且直接将自己的儿子带进了一个死胡同，让他年纪轻轻就感觉四顾茫然而始终找不到出路。张志沂一生的悲剧结局其实首先是由他的母亲一手造成的。即使我们抛开她规定儿子的必修功课不论，李菊耦对张志沂的种种管教同样是失败的。譬如对待穿衣这类小事的着意限制，就是非常错误的设计。一个男孩子，你强迫他整天穿得花枝招展而羞于见人，这固然可以阻止他与那些不良少年的接触，以免染上坏习气，但与此同时，却让他丢失了男子汉的阳刚之气和做人的尊严。事实也正是如此，张志沂稍稍长大了以后，每次出门，都要悄悄在袖子里偷藏着另一双鞋，以便走到大门口时把绣花鞋脱下换上。而这一切都被用人看在眼里，他们每看到张志沂偷偷摸摸地在门口换下绣花鞋时都要偷偷哧哧地发笑。可以想见，张志沂那时的心里该会有怎样一种下不了台的尴尬。

四、军门小姐

1912年，张志沂十四岁那年，他的母亲李菊耦不幸去世，年仅四十七岁。李菊耦逝世后，管理这个家的重担就压到了张佩纶和元配夫人留下的儿子张志潜的身上。张志潜年长张志沂十七岁，其时正值壮年，而且本身并无什么不良嗜好，张家有他撑持门面应该出不了什么岔子。好在李菊耦在世时就为张志沂定下了一门亲事，何时迎娶只是个时间问题，长兄如父，只要张志潜开口，张志沂立即就可以把新娘娶回来。

这位新娘可不是凡人。她叫黄素琼，英文名Yvonne，1899年2月4日出生于南京。她的祖父就是人名鼎鼎的首任长江水师提督黄翼升。黄翼升出身于湖南长沙的农民家庭，自小随父务农，平时好勇斗狠，膂力过人。十七岁时离家投军，由于作战勇敢，一路高升，后来更在镇压太平天国的战斗中屡建奇功，获清廷赏识，封男爵爵位。

黄翼升于1894年去世，其时他的儿子黄宗炎二十六岁。黄宗炎自小聪明好学，中举后承袭了父亲的爵位，三十岁时，被朝廷任命为广西盐法道，举家前往赴任。可刚上任不久就染上了瘟疫，不治身亡。黄宗炎虽然十几岁就结婚了，可遗憾的是，并没有生育一男半女。似乎冥冥之中上天亦对黄家有所照拂，黄宗炎赴任前恰巧娶了长沙乡下一位农家姑娘为妾，其时已有身孕。1899年2月4日，这位小妾竟然一下子为黄家生下了一男一女的龙凤胎，这就是黄素琼和她的弟弟黄定柱。

黄定柱虽然和姐姐黄素琼同胎临世，但两人不仅长相毫无相像之处，而且就连性格脾气也毫无共通的地方。——此为后话，暂不予议。黄素琼姐弟出生后不久，他们的生母就因染上肺病而死，去世时才刚刚二十出头。

生母一死，黄素琼姐弟当然只好由他们的嫡母抚养。

人性就是这样：当儿时不知道自己的生母本不是嫡母时，母子之间的感情自是真挚而朴素，可一旦知道原委和底细，则会立即生分起来。黄素琼与嫡母之间的关系就是如此。

黄素琼自懂事开始至长大成人计有三件憾事最恨嫡母，一是强迫她缠足，让她吃尽了苦头；二是为她在家里请了一位摇头晃脑的私塾先生而不让她进入新式学校读书；三是在她完全不知情的情况下，为她选择了一个“门当户对”的丈夫。

虽然黄素琼将这三件事当成终身的遗憾，但作为生活在那样一个时代的小女子，她的反抗不仅是徒劳无效的，而且只能给她带来无休无止的精神痛苦。

黄素琼生有一张俊俏靓丽的脸和窈窕婀娜的身材，人见人爱。而且她的心气极高，不甘平庸，骨子里有一股自作主张的反叛情结。嫁到张家以后，面对这个家庭前后左右的一派旧时代的酸腐之气，她的叛逆情绪更得到了双倍的调动。

新婚宴尔之时，她那骨子里的反叛情绪尚有所收敛，可等到张爱玲和她的弟弟张子静出生以后，在孩子的教育问题上，她和张志沂之间的分歧就是不可避免的了。

张爱玲母亲黄素琼（后改名为黄逸梵），仪容高雅，善于绘画及雕塑。

黄素琼崇尚西式教育，一切皆以“洋”是求；而张志沂则正好相反，他仍然迷恋于老派的子曰、诗云之类。一对夫妻，在如此尖锐的理念差异中同室而居，其不可调和的争斗当然是难以避免的。他们夫妇俩的最终分道扬镳，就是从“孩子到底应该接受什么样的教

张爱玲的出生地

育”这个问题开始的。黄素琼认为必须把孩子送到新式学校去读书，让他们尽早接触新的知识；而张志沂却认为新式学校追求奇技淫巧，不足为训，还是“四书五经”才是学问的根底，因此他觉得世上没有什么学校可以与私塾相媲美。

黄素琼虽然竭力反对和排斥私塾教育，但在那样一种“夫为妻纲”的家庭氛围中，可以想见，胳膊拗不过大腿，最后的胜利者必然是张志沂。

第二章　另立门户的沉沦堕落

一、兄弟分家

1922年，张志沂在堂兄张志潭的帮助下，在津浦铁路局谋得一个英文秘书的职位。张志潭是张佩纶的九弟张佩绪的儿子，时任北洋政府的交通部长。一个堂堂的交通部长，要在铁路局里给自己的家人谋一个小小秘书的职位，当然轻而易举。

若依照张志沂的本意，他是并不想用一个具体的工作的职位来约束自己的，但出于重大利益的考虑，他又不得不这样做。

什么重大利益呢？那就是张家庞大的家产。

所谓张家庞大的家产，说到底就是李鸿章当年送给长女李菊耦的陪嫁。虽然张佩纶和李菊耦在世时，这些陪嫁中的动产曾经变卖了一部分，但大多数不动产却一直丝毫未动，特别是位于南京、上海、青岛和天津的房产，非但历久弥新，更在局势稳定后有所增值。

自打1912年李菊耦因小血管破裂逝世以后，她那可观的陪嫁就一直由张佩纶与元配夫人所生的儿子张志潜负责支配。张志潜比张志沂大十七岁，自古道：“长兄如父。平时在家里，张志沂一切都只能听张志潜的安排，始终处于被支配的地位。对于家产，张志沂更是心中无数，慢说外地的房租收入他一无所知了，就是眼皮底下林林总总的收支往来，他也一律毫不知情。平时，哪怕要上街买一包香烟，也必须向张志潜伸手讨钱。

黄素琼嫁到张家以后，对于受制于兄嫂的生活状态也感到十分憋屈。张志沂早有分家另过的念头，但由于自己虽已“成家”而未能“立业”，分家的事因而老是羞于出口。现在，既然堂兄张志潭帮助他在天津谋得了一个英文秘书的差事，他马上就将离家赴任，此时向大哥张志潜提出分家的要求，就显得理所当然而理直气壮了。

对于张志沂分家的请求，张志潜丝毫没有提出异议。因为他知道，随着年岁的增长，弟弟要求分家是迟早的事。更何况，虽然这么多年来，张家都由他一手掌握着财政大权，但他心知肚明，这是后母李菊耦的陪嫁，现在由他来支配毕竟有几分心虚。如今张志沂提出分家，正好顺水推舟，分到自己名下的财产，往后支配起来心里也会更踏实些。

这时候，张志沂二十四岁，他的妹妹张茂渊二十岁，且兄妹俩从来没有过问过家里的财产等事宜。因此，所谓分家，其实一切都由张志潜两口子说了算。最终分到张志沂和张茂渊名下的财产，其实只相当于全部家产的零头。

但令人不可思议之处却在于：张志沂居然对待如此不公平的家产分割没有表现出丝毫的不悦，他倒是心满意足地默认了这一结果，高高兴兴地带上全家老小北上天津去上任了。

其实，张志沂并不是不知道他和妹妹张茂渊在分家时吃了亏，他之所以并没有去斤斤计较，一是他原本就没有那样的经济头脑，故而无从“计较”起；更主要的则是，他一心想获得财产的自主支配权，如今分了家，虽然吃了亏少分了家产，但可喜的是，他终于拥有了独立的“自治”地位，这可比究竟拥有多少财产显得更加重要。更何况，即使没有全部拿到应得的家产，但仅是现在业已到手的财物，似乎也已经感觉取之不尽用之不竭了，那还要那么多的财物作甚？

二、天津新家

在张爱玲的笔下，天津的这个家是她的“第一个家”。

初到天津时，张爱玲才两岁，整天都由一个老用人抱着，她用手去揪用人颈项下松软的皮。小时候，张爱玲的脾气很坏，一不耐烦就把那用人抓得满脸血痕。用人姓何，叫“何干”。不知是哪里的方言，张家人一律称老妈子叫什么什么“干”。姓王的叫王干，姓李的叫李干，因为侍候张爱玲的用人姓何，所以就叫何干。

张爱玲在那篇叫做《私语》的名文里写道：

有一本萧伯纳的戏：《心碎的屋》，是我父亲当初买的。空白上留有他的英文题识：

“天津，华北。

一九二六。三十二号路六十一号。

提摩太·C.张。”

我向来觉得在书上郑重地留下姓氏，注明年月、地址，是近于啰唆无聊，但是新近发现这本书上的几行字，却很喜欢，因为有一种春日迟迟的空气，像我们在天津的家。

张爱玲画的风兜，线条简洁，颇有现代感。

这个“天津的家”，院子里有个秋千架，一个高大的丫头，额上有个疤，因而被张煐唤作“疤丫丫”。疤丫丫有一次荡秋千荡到最高处时，忽地翻了过去，看着怪吓人的。后院子里养着鸡。夏天的中午，张煐穿着一件白底小红桃子纱短衫、红裤子，坐在板凳上，喝完满满一碗淡绿色湿而微甜的六一散，看一本谜语书，唱出来：“小小狗，走一步，咬一口。”谜底是剪刀。还有一本是儿童歌选，其中有一首描写最理想的半村半郭的隐居生活，只记得一句“桃枝桃叶作偏房”。

天井的一角架着个青石砧，有个通文墨、胸怀大志的男用人时常用毛笔蘸了水在那上面练习写大字。这人瘦小、清秀，讲《三国演义》给小张煐听，她很喜欢他，替他起了一个莫名其妙的名字叫“毛物”。毛物的妻子叫“毛物新娘子”，简称“毛娘”。毛娘生着红扑扑的鹅蛋脸、水眼睛，一肚子“孟丽君女扮男装中状元”，是个非常可爱却心计很深的女人，疤丫丫后来嫁了三毛物，很受毛娘的欺负。他们一家都是南京人，因此在张煐的印象中，南京的小户人家一直有一种与事实不符的明丽丰足的感觉。后来，这家人离开张家，自己开了个杂货铺子，女佣曾领着张煐和她的弟弟张魁去照顾他们的生意，买了几只劣质的彩花热水瓶，在店堂楼上吃了茶和玻璃罐里的糖果，已有一种丰足的感觉。然而他们的店终于蚀了本，境况极窘，毛物的母亲又怪两个媳妇都不给她添孙子，毛娘背地里抱怨说谁叫两对夫妇睡在一间房里，虽然床上有帐子。

张爱玲与弟弟张子静在天津的法国公园里。

带弟弟张魁的女佣叫张干，裹着小脚，伶俐要强，处处占先。领张爱玲的老妈子何干，因为带的是个女孩子，自觉心虚，凡事都让着她。

张干有着很浓重的重男轻女的思想，为此，小小的张煐就经常会和她争吵。张干曾恶狠狠地冲着张煐说：“你这个脾气只好住独家村！希望你将来嫁得远远的——弟弟也不要你回来！”她能从抓筷子的手指的位置上预卜张煐将来的命运，说：“筷子抓得近，嫁得远。”张煐赶紧把手指移到筷子的上端去，并反问她：“抓得远呢？”她却答道：“抓得远当然嫁得远。”气得张煐说不出话来。从此她

《天才梦》的封面

决意发愤图强，务必要胜过弟弟。

张魁很不争气，因为多病，必须扣着吃，因此非常地馋，看见人嘴里动着便叫人张开嘴让他看看嘴里可有什么。病在床上，闹着要吃松子糖（即松子仁舂成粉，掺入冰糖屑）。人们把糖里加了黄连汁，喂给他喝，使他断念，他大哭，把只拳头完全塞到嘴里去，仍然要。于是他们又在拳头上搽了黄连汁。他吮着拳头，哭得更惨了。

松子糖装在金耳的小花瓷罐里，旁边有红黄的蟠桃式瓷缸，里面是痱子粉。下午的阳光照在那磨白了的旧梳妆台上。有一次张干买了个柿子放在抽屉里，因为太生了，先收在那里。每隔两天，张煐就去开抽屉看看，渐渐疑心张干是否忘了它的存在，但出于一种奇异的自尊心，始终没有问她。日子久了，柿子烂成了一泡水。

在《天才梦》一文中，张爱玲写道：

> 我弟弟生得很美而我一点都不。从小我们家里都惋惜着，因为那样的小嘴、大眼睛与长睫毛，生在男孩子的脸上，简直是白糟蹋了。

张魁自小就嫉妒姊姊，妒忌她画的图，趁没人的时候拿来撕了或是涂上两道黑杠子。

一同玩的时候，总是张煐出主意。他们是“金家庄”上能征惯战的两员骁将，姊姊是月红，弟弟是杏红，姊姊使一口宝剑，弟弟使两只铜锤，还有许许多多虚拟的伙伴。开幕的时候永远是黄昏，金大妈在公众的厨房里咚咚切菜，大家饱餐战饭，趁着月色翻过山头去攻打蛮人。路上偶尔杀两头老虎，劫得老虎蛋，那是笆斗大的锦毛毬，剖开来像白煮鸡蛋，可是蛋黄是圆的。杏红经常不听月红调派，因而争吵起来。他是“既不能命，又不受令”的，然而他实在是秀美可爱，有时候，张煐也让他编个故事：一个旅行的人被老虎追赶着，赶着赶着，泼风似的跑，后头呜呜赶着……没等他说完，张煐已经笑倒了，在他腮上吻一下，把他当个小玩意。

最初的家里没有母亲这个人，也不感到任何缺陷，因为她很早就不在那里了。有她的时候，每天早上，女佣会把张煐抱到她的床上去，那是一张十分阔气的铜床，张煐就趴在方格子的青锦被上，跟着黄素琼不知所云地背唐诗。由于母亲刚刚从睡梦中醒来，加上那时张志沂已经养成吃喝嫖赌的坏习惯，夜不归宿是常有的事，这对于年轻气盛的黄素琼来说，当然是无法容忍的。正因为如此，她也许一宿未眠，清晨见到女儿，自是很难快乐得起来。大约要等很久，母亲才会渐渐缓过神来，一边自己忙着梳妆打扮，一边饶有兴趣地逗着张煐玩耍。每天下午，张煐会伏在母亲的

玩玩具的张爱玲与弟弟。童年时期，母亲从英国寄来玩具时，是张爱玲与弟弟最高兴的时候。

床边开始认字，一天认识两个字，即可以得到两块绿豆糕的奖励。绿豆糕的块头很小，但又香又甜，单是为了那两块绿豆糕，张煐就很发奋地认字，不到一个月，她就认识了一百多个字。

月份牌中的少妇和她舒适的家。民国时期，单一角色的家庭主妇是女性中最普遍的身份，而上海的主妇则属于时髦女性之列。

后来，张志沂在外面娶了个妓女老八当姨太太。有一次，他要带张煐到姨太太的小公馆去玩，张煐不想去，他硬把张煐抱到大门口，急得张煐拼命扳住门，双脚乱踢，张志沂生了气，把她横过来打了几下，终于抱去了。到了小公馆，张煐却变乖了，很随和地吃了许多糖。老八好像很喜欢她，把她抱在怀里，给她洗脸、梳头和搽香粉。

小公馆里有红木家具，云母石心子的雕花圆桌上放着高脚银碟子，足见张志沂在老八身上花了不少钱。

三、母亲出国

津浦铁路局英文秘书是个闲差，平时上班也没有什么事干。因此，张志沂每天只是虚应故事地去点个卯，其余的时间就全部由他自由支配。这时候，他已在当地结识了不少吃花酒的纨绔子弟，于是便经常呼朋引类，出入花街柳巷，捧角儿、逛赌场。有时甚至于接连几天不沾家。

张志沂的急速堕落加剧了他和黄素琼之间的矛盾，夫妇二人三天一大吵，一天一小吵，家庭气氛剑拔弩张，仿佛随时都有爆炸的危险。

一直与张志沂夫妇生活在一起的张茂渊，对这样的家庭气氛也越来越感觉难以忍受，她决定一走了之，彻底离开这个家。可是到哪里去呢？嫁人？她不愿意。可不嫁人又怎么能离开这个家呢？她想到了出国留学。

张茂渊把自己的想法告诉了张志沂，张志沂未置可否。

张志沂之所以没有表态，大致有两个原因：第一，他这个妹妹独立性很强，她自己做出的决定，谁也改变不了，包括他这个哥哥，既然他无法改变妹妹，表态可否也是枉然；第二，张茂渊名下有自己的财产，而对那部分财产，他是做不了主的，她要出国留学，花的是自己的钱，他想干涉也没个理由。

张茂渊出国留学的想法启发了黄素琼。她随即就以小姑只身出国必须有人监护为由，向张志沂提出与张茂渊一起出国的想法。

黄素琼出国可不似张茂渊，那是需要他往外掏钱的，张志沂立即表示激烈的反对。但黄素琼岂肯让步？她说："我出国的花费用的是自己的陪嫁，不用你出钱。更何况，如今你整日花天酒地，声色犬马，纸醉金迷，这个家对于你来说已是个累赘，有我在，你就不能得到彻底的自由，反而碍你的眼，你何必要挽留我，自寻烦恼呢？"

黄素琼的一番话噎得张志沂哑口无言，他低下头独自去烟房抽鸦片去了。

张茂渊对于嫂嫂决定与她一起出国的打算自是举双手赞成。于是，姑嫂合力，紧锣密鼓地办理出国留学的一应手续。未消一个月，护照和签证等手续都已办妥，并且很快就决定了出国的日期。

临走的那一天，黄素琼趴在一张竹床上号啕大哭，绿衣绿裙上面钉着的发光的小片子随着她的抽搐，一闪一闪的。谁来劝她也没用，只是哭。用人几次三番走到她身边，催说已经到时候了，再不出发就要耽误上船，但她像是没听见，仍是哭，用人们也就不敢再开口催她。于是就把张煐推上前去，叫她说："婶婶（由于张煐是过继给另一房的，所以称爸爸妈妈为叔叔婶婶），时候不早了。"但黄素琼还是不理她，只是哭。在张煐的眼里，母亲伏在那里像船舱的玻璃上反映的海，绿色的小薄片，有海洋的无穷无尽的颠簸悲恸。

黄素琼临行前的大哭，并不是有意哭给谁看的，她其实是在哭自己。哭自己的命运多舛，哭前途的灰暗渺茫，哭有家难待的痛苦和无助，哭即将漂泊在外的孤独和彷徨。张煐毕竟太小，她这时是怎么也读不懂母亲的。她只是盯着母亲衣服上的绿色小薄片做出不着边际的联想，却完全不知道母亲的离去将意味着什么。

四、初入私塾

黄素琼一走，张志沂立即有了翻身得解放的感觉。他把小公馆里的姨太太老八接到家里来，两人经常并排躺在烟榻上面对面地抽鸦片，吞云吐雾，说着闲话，真是神仙过的日子。

姨太太是妓女出身，爱热闹，平时结交的人又多，所以，家里三天两头有宴会，叫条子。张煐躲在帘子背后偷看，尤其注意同坐在一张沙发椅上的十六七岁的两姊妹，打着前刘海，穿着一样的玉色袄裤，雪白地偎依着，像生在一起似的。

姨太太不喜欢张魁，因此极力抬举和讨好张煐。每天晚上，她都要带张煐到起士林去看跳舞。她让张煐坐在桌子边，面前蛋糕上的奶油齐眉毛高，看上去像雪山。张煐一个晚上能把一整块蛋糕都吃了，在微黄的夜色里渐渐盹着，照例要到凌晨三四点钟，这才由用人背着回家。

老八给张煐做了一件雪青丝绒的短袄长裤，标榜道："你看我待你多好！你母亲给你做衣服，总是拿旧的布料东拼西凑，哪儿舍得用整幅的丝绒。你喜欢我还是喜欢你母亲？"张煐不假思索地回答道："喜欢你！"老八乐得咧着嘴大笑，震得脸上的脂粉撒了一地。

这时候，家里早已给张煐和弟弟张魁请了一位晚清的宿儒当先生，实行地道的私塾制度，一天读到晚，在傍晚的窗前摇摆着身子。读到"太王事獯于"，必须把它改成"太王嗜熏鱼"方才记住了。这个时期，张煐时常会因为背不出书而烦恼，"大约是因为年初一早上哭过了，所以一年哭到头"。年初一张煐预先嘱咐阿妈天一亮就叫她起来看他们迎新年，谁知大人都怕她熬夜辛苦了，让她多睡一会，可醒来时鞭炮已经放过了。这在张煐看来，一切繁华热闹都成了过去，没有自己的份了，感觉很伤心。于是她躺在床上哭了又哭，不肯起来，最后被拉了起来，坐在小藤椅上，人家替她穿上新鞋的时候，还是哭——因为即使穿上新鞋也赶不上了。

姨太太住在楼下一间阴暗潮湿的大房间里，张煐很少进去，只是要到父亲的烟榻前背书，才不得不去。

本来，老八以为，黄素琼一走，张志沂就会把她接进家门，虽然未必可以立即当上正房大太太，但起码可以在张家当个名正言顺的妾。时间一长她才发现，张志沂从来就没有把心思放在她的身上。在外面，和他相好的女人一抓一大把，即便是别人吃剩下的也轮不到她。想到这一层，老八的火气不打一处来。她开始与张志沂竭力地争吵，有时甚至还动手打架。有一回，老八提起地上的一只痰盂就朝张志沂的头上砸过去，张志沂避让不及被砸了个正着，头上破了，血流如注。

姨太太是识字的，她在那间大房间里教自己的侄子认字，教到“池中鱼，游来游去”时，不知道她的侄子怎么一下哽住了，于是就恣意地打他。那侄子的脸经常都是肿着的，有时就连眼睛都睁不开。

老八在张家作威作福了一段时间，最终还是把张志沂给彻底地惹烦了，他决意赶她滚蛋。

老八临走的那一天，张煐坐在楼上的窗台上，看见大门里缓缓出来两辆车，都是她带走的银器家什。仆人们都说：“这下子好了！”足见老八在张家确是不得人心。

第三章 少女时代的成长烦恼

一、重回上海

1927年1月，张志潭被免去了交通部长的职务。

张志潭的解职，使张志沂在天津立即失去了靠山。他那虚应故事、吊儿郎当的工作作风显然不行了。但他已经养成了三天打鱼两天晒网的恶习，想改也难。为了避免被强行开除的尴尬，他选择了主动离职。

离职后，张志沂感觉迷茫。他不知道接下来的人生道路该怎么走下去，只好仍然跟着生活的惯性继续走着吃喝嫖赌的老路。

转眼一年过去，张志沂觉得厌倦了。他的这种厌倦，倒不是心疼钱，而是觉得精力越来越差，整日泡在赌场和妓院里，他已经打不起精神来了。于是，他就给远在英国的黄素琼写了一封信，言辞恳切地要求她立即回国，并且赌咒发誓要痛改前非，戒掉鸦片瘾，重新做人。

不知道黄素琼是不是被张志沂的“真诚”感动了，她回信答应回国。但具体什么时候回国，她却没个准信。

1928年春天，张志沂带着张煐和张魁姐弟俩搭上去上海的轮船。

张志沂之所以离开天津而选择上海，为这一举家南迁的大动作做最后决定的，是远在万里之外的黄素琼。

当时，黄素琼的弟弟黄定柱把家从芜湖搬到了上海。黄素琼觉得，虽然她与弟弟一家很少接触，但她和弟弟毕竟是一母同胞的亲人，居家过日子少不了相互照应。因此，她选择到上海和自己的弟弟一家做邻居。

后来从两家较为亲密的交往来看，黄素琼的选择既有对的成分，也有不对的地方。说对的成分，是为张爱玲的童年找到了四个可心可意的玩伴，黄定柱家的几个孩子都很随和，与她们在一起的时候，张爱玲有一种逍遥在天堂里的诸多乐趣。张爱玲童年里的大多数快乐时光，都是和舅舅家的几位表姐妹在一起度过的。这几位表姐妹，后来成为她许多小说作品中的原型人物。

对于回上海，张煐似乎是有所期待的，她好像感觉既刺激又快乐。

在《私语》一文里，张爱玲写道：

> 我八岁到上海来，坐船经过黑水洋绿水洋，仿佛的确是黑的漆黑，绿的碧绿，虽然从来没在书里看到海的礼赞，也有一种快心的感觉。睡在船舱里读着早已读过多次的《西游记》，《西游记》里只有高山与红热的尘沙。
>
> 到上海，坐在马车上，我是非常侉气而快乐的，粉红地子的洋纱衫裤上飞着蓝蝴蝶。我们住着很小的石库门房子，红油板壁。对于我，那也有一种紧紧地硃红的快乐。

那时，张志沂由于打了过度的吗啡针，已经气息奄奄。每天，他都独自一人坐在阳台上，头上搭一块湿毛巾，两目直视，而嘴里则在不停地喃喃着不知说些什么，这在一个八岁的孩子看来，那情景是十分可怕的。

忽然有一天，用人告诉张煐，说她的母亲马上要回来了。与一般的孩子不同，张煐对于母亲这个人非常生分，即使分别那么长时间重新见到了母亲，她也说不上有多少高兴。

母亲回来那一天，张煐吵着要穿上她认为最俏皮的小红袄，可母亲看见她的第一句话却指责女佣道："怎么给她穿这样小的衣服？"

不久，她就给张煐做了新衣。那件小红袄不知被母亲扔到哪里去了。

虽然与母亲不亲，但有了母亲，到底一切都不同了。张爱玲第一次感觉到某种亲情的幸福。

二、见习淑女

黄素琼回国后，张志沂似乎真的打算痛改前非，被送到医院里去戒毒。

也就在这时，全家搬离了那幢很小的石库门房子，而迁居到一所花园洋房里。

这里，既有狗，也有花，还有童话书——家里的一切在张煐看来“都达到了美的顶巅”。她很喜欢蓝椅套配着旧的玫瑰红地毯，连带的也喜欢英国了，因为“英格兰”三个字使人联想起蓝天下的小红房子，而法兰西是微雨的青色，像浴室的瓷砖。母亲纠正她说，英国是常常下雨的，法国是晴朗的，但张煐始终坚持自己最初的想象，全不为母亲的“纠正”所动。

更令张煐兴奋的是，家里陡然添了许多蕴藉华美的亲戚朋友。黄素琼这时已改名叫黄逸梵，经常和一位阿姨并排坐在钢琴凳上模仿一出电影里的恋爱表演。

康乐村的张爱玲故居

张煐坐在地上看着，傻傻地大笑，一个筋斗翻到地上，在狼皮褥子上滚来滚去。

刚回来的时候，母亲教张煐画画，告诉她画图的背景最忌讳红色，背景看上去应当有相当的距离，红的背景总觉得近在眼前。但张煐并不赞同母亲的见解，她画小人就喜欢画上红色的墙，觉得温暖而亲近。

除了画画，黄逸梵还要求张煐弹钢琴、学英文，打算把她调教出具有西式淑女的风度来。在母亲的精心调教下，张煐的心里经常充满着优裕的感伤，看到书里的一朵花，听母亲说起它的历史，竟掉下泪来。黄逸梵见了就对张魁说："你看姊姊不是为了吃不到糖而哭的！"张煐被夸奖，一高兴，眼泪也干了，很不好意思。

那时，《小说月报》上正刊登着老舍的小说《二马》，杂志每月寄到了，黄逸梵就坐在抽水马桶上看，一面笑，一面读出声来。张煐靠在门框上看着母亲，虽然听不懂，但也跟着笑起来。

姑姑每天都要练习钢琴，伸出很小的手，手腕上箍着绒线衫的窄袖子，大红绒线里绞着细银丝。琴上的玻璃瓶里常常有花开着。琴上弹出来的，另有一个世界，可是并不是另一个世界，不过是墙上挂着一面大镜子，使这房间看上去更大一点，然而还是同样的斯文雅致的，装着热水汀的一个房间。

有时候，黄逸梵也立在小姑的背后，手按在她的肩上，"啦啦啦啦"吊嗓子。她之所以学唱，不是因为热爱声乐，有志成为歌唱家什么的，而是纯粹因为肺弱，医生告诉她唱歌于肺有益，于是她就常常那样啊啊啊啊地喊着。不论什么调子，由她唱出来都有点像吟诗(她常常用拖长了的湖南腔背唐诗)，而且她的发音一上来就比钢琴低半个音阶，但她总是抱歉地笑起来，有许多娇媚的解释。她的衣服是秋天的落叶的淡赭，肩上垂着淡赭的花球，永远有飘坠的姿势。

张煐总是站在旁边听，她喜欢的并不是钢琴而是那种空气。但她仍然非常感动地说："真羡慕呀！我要弹得这么好就好了！"张煐的这句话感动了姑姑和母亲，以为她是罕有的、懂得音乐的小孩，觉得不能埋没了她的天才，必须立即送她去学琴。母亲对她说："既然是一生一世的事，第一要知道爱惜你的琴。"琴键一个个雪白，没洗过手不能碰。于是，张煐每天都坚持用一块鹦哥绿绒布亲自揩去钢琴上面的灰尘。

张爱玲故居康乐村的正门

黄逸梵还经常带张煐去听音乐会，预先总要再三叮嘱她:“绝对不可以出声说话,不要让人家骂中国人不守秩序。”于是,张煐始终沉默着,坐在位子上一动也不动,其实根本没有听进去,但也没有睡着。

黄逸梵对于张煐学钢琴似乎充满了信心和期待，她四处托人要为张煐聘请一位出色的钢琴老师,后来终于找到了,那教张煐钢琴的先生是一个俄国女人，宽大的面颊上生着茸茸的金汗毛，时常夸奖她，容易激动的大眼睛里充满了眼泪,抱着张煐的头吻她。张煐客气地微笑着,记着她吻在什么地方,隔了一会儿才用手绢去擦擦。

三、入学新校

与女儿朝夕相处了一段时间，黄逸梵越来越感觉到让孩子待在家里接受私塾教育的不合时宜,觉得社会发展到今天,竟然仍让孩子整天拖着长腔摇头晃脑地背诵“四书五经”,这实在太荒谬了。于是,她决心要把两个孩子送到新式学校去接受多元的、生动活泼的新式教育。但张志沂却竭力反对，在他看来，只有在私塾里才能学到真正的知识。为此，黄逸梵几次三番和他大吵大闹，可张志沂就是不为所动。

1930年，张煐十岁。黄逸梵觉得孩子再也耽误不起，在与张志沂多次大吵大闹而毫无结果的情况下，她自作主张地把张煐送到西式学校去读书。

那一天，她背着张志沂，悄悄带上女儿，径直来到一所美国教会办的黄氏小学给张煐报了名，学校让她插班六年级。

由于报名时需要写上中文名字，这可让黄逸梵犯了难。虽然“张煐”这个乳名也可以勉强充个中文名字，但她讨厌“煐”字的发音，感觉嗡嗡嗡的像蚊子叫。黄逸梵踌躇了一会，很快就把张煐的英文名字音译为“张爱玲”，匆忙地把这三个字填到入学证上。

对于“张爱玲”这个名字，张爱玲本人说不上有多么喜欢，但似乎也并非深恶痛绝。在《必也正名乎》一文的开篇，她写道：“我自己有一个恶俗不堪的名字，明知其俗而不打算换一个。”结尾处，她便交代了“不打算换一个”的原因：“我之所

上海静安寺，张爱玲在上海的活动范围总是围绕在静安寺周围。

以恋恋于我的名字，还是为了取名字的时候那一点回忆。十岁的时候，为了我母亲主张送我进学校，我父亲一再地大闹着不依，到底我母亲像拐卖人口一般，硬把我送去了。在填写入学证的时候，她踌躇着不知道填什么名字好。我的小名叫煐，张煐两个字嗡嗡地不甚响亮。她支着头想了一会，说：‘暂且把英文名字胡乱译两个字吧。’她一直打算替我改而没有改，到现在，我却不愿意改了。”

但谁也不会想到，黄逸梵给女儿十分随意取的这个名字，十年后却震动了整个上海，以至后来更响遍全球。这是后话。

四、父母离异

张志沂从医院里出来后，又反悔起来。反悔自己不该给黄逸梵写信，也反悔同意去医院戒毒。

作为“反悔”的第一步，张志沂死活也不愿意拿出生活费来维持全家的日常开支，而有意要让黄逸梵贴出私房钱。他的目的很清楚，就是企图把黄逸梵的私房钱榨光，让她从此一文不名，自然也就断了出国的念头。再者，一旦黄逸梵穷到身无分文，自然说话也就没了底气，也就不敢动辄对他颐指气使了。单从这一点即可看出张志沂原本就不是一个襟怀坦荡的真君子，如此一种治标而不治本的小九九，进一步暴露了他那不思进取的遗少本质。你若真的希望黄逸梵不离开这个家，其实说难也不难。只要你下决心戒掉抽鸦片和寻花问柳等诸多恶习，真正把这个家当成一个家，好好地过日子，黄逸梵哪会一门心思只想漂洋过海去品尝漂泊的孤独？

但张志沂终是积习难改，出院后，他就一如既往地吃喝嫖赌起来，完全不顾及黄逸梵的感受，更把他在信中写下的种种“誓言”抛诸脑后。

黄逸梵起初还苦口婆心地好言规劝他，可张志沂不仅不领情，相反却变本加厉地在邪道上一路滑下去。

黄逸梵实在忍无可忍，于是一见面就吵架成为他们日常生活的主题，而且越吵越厉害。被吓坏了的用人把他们姐弟俩拉出房间，让张爱玲和弟弟在阳台上静静地骑着三个轮子的脚踏车玩耍，姐弟俩好像很懂事，埋头骑车，默不作声。房间里的争吵越来越厉害，父亲在咆哮，母亲则时而号啕，时而呜咽，有时还会听到房间里摔碟子、掼茶杯的碎裂声。

有一天，父母亲终于协议离婚。母亲搬到别处去住了。

张茂渊一向都与张志沂意见不合，因此坚定地站在黄逸梵一边，一同搬离了张志沂的那幢房子。

好日子竟是那样短暂，张煐尚没有来得及品尝到家庭生活的甜蜜，这个家就过早地解体了。

离婚后，也许张志沂觉得他一个人继续住在那幢大房子里太过奢侈。于是，黄逸梵和张茂渊搬离后不久，他也立即从这里搬出，而重新租赁了一所比较便宜的弄堂房子安了家。

在张志沂和黄逸梵的离婚协议书上，写明张煐和张魁归张志沂抚养。但与此同时，协议上又规定他们姐弟俩可以常去看望母亲。因此，张煐从来没有因为他们离了婚而感到特别惆怅。相反，第一次离家到公寓里见到母亲住房地上的瓷砖浴盆和煤气炉子，还觉得非常高兴，十分快慰。

离婚后，黄逸梵租住了延安路以南法租界一幢大楼的一层，这里有两个大套房，张茂渊与黄逸梵各占一套，同进同出，几乎形影不离。两人还共同出资买了一辆白色的汽车，自己不会开，就雇了个白俄专职司机。与此同时，还特地雇用了一个法国厨师，两个人不出家门就可以尽情享受西餐的美味佳肴。外人不知就里，还以为她们是从天外飞来的一对财神呢！

但这样的生活并没有延续多长时间，不知出于哪个方面的考虑，黄逸梵很快就去了法国。

五、天才初梦

当母亲决定动身去法国时，张爱玲已在学校里住读。黄逸梵来看她，她竟然没有任何惜别的表示。一直等到母亲出了校门，张爱玲在校园里“隔着高大的松杉远远望着那关闭了的红铁门，还是漠然，但渐渐地觉得到这种情形下眼泪的需要，于是眼泪来了，在寒风中大声抽噎着，哭给自己看”。

张爱玲母亲黄逸梵20世纪30年代于法国留影。

引号里引用的是张爱玲在一篇文章里的原话。“在寒风中大声抽噎着，哭给自己看”，只这一句话，即可看出这对母女的感情已经稀薄到何等程度。

母亲的离去，对于张爱玲的情绪似乎没有什么影响。

学校放假的时候，张爱玲就把自己一个人关在房间里，有时候读小说或画画，但大部分的时间则专心于“办报”。她模仿当时报纸副刊的形式，以自家和身边的琐事为题材，撰稿配图，拼拼剪剪，制成后依稀可见一份像模像样的小报。

张志沂似乎也很欣赏女儿的“杰作”，每次有亲友来访，就会把张爱玲制作的“报纸副刊”拿给他们看。

在大多数情况下，张爱玲喜欢一个人待着。家里来了客人，她总是躲得远远的。即使是家里人，她也懒得接触。不到万不得已，她绝不与别人多说一句话，她喜欢一个人静静地待在隐蔽的角落里，默默地做着自己的天才梦。

早在九岁那年，她就曾经自作主张提笔给一家报纸的编辑部写信：

记者先生：

我今年九岁，因为英文不够，所以还没有进学堂，现在先在家里补英文。明年大约可以考四年级了。前天我看见附刊编辑室的启事，我想起我在杭州的日记来，所以寄给你看看，不知你可嫌他太长了不？我常常喜欢画画子，可是不像你们报上那天登的孙中山的儿子那一流的画子，是娃娃古装的人，喜欢填颜色，你如果要，我就寄给你看看。祝你快乐！

一个九岁的孩子就想到要给编辑部投稿，这更从一个侧面看出张爱玲后来讲的“成名要趁早”这句话，确实是早就埋在她幼小的心底里了。正如她在《天才梦》里说的：“我是一个古怪的女孩，从小被目为天才，除了发展我的天才外别无生存的目标。”

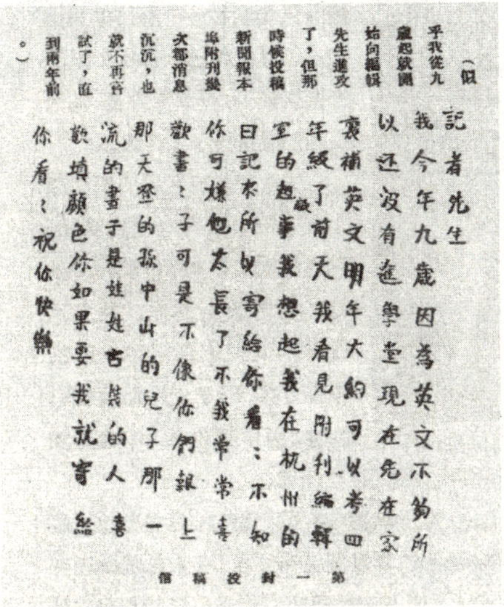
（似乎我從九歲起就開始向編輯先生進攻了，但那時候投稿新聞報本埠附刊幾次都消息沉沉，也就不再嘗試了，直到兩年前。）

記者先生：我今年九歲因為英文不夠所以还没有進學堂現在先在家裏補英文明年大約可以考四年級了前天我看見附刊編輯室的啟事我想起我在杭州的日記本所以寄給你看看：不知你可嫌他太長了不我常常喜歡畫畫子可是不像你們報上那天登的孫中山的兒子那一流的畫子是娃娃古装的人喜歡填顏色你如果要我就寄給你看看祝你快樂

第一封投稿信

张爱玲的第一封投稿信

在另外一篇文章中，她写道：“一个人假使没有什么特长，最好是做得特别，可以引人注意。我认为与其做一个平庸的人过一辈子清闲生活，终其身，默默无闻，不如做一个特别的人，做点特别的事，大家都晓得有这么一个人，不管他人是好是坏，但名气总归有了。”

这一段时间，对于人生和未来，张爱玲似乎想得特别多，她说：“八岁我要梳爱司头，十岁我要穿高跟鞋，十六岁我可以吃粽子汤团，吃一切难以消化的东西。”虽然这些想法显得十分幼稚可笑，但也同时可以看出她与一般的孩子不同的地方。她还为自己描绘了一幅人生奋斗的宏伟蓝图，远大而又具体：“中学毕业后到英国去读大学，有一个时期我想学卡通影片，尽量把中国画的作风介绍到美国去。我要比林语堂还出风头，我要穿最别致的衣服，周游世界，在上海有自己的房子，过一种干脆利落的生活。”

六、牛刀小试

这个时期，张爱玲还很钟情于翻阅父亲的藏书。她一口气阅读了许多文学名著，《红楼梦》、《三国演义》、《水浒传》和《西游记》等都成为她的阅读对象。同时，她还翻阅了《海上花列传》、《儒林外史》、《聊斋志异》和《金瓶梅》等书籍，对于诸如《老残游记》、《醒世姻缘传》、《官场现形记》、《歇浦潮》等古典小说，她也十分喜爱。尤其是《红楼梦》，她更是反复研读，觉得那里面潜藏着一个令人流连的世界。

除了特别钟情于《红楼梦》以外，张爱玲还非常喜欢张恨水的小说，觉得他写的每一个故事都像发生在自己的身边一样，既可信，又亲切。她不太喜欢冰心和白薇的作品，觉得她们都很做作，文章里表达的不是真情实感。

这一时期，她也渐渐开始接触一些外国文学名著，对于《茶花女》、《巴黎圣母院》等作品，更是爱不释手。与此同时，张爱玲还经常翻阅父亲订阅的各种各样的流行小报，小报的市井味道往往让她感觉着迷。张爱玲爱看小报的习惯保持了一生，就是晚年在美国定居时，她也同时订阅了几份在别人看来上不了台面的流行小报，因此赖雅（张爱玲的最后一任丈夫）笑话她爱看“垃圾”。

在张志沂心情不错的时候，父女俩偶尔也会交流一下阅读心得。张志沂虽然染有诸多不良嗜好，但他毕竟在读书上下过苦功。因此，他的读书心得对于张爱玲还是很有启发的。张志沂像他的女儿一样，也很喜爱《红楼梦》，他们对于《红楼梦》的讨论就成为最经常的交流内容。张志沂不仅爱好考证曹雪芹的身世背景，而且对于《红楼梦》中的人物形象也有属于他自己的独特见解，这对于初涉文苑的学生张爱玲来说，无疑是有相当大的帮助的。

这时候，张爱玲继续着前几年的一个爱好：写小说。早在七岁时，她就曾创作了第一篇小说，写的是一篇没有题目的家庭伦理悲剧，一个小康之家里发生了姑嫂相斗终至相杀的故事。但没有写完，刚写到一半就不写了，原因是她想到了一个更加吸引她的题材。小小年纪居然开始创作历史小说了，开头的口气模仿的是说书人的出场词：“话说隋末唐初时候”，写在一本旧账簿的空白页上，账簿又宽又短，分为上、下两截，淡黄色的竹纸上印着红条子，很是好看。与前一篇小说一样，这篇被她的亲戚夸赞成“隋唐演义”的历史小说也没有写完就搁笔了。

后来有一段日子她又迷上了画画，并且还把其中的一幅画投稿到英文的《大美晚报》去，居然被发表出来，张爱玲平生第一次拿到了一笔五元钱的稿费。家里的大人都希望她能用这笔稿费去买些字典、书籍或笔记本等学习用品留着纪念，或者干脆把那张钞票收藏起来也很有意义，可谁也没有想到，她竟然悄悄地跑到商店里去为自己买了一支小号的丹琪唇膏。

这时候，张爱玲创作的一篇爱情小说手抄本正在同学中传来传去，她已经成为那所黄氏小学的名人。小说写的是一个三角恋爱的悲剧。女主角叫素贞，和她的情人游公园，忽然有一只玉手在她的肩头上拍了一下，原来是她的表姐芳婷。她把男朋友介绍给芳婷，便酿成了三角恋爱的悲剧。素贞眼看着自己的男朋友和芳婷越来越亲密，渐渐地离她而去，终于由悲愤而忧郁，由忧郁而万念俱灰，结果投水自杀。这篇小说后来成为她创作长篇小说《十八春》的雏形，足见张爱玲的小说才华成型之早。

第四章 才华初露的女中岁月

一、含苞待放

由于住校，张爱玲平时很少回家。

那个家是压抑的。“那里我什么都看不起，鸦片，教我弟弟做‘汉高祖论’的老先生，章回小说，懒洋洋、灰扑扑地活下去。像拜火教的波斯人，我把世界强行分作两半，光明与黑暗、善与恶、神与魔。属于我父亲这一边的必定是不好的。……父亲的房间里永远是下午，在那里待久了便觉得沉下去，沉下去”。

1931年，张爱玲进入圣玛利亚女中就读。圣玛利亚女中创办于1887年，是美国圣公会设立的大学预科性质的学校。它与当时一般的中学不同，分为英文部和中文部两个部分。英文部由英美或加拿大籍的教师授课，设置的课程包括英语、数学、物理、化学、西洋历史和地理，还有《圣经》等科目，课本是英文的，授课的教师一律用英文讲解。中文部的课程设置则较为简单，只是全汉语的文、史、地三门。有趣的是授课教师，初中教师一律都是年龄三十岁以下、师范学校毕业的中国小姐，旗袍短发，俊俏高挑，洋派而新潮；而高中教师，则大多沿用那些前清科举出身的学究腐儒，在讲台上摇头晃脑，一唱三叹，讲课仿佛做戏，与初中教师中的小姐们形成了极具讽刺意味的反差。这种“反差”，成为圣玛利亚女中一道引人入胜的风景。

在圣玛利亚女中，张爱玲成为国文教员汪宏声的得意门生。汪宏声是一位有所追求和有所坚守的教育家，在教会学校当局普遍不重视中文的情形下，仍然非常重视对学生国文基础的培育和训练。在他的强力组织下，圣玛利亚女中创办了一份中文校刊，起名叫《凤藻》，专门用来发表学生的优秀作文。张爱玲的第一篇作文《看云》，就发表在《凤藻》上。

就读圣玛利亚女中高三时的张爱玲。此时的她，已经流露出孤傲不凡的气质。

汪宏声对于张爱玲的文章推崇备至，认为作者有着与她的年龄极不相称的文学天赋。接着，《凤藻》又发表了张爱玲的小说《不幸的她》。小说写的是年轻孤傲的“她”少年丧父，只好与母亲一起外出投亲。二十一岁时，因对母亲给她订下的婚事不满而离家出走。在外漂泊多年以后，得知母亲已经去世，为了排遣凄清与寂寞的心绪，她应邀到童年好友雍姊家做客。雍姊的家住在海边，优雅的海滨生活使这个家庭总是充溢着幸福与快乐的气氛。雍姊的丈夫待雍姊一如胞妹，夫妇相敬如宾、琴瑟和谐，他们的女儿也极可爱，被夫妇两个视若掌上明珠。

本来，这也只是一个普普通通的家庭，但在“她”的眼中，这个家庭的“幸福”却被无限地放大了。虽然“她”受到了雍姊一家“和蔼的招待”，但“她”只住了一个星期就不告而别。究其原因，“她”在留下的纸条上写得很清楚：“我不忍看了你的快乐，更形成了我的凄清。”本来，“她”和雍姊是小时候的一对密友和玩伴，但命

圣玛利亚女中校刊《凤藻》1929 年第 9 期封面

运却把她们播弄出截然两样的人生：雍姊经过自由恋爱结婚生子，而有了幸福美满的今天，相比之下，“她”却如此孤苦伶仃，形单影只。“她”的内心既充斥着对造化弄人的强烈不满，又苦于无法向别人倾诉而感觉郁闷。在雍姊家住了一个星期以后，“她”内心的这种纠结不仅没有得到化解，相反却越发痛苦得剧烈。雍姊一家待“她”越好，“她”的心里就越是难受，因此只好一走了之。

虽然这篇小说仍然显得稚嫩，结构上也有着明显的概念化的倾向，对人物心理的挖掘也略嫌不够，但对于一个只有十二岁的少年来说，能够十分从容地把这样复杂的人物心理刻画得如此曲折而细腻，实在是难能可贵的。张爱玲的文学天赋，于兹可见一斑。

就在这期间，张爱玲还在《凤藻》上发表了一篇散文《迟暮》。我们不知道一位十三岁的小姑娘为什么会写出这样一篇文章来，这种“黄卷青灯，美人迟暮，千古一辙”的感慨，本不该属于一个十三岁的小女孩。

我读着这篇不足千字的散文，联想到此文出自一个童真未泯的少年之手，心里竟无端地生出些许恐惧来：她毕竟只有十三岁，怎么会有如此“迟暮”的感觉呢？是“少年不识愁滋味，为赋新诗强说愁”呢，还是在她的内心深处竟是有了“迟暮”的预期？“她曾经在海外壮游，在崇山峻岭上长啸，在冻港内滑冰，在广座里高谈。但现在呢？往事悠悠，当年的豪举都如烟云一般霏霏然地消散，寻不着一点的痕迹，她也唯有付之一叹，青年的容颜、盛气，都渐渐地消磨去了”——虽然她对美人迟暮的心理把握得非常准确，但惟其如此，才更让人感觉不安和蹊跷——这是不是张爱玲在为自己的晚年占卜呢？她十三岁时的这种“迟暮”的感觉，为什么竟然与她晚年的心境是如此相似？

特别值得一提的是，十四岁那年，张爱玲还创作了一部长篇的鸳鸯蝴蝶派的章回体小说《摩登红楼梦》，全书共分六回，回目是由张志沂后来根据张爱玲的原作拟定的：第一回“沧桑变幻宝黛住层楼，鸡犬升仙贾琏应景命”；第二回“弭讼端覆雨翻云，赛时装嗔莺叱燕”；第三回“收放心浪子别闺园，假虔诚情郎参教典”；第四回“萍梗天涯有情成眷属，凄凉泉路同命作鸳鸯”；第五回“音间沉浮良朋空洒泪，波光怡荡情侣共嬉春”；第六回“陷阱设康术娇娃蹈险，骊歌惊别梦游子伤怀”。

小说开头是秦钟与智能儿坐火车私奔至杭州，自由恋爱结了婚，但是经济拮据，又气又伤心。后来是贾母带了宝玉和众姐妹来观看西湖水上运动会，吃冰淇淋。

这种奇思妙想的结构虽然十分现代，但张爱玲使唤的笔意却似乎与曹雪芹同出一辙，结构致密严谨，文词自然婉约，不做作、不卖弄，通篇的叙事风格和节奏，依稀便是曹雪芹本人，一个十四岁的小姑娘竟然已有如此笔力，实属罕见。

张爱玲后母孙用蕃的父亲孙宝琦

二、父亲再娶

1934年，张家发生了一件大事：张志沂要再婚了。

张爱玲得到这个消息时正站在姑姑家夏夜的阳台上。她哭了，哭得很伤心。“因为看过太多的关于后母的小说，万万没想到会应在我身上。我只有一个迫切的感觉：无论如何不能让这件事发生。如果那女人就在眼前，伏在铁栏杆上，我必定把她从阳台上推下去，一了百了。”但她不知道，“这件事”必然要发生，这不是她可以阻止得了的。

一段时间以来，由于张志沂出手大方，在饭局和牌局上“广结善缘”，从而结交了许多“上流社会”的贵胄名流。而后来，更在日商住友银行谋得了一个体面的差事：给大买办孙景阳当助手，负责处理与英美银行和洋行业务的书信往来事宜。由于和孙景阳朝夕相处，渐渐也就仿佛一对朋友。后来，不知是谁从中撺掇，希望张孙两家能结为亲家。

当时，孙景阳的父亲孙宝琦尚有一位庶出的女儿待字闺中，没有觅得一个可意的人家。这位老姑娘已经三十六岁了，郁郁乎无所事事，忽忽乎迷惘迟迟，餍甘滞腻，饱食终日，打牌豪赌抽鸦片，东游西逛，吃喝玩乐，但凡可以排遣无聊的诸般勾当，则无所不用其极。眼看着光阴荏苒，青春不再，孙姑娘在家里委实再也待不住了。

在说到张志沂和这位老姑娘的这门婚事之前，我们还得把大名鼎鼎的孙宝琦说道说道。

这个孙宝琦，可不是一般的平庸之辈，早在八国联军入侵北京的时候，他就曾经为慈禧太后保过驾，因而极受老佛爷的赏识，一路官运亨通，青云直上，既出使过法国、西班牙，也做过一方诸侯和封疆大吏，甚至还出任过山东巡抚。民国后，孙宝琦又担任袁世凯内阁的外交总长和总理及曹锟内阁的总理，还出任过段祺瑞内阁的外交委员会委员长等职。孙宝琦一生先后娶了一妻四妾，生有八个儿子和十六个女儿。打算许配给张志沂的是他的第七个女儿，也是唯一没有出阁的女儿，她叫孙用蕃。

你别看孙用蕃只是个待字闺中的老姑娘，但她却算得上当时上海滩的一位名媛，交际广泛，声名远播，在政界、商界和文化界都不乏朋友。像她这样一个长得虽然算不得出众，但家庭背景却如此显赫的老姑娘，下嫁给张志沂这样一位过气的遗少，实在是委屈了她。然而有钱难买“愿意”，这门亲事很快就说定了，一个急着想娶，一个急着想嫁，于是一拍即合，当即约定婚期。

1934年夏天，张志沂与孙用蕃在上海理查饭店举行了订婚仪式，当年年底即在华安人厦举行了颇为隆重的结婚典礼。

婚礼举行当天，张爱玲和她的弟弟张子静、姑姑张茂渊，以及张志潜夫妇都去了，最有趣的是，张爱玲的舅舅黄定柱一家居然也出席了婚礼，有点让人看不懂。当然，说看不懂其实也很容易懂，虽然张志沂和黄定柱的姐姐黄逸梵离婚了，但是，作为瘾君子的黄定柱夫妻却一直和他们有着共同的爱好。砂碛蛤蟆，颜色相近；脚布腐乳，臭味相投。因而与张志沂始终保持着良好的关系，平时交往频密，似乎已经成为无话不谈的朋友。

那时，处于青春期的张爱玲十四岁，正在上高一，她的弟弟张子静也已经十三岁了，就读于协进小学的五年级。

十四岁青春期的少年，对于父母再婚都是很计较的，更何况还是张爱玲这样一位极度敏感的少女！她对于父亲再娶的感受是张志沂完全无法预料到的。事前,他压根儿没有想到要把续弦的事告诉自己的子女,更别说要征求他们的意见了。在他满脑子封建糟粕的思维中,晚辈对于长辈的大小事情是无权过问的。因此,他也压根儿没有想到他的再娶会给儿女的心理蒙上多么浓重的阴影。

三、后母当家

孙用蕃入主张家以后,第一件事就是将张家原有的老用人大部分都予以辞退,其中包括黄逸梵用过的女仆和张志沂使唤的男佣。就连李菊耦在世时就一直在张家服务的一群老用人,她也大多将她们遣散回安徽老家去。

接着,孙用蕃又以房子太小为由,天天怂恿张志沂赶快搬家。其实,孙用蕃之所以急着搬家,是因为内心深处顾忌的是他们现在住的房子距离黄定柱家太近,这使她老是觉得黄逸梵的影子总是在她的眼前晃动,感觉极不舒服。

其时,她已经相中了一处别墅,一心一意想尽快搬过去。这幢别墅,其实就是张家原来住过的那幢老式的洋房,张爱玲姐弟当年就出生在那里。现在,这幢别墅的产权归在张志潜的名下。由于张志潜住在别处,所以这幢老洋房一直对外出租。当时,正好老房客决定搬走,孙用蕃觉得正是一个千载难逢的好机会,于是不管租金多么昂贵,还是决定立即搬进去。张志沂原来还有点犹豫,但禁不住孙用蕃老是在耳边嘀咕,也就依了她。于是风水又来了一个轮回,苏州河畔这幢老宅子竟然又成为张志沂遮风避雨的所在。

真正搬家是在第二年,因为孙用蕃觉得那房子实在过于老旧,于是又花了不少钱将它内外修饰了一番。从此,他们夫妇就在这里安下家来,特地辟了个阔大的烟房,两口子经常面对面地躺在烟榻上吞云吐雾,以为无穷乐趣。

对于这幢老房子,张爱玲在一篇文章里曾经有过颇带感情色彩的描绘:

> 房屋里有我们家的太多的回忆,像重重叠叠复印的照片,整个的空气有点模糊。有太阳的地方使人瞌睡,阴暗的地方有古墓的清凉。房屋的青黑的心子里是清醒的,有它自己的一个怪异的世界。而在阴阳交界的边缘,看得

见阳光，听得见电车的铃与大减价布店里一遍又一遍吹打着“苏三不要哭”，在那阳光里只有昏睡。

三四十年代的上海时装

这时，张爱玲一直住校，除了周末，平时她很少回家。就是周末回到家里，也很少与后母接触和搭讪。她整天沉浸在她自己的世界里，读书、画画、制作卡片，对于家中所发生的一切都采取充耳不闻的态度。

但偶尔也会有回避不了的事情发生。

有一次，在饭桌上，不知因为什么，张志沂狠狠地打了张子静一个耳光。本来，这是极平常的一件小事，张子静在家里挨打，无论是后母，还是用人，他们都早已司空见惯了。但张爱玲毕竟不常回家，她见弟弟挨了那样狠狠的一个耳光，该是多么难以忍受的事。她被“大大地震住”了，当即就用饭碗挡住了脸，眼泪直往下淌。后母笑了，站起来说：“咦，你哭什么？又不是说你！你瞧，他没哭，你倒哭了！”张爱玲听后母这样说，丢了饭碗就冲到隔壁的浴室里去，闩上了门，无声地抽咽着。她立在镜子前面，看自己掣动的脸，看着看着眼泪就滔滔流出来，像电影里的特写。她咬着牙说：“我要报仇。有一天我要报仇。”

浴室的玻璃窗临着阳台，啪的一声，一只皮球蹦到玻璃上，又弹回去了。张子静在阳台上踢球。他已经忘了刚才挨打的事了。这一类事，他是习惯了。张爱玲没有再哭，只感到一阵寒冷的悲哀。

四、少女心事

由于受到母亲的影响，张爱玲自小就很在乎穿衣。上了高中以后，她更是经常回忆起母亲立在镜子前，在绿短袄上别上翡翠胸针时，她仰脸看着，羡慕万分的情景。但如今生活在后母的管制下，却是想打扮而不得，其压抑之情可想而知。

张爱玲在穿衣打扮上是很有自己独立的见解的。她觉得，张恨水的理想可以代表一般人的理想。他喜欢一个女人清清爽爽地穿件蓝布罩衫，于罩衫下微微露出红绸旗袍，天真老实之中带点诱惑性。但后母从来不给她做新衣服，还谈什么"蓝布罩衫"和"红绸旗袍"？只能整天穿她所剩下的旧衣服。永远不能忘记一件暗红的薄棉袍，碎牛肉的颜色，穿不完地穿着，就像浑身都生了冻疮，冬天都过去了，还留着冻疮的疤——是那样的憎恶与羞耻。

有时周末回家，正巧碰上父亲心情不错，他就会主动和女儿谈点有关文学方面的话题。他虽然并不喜欢这个个性独立的女儿，但对于她偶尔展现出来的写作天赋还是非常赞赏的。有时家里有亲友来访，他还经常把女儿写的作文拿出来在他们面前显摆显摆。和后母不同，张志沂对于张爱玲爱书如命的癖好并不反感，相反倒是有点欣赏的。他们有时会相互交流读书心得，他还教她写古体诗。她一共写过三首七绝，第二首《咏夏雨》，有两句经老师的浓圈密点，张爱玲自己也认为很好了："声如羯鼓催花发，带雨莲开第一枝。"后来不知什么原因，张爱玲不再喜欢写诗，因此也就没有新作问世。实际上，仅从这两句诗即可看出，张爱玲是不乏诗才的。假如她选择当诗人，想必也会有非同一般的造诣。这当然只是一种假设，历史不相信假设，不说也罢。

五、崭露头角

与在家庭中只能忍气吞声屈辱地苟活着不同，在圣玛利亚女中，张爱玲的写作才华越来越受到老师和同学们的追捧。特别是担任中文部教务主任的汪宏声老师，更是被张爱玲那老到的文笔和精巧的构思深深地打动。他在课堂上号召同学们向张爱玲学习，学习她独立思考和结构语言的能力，不人云亦云，不重复套话废话，崇尚真实，摈弃虚假，倡导扎扎实实的文风。

1936年10月，汪宏声利用学校里一个叫做“国光会”的课外活动小组，出版一种名为《国光》的刊物。在《国光》的创刊号上，张爱玲发表了她的农村题材的短篇小说《牛》。

今天看《牛》，已经很少有人会从所谓“关心底层劳苦大众疾苦的平民意识”这样的角度去解读，很显然，张爱玲在这篇小说中，她所要诉说的是普通人命运的不可知性与极端荒谬性。

小说写的是一个贫穷的农民禄兴，在临近春种的时节，却因为自家没有耕牛犁地而担心耕地抛荒，不得不以两只鸡的代价去向别人租借耕牛，最终却被借来的牛顶死的悲惨故事。

在小说的结尾处，张爱玲写道：

又是一个黄昏的时候，禄兴娘子披麻戴孝，送着一个两人抬的黑棺材出门。她再三把脸贴在冰凉的棺材板上，用她披散的乱发揉擦着半干的封漆。她那柔驯的颤抖的棕色大眼睛里面塞满了眼泪。她低低地用打战的声音告诉：

“先是……先是我那牛……我那会吃会做的壮牛……活活给牵走了……银簪子……陪嫁的九成银，亮晶晶的银簪子……接着是我的鸡……还有你……还有你也给人抬去了……”她哭得打噎——她觉得她一生中遇到的“可恋的东西都长着翅膀在凉润的晚风中渐渐地飞去”，最后什么也没有剩下，唯一留给她的只有无尽的痛楚和凄凉的悲泣。

十六岁的张爱玲竟然会写出题材如此沉重的小说来，说明在她稚嫩的心灵里已经深深地楔入了“命运无常”的阴影。这种阴影，不可能与她的生活遭遇没有丝毫的联系。她对于自己无法掌握自己命运的无助感一定是非常强烈的。她曾有一句名言传世：“‘人’是最拿不准的东西。”尤其在母亲出国，一直生活在后母歧视性虐待的家庭环境中那种压抑的心境，想必她是最有体会的。她通过对禄兴夫妇的悲惨命运的描写，倾诉的却是她郁结于心的对于种种苦难不期而至的困惑。

1937年，《国光》上又发表了张爱玲的小说《霸王别姬》。作为一篇历史题材的小说，如何去演绎这一个家喻户晓的故事，第一要务就是必须避免落入重复陈述的窠臼中。这显然很难做到。然而，十七岁的张爱玲，却用她的《霸王别姬》告诉人们，她做到了。

在这篇小说中，她没有让“力拔山兮气盖世”的霸王成为主角，不仅不是主角，似乎就连配角都不是，他顶多只是作品叙事过程中一个朦胧的背景。在张爱玲的《霸王别姬》里，真正和唯一的主角，是虞姬，是那位一直被历史描绘成可有可无的配角、永远只能站在霸王身后的冷美人。

让虞姬成为主角，当然不是要她横刀跃马地指挥三军。张爱玲选取了一个独特的角度，安排她于夜间去巡视军营。于是，在这个舞台上演出的就只有虞姬自己，一个思想和行动都不受约束的自由人。

这是她的生命即将走到尽头的一个夜晚，同时也是她对人生彻悟的夜晚：“她突然觉得冷，又觉得空虚，正像每一次她离开了项王的感觉一样。如果他是那炽热的，充满了烨烨的光彩，喷出耀眼欲花的ambition火焰的太阳，她便是那承受着，反射着他的光和力的月亮。她像影子一般地跟随他，经过漆黑的暴风雨之夜，经过战场上非人的恐怖，也经过饥饿，疲劳，颠沛，永远的。……十余年来，她以他的壮志为她的壮志，她以他的胜利为她的胜利，她以他的痛苦为她的痛苦。然而，……她开始想起她个人的事来了。她怀疑她这样生存在世界上的目标究竟是什么。他活着，为了他的壮志而活着。他知道怎样运用他的佩刀，他的长矛，和他的江东子弟去获得他的皇冕。然而她呢？她仅仅是他的高亢的英雄的呼啸的一个微弱的回声，渐渐轻下去，轻下去，终于死寂了。”

小说选择这样的叙事结构是出人意料的。两千多年来，从来就没有谁真正关心过虞姬在想些什么。而张爱玲，却第一次让虞姬有了发声的机会，她不再是“他的高亢的英雄的呼啸的一个微弱的回声”，而是发自宇宙洪荒里的一声惊雷！一个不需要借助太阳的光芒就能发出自身光亮的恒星！很显然，张爱玲并不是为了写历史而写历史，而是借虞姬的躯壳，提出了女人仰仗男人来荣耀自己的荒谬性。女人不能总是做月亮，不能总是依恃反射男人这颗太阳的光和力去彰显自己，女人必须发出自己的光来。

由是观之，十七岁的张爱玲已经成熟了，追求女性独立的思想已经成为她人生观的一个组成部分。

六、懒惰低能

与文学创作上的特立独行和杰出才华相反，在日常生活的具体事务上，张爱玲却是一个十足的低能儿。直到十六岁时她都不会削苹果，不会补袜子，怕上理发店，怕见客，怕给裁缝试衣裳。许多人尝试教她织毛衣，但却没有一个成功。在一个房间里住了两年，若问她电铃在哪里她竟然说不知道。她天天乘黄包车上医院去打针，接连三个月，仍然不认识那条路。她不会嗑瓜子，细致些的菜如鱼、虾完全不会吃。每次到电影院看电影出来，她就像巡捕房等待招领的孩子一样，规规矩矩地站在街边上，等待家里的汽车夫把她载回去。原因是她老是记不得家里汽车的号码，因而没办法找到汽车夫。诸如此类的“低能儿”举止和作为，真是不胜枚举，用她自己的话来说，简直就是一个“废物”。

在学校里，她是一个本分而懒惰的学生，每每教师问及课卷及其他事，她总是双手一摊，迷迷糊糊地说：“我忘了。”

她母亲从法国回来以后，曾给她两年时间学习适应环境，教她做饭，教她用肥皂粉洗衣；教她练习行路的姿势，学会看人的眼色，让她点灯后记得拉上窗帘、照镜子研究面部神态，等等。但经过两年的训练，最终，她竟然什么也没有学会，母亲只好无可奈何地宣告她计划的失败。

看着眼前这个生活上低能但“自信心却日益坚强”的女儿，母亲觉得她活着真是一种痛苦。黄逸梵曾经痛心疾首地对她说：“我懊悔从前小心看护你的伤寒症，我宁愿看你死，也不愿看你活着使自己处处受痛苦。”

黄逸梵之所以会说出这样的重话，一方面是因为恨铁不成钢的懊恼，另一方面也是表明了一种放弃，宣告她在女儿身上实施的所谓“淑女”教育的彻底失败。

着清装的张爱玲

张爱玲固然并不否认她在日常生活上的低能，但是她同时又觉得，对于生活，她也“并非完全是白痴，有一部分还是可以领略的”。她举例说，她懂得怎么看“七月巧云”，听苏格兰兵吹bagpipe，享受微风中的藤椅，吃盐水花生，欣赏雨夜的霓虹灯，从双层公共汽车上伸出手摘树巅的绿叶。——张爱玲用这些“本领”去否定自己日常生活中的低能是近于可笑的，难道说由于能够“享受微风中的藤椅”和“吃盐水花生”之类，就能证明自己“会生活”了吗？

实际上，张爱玲之所以在“生活上的低能”，从来就不是因为缺乏技巧和能力使然，而是由她的性格决定的。

与她生活上的低能相对应的，是其身上那一连串令人感觉不可思议的怪癖。她曾直言不讳地说，在没有人与人交接的场合，她充满了生命的欢悦，但一到了大众场合，她就麻木了，不知如何是好。因而她感叹道：“生命是一袭华美的袍，爬满了蚤子。”

在生活的诸多领域里，张爱玲的好恶几乎都与常人相反：人家喜欢的她却讨厌，人家讨厌的她却会视若珍宝。譬如气味，雾的轻微的霉气、雨打湿的灰尘、葱、蒜、廉价的香水，她都喜欢。像汽油，有人闻见了要头昏，她却特意要坐在汽车夫旁边，或是走到汽车后面，等它开动的时候“布布布”放气。每年用汽油擦洗衣服。牛奶烧煳了，火柴烧黑了，她觉得有焦香的气味。她还喜欢油漆的气味。火腿咸肉花生油搁得日子久，变了味，有一种“油哈”气，她也喜欢。喝牛奶，她喜欢碗边的泡沫。一般的孩子都喜欢吃云片糕，她却觉得吃着吃着，薄薄的糕变成了纸，除了涩，还感到一种难堪的怅惘。一切脆薄爽口的食物，如腌菜、酱萝卜、蛤蟆酥，她都不喜欢。

这种种“怪癖”集中到一起，就会显得极不合群。因此，张爱玲根本用不着特别地标新立异，她的个人本色和种种怪异的癖好，天生就是与众不同的。

七、淘气闯祸

1937年夏天，张爱玲中学毕业。校刊《凤藻》上辟有一个叫做“学生活动记录·关于高三”的专栏，刊登了一项题为“一碗什锦豆瓣汤”的专题调查结果。这个调查共设计了六个问题，要求用一句话回答。即使对于这样一个游戏性质的问答题，让张爱玲回答起来也与众不同：

> 最喜吃：叉烧饭
>
> 最喜欢：EdwardVIII
>
> 最怕：死
>
> 最恨：一个有天才的女子忽然结婚
>
> 常常挂在嘴上：我又忘了
>
> 拿手好戏：绘画

张爱玲最喜欢的人竟然是英王爱德华八世，这对于一个十七岁的女中学生来说是十分耐人寻味的，她喜欢他什么？是追求纯真的爱情，还是特立独行的性格？令人感觉莫名其妙的是她的“最恨”，“一个有天才的女子忽然结婚”为什么不可饶恕？是不是她觉得结婚会毁了她的“天才”？有人猜测这是缘于对她的同学张如瑾所选择的人生道路的厌恶。张如瑾是张爱玲同寝室的同学，曾担任校刊《凤藻》的编辑，她像张爱玲一样，也极有文学天赋，高中时曾创作了一部长篇小说《若馨》，得到汪宏声的赏识。但她却没有继续自己的天才梦，而是选择了结婚，张爱玲对此十分不以为然，是否因此而激发了她心底的“最恨”？这只是一种猜测，留下存疑则个。

关于校刊，这里还有一个小插曲需要补充：毕业前夕，不知出于什么原因，张爱玲忽然以笔名给《国光》杂志投稿，这一回，她写的不是小说或散文，而是两首打油诗，讽刺的是圣玛利亚女校的两位男老师。

这一期《国光》出版以后，师生争阅，有位老师对号入座，将此事告发到校长那儿。校长把汪宏声叫到办公室，给出了三个处理意见让他选择：一是由汪先生和《国光》的编者向那位告发的老夫子书面道歉；二是《国光》就此停刊；最后，则是不让打油诗的作者张爱玲毕业，以示惩戒。汪宏声毫不犹豫地选择了第一种处理意见，才把这件事平息。

一向沉默寡言且对周围的任何人与事一例表现得漠不关心的张爱玲，竟然会忽然作诗讽刺自己的老师，这多少有点让人感觉不可思议，但正是从这两首打油诗中，我们看到了张爱玲顽劣而可爱的一面——

一

鹅黄眼镜翠蓝袍，
步步摆来步步摇；
师母裁来衣料省，
领头只有一分高。

二

夫子善催眠，
嘘嘘莫闹喧；
笼袖当堂坐，
白眼望青天。

其实，张爱玲写出这样的打油诗来一点也不奇怪。长期以来，她在课堂上很少有时间是专心听讲的，表面上看去，她好像一直在认真地做笔记，实际上她却利用这个时间在为授课教师绘画速写，正面的、侧面的，蹙眉的、微笑的……不一而足。由于个子高，每学期排座位时她都坐在后排，这就为她在课堂上“搞副业”

提供了绝好的机会。需要说明的是，张爱玲虽然在课堂上不认真听课，但她各门功课却全部是优秀的。中学毕业的时候，所有的课目她都是全班第一。难怪圣玛利亚女中的一位老师称她是“奇特的天才少女”。

第五章 后母引爆的父女决绝

一、惨遭毒打

张爱玲中学毕业那一年，母亲从国外回来。虽然在张爱玲看来，母亲这次待她和以往并无什么不同，但她父亲却觉得有点异样。在他看来，这么多年来，这个女儿都是靠他养活的，现在，母亲的几句甜言蜜语就把女儿的心给收买了，这是无法容忍的。所以，当张爱玲向他提出要出国留学的请求时，他非但不同意，还吹胡子瞪眼地大发脾气，说她是受了别人的挑唆，才用出国留学的事情来激怒他。更令人难以容忍的是，她的后母竟然也当场骂了起来，说："你母亲离了婚还要干涉你们家的事。既然放不下这里，为什么不回来？可惜迟了一步，回来只好做姨太太！"

紧接着淞沪会战爆发，关于出国留学的事就暂搁一边了。由于张家的房子紧挨着苏州河，夜晚听着炮声无法入睡，张爱玲就到母亲的住处去住了两个礼拜。"回来那天，我后母问我：'怎么你走了也不在我跟前说一声？'我说我向父亲说过了。她说：'哦，对父亲说了！你眼睛里哪里还有我呢？'她刷地打了我一个嘴巴，我本能地要还手，被两个老妈子赶过来拉住了。我后母一路锐叫着奔上楼去：'她打我！她打我！'在这刹那间，一切都变得非常明晰，下着百叶窗的暗沉沉的餐室，饭已经开上桌子，没有金鱼的金鱼缸，白瓷缸上细细描出橙红的鱼藻。我父亲趿着拖鞋，啪哒啪哒冲下楼来，揪住我，拳脚交加，吼道：‘你还打人！你打人我就打你！今天非打死你不可！’我觉得我的头偏到这一边，又偏到那一边，无数次，耳朵也震聋了。我坐在地下，躺在地下了，他还揪住我的头发一阵踢，终于被人拉开”。

遭到如此激烈的一顿毒打，张爱玲一直默默地忍受着，竟然并没有像刚才后母扇她耳光时那样，“本能地要还手”，有人说是因为当时她清楚地记得母亲对她说的话：“万一他打你，不要还手，不然，说出去总是你的错。”这便有点牵强附会。事实上，面对“强大”的父亲，她的意识里是不会“记住”什么人曾经给她什么样的教诲的，她只是本能地去护着被打的部位而想不到要去还手。这就叫做“毫无招架之力”。

父亲上楼以后，张爱玲站起来走到浴室去照镜子，看着身上的伤、脸上的红指印，预备立刻报巡捕房去。走到大门口，被看门的巡警拦住，他说：“门锁着呢，钥匙在老爷那儿。”“我试着撒泼，叫闹踢门，企图引起铁门外岗警的注意，但是不行，撒泼不是容易的事。我回到家里来，我父亲又炸了，把一只大花瓶向我头上掷来，稍微歪了一点，飞了一房的碎瓷。他走了之后，何干向我哭，说：‘你怎么会弄到这样的呢？’我这时候才觉得满腔冤屈，气涌如山地哭起来，抱着她哭了许久。然而她心里是怪我的，因为爱惜我，她替我担心，怕我得罪了父亲，要哭了一辈子，恐惧使她变得冷而硬。我独自在楼下的一间空房子里哭了一整天，晚上就在红木炕床上睡了。”

张志沂扬言要用手枪把她打死。但张爱玲知道，她父亲虽然恨她，却还不至于一定要把她弄死，虎毒不食子，再怎么说她也是他的女儿。最多不过关几年，“等我放出来的时候已经不是我了。数星期内，我已老了许多年。我把手紧紧捏着阳台上的栏杆，仿佛木头上可以榨出水来。头上是赫赫的蓝天，那时候的天是有声音的，因为漫天的飞机。我希望有个炸弹掉在我们家，就同他们死在一起我也愿意。”

二、逃出牢笼

何干害怕张爱玲冒险逃走，再三叮嘱她：“千万不可以走出这扇门呀！出去了就回不来了。"然而张爱玲还是想了许多脱逃的计划,《三剑客》、《基度山恩仇记》一齐到脑子里来了,记得最清楚的是《九尾龟》里的章秋谷的朋友有个恋人,用被单结成了绳子,从窗子里縋了出来。但关她的这间屋子里没有临街的窗,唯有从花园里翻墙头出去。靠墙倒有一个鹅棚可以踏脚,但是更深人静的时候,惊动两只鹅,叫将起来,如何是好?

花园里养着呱呱追人逐人的大白鹅,唯一的树木就是高大的白玉兰,开着极大的花,像污秽的白手帕,又像废纸,抛在那里,被遗忘了,大白花一年开到头。从来没有那样邋遢丧气的花。

正在筹划出路,张爱玲生了一场沉重的痢疾,差一点死了。张志沂不让请医生,也不准用药。整整病了三个月,她躺在床上看着秋冬淡青的天。对面的门楼上挑起灰石的鹿角,底下累累两排小石菩萨——也不知道现在是哪一朝,哪一代……她想,难道是朦胧地生在这所房子里,也朦胧地死在这房子里吗?是不是死了也就埋在这园子里呢?

一边这么想着,一边在全力倾听着大门每一次的开关,巡警咕吱咕吱抽出锈蚀的门闩,然后呛啷啷一声巨响,打开了铁门。她在睡梦里也听见这声音,还有通天门的一条煤屑路,脚步下沙子的吱吱叫。她想,即使因为她病在床上,他们疏了防,她就能无声地逃出去吗?结论是否定的。

张爱玲穿过的大衣

等到可以扶着墙壁行走的时候,张爱玲就预备逃跑了。她"先向何干套口气打听了两个巡警换班的时间",隆冬的晚上,伏在窗子上用望远镜看清楚了黑路上没有人,挨着墙一步一步摸到铁门边拔去门闩,开了门,把望远镜放在牛奶箱上,闪身出去。——"当真立在人行道上了!没有风,只是阴历年左近寂寂的冷，街灯下只看见一片寒灰”。但是她此时却感觉这世界太可亲了！她在街沿急急走着，每一脚踏在地上都是一个响亮的吻。

刚刚逃到离家不远的地方，她居然和一个路过的黄包车夫讲起价钱来——在这样的时候竟然还没有忘记讲价，用她自己的话来说，真是发了疯了！事过境迁，方才觉得那惊险中的滑稽来。

后来她得知何干因为犯了和她同谋的嫌疑，大大地被连累，心里很难过。

孙用蕃把张爱玲的一切东西都分给了用人，只当她死了。何干背着孙用蕃，偷偷摸摸地把张爱玲小时候的一些玩具藏起来，后来又借外出的机会，把私运出来的玩具送来给她做纪念。内中有一把白象牙骨子淡绿鸵鸟毛折扇，因为年代久了，一扇便掉毛，漫天飞着，使人咳呛下泪。

张爱玲每次一看到那些玩具就感觉伤心，为逝去的童年，也为自己眼下的处境。

三、兄妹反目

这里需要补记的是，就在张爱玲被打的第二天，张茂渊拉上黄定柱一起上门来说情，孙用蕃一见到张茂渊，就冷笑着阴阳怪气地说：“是来捉鸦片的么？”还没等张茂渊开口说话，张志沂就从烟铺上跳起来，一个箭步扑到张茂渊面前，伸出巴掌，劈头就打，不仅把张茂渊的眼镜打落在地，还把她的脸也给打破了，鲜血直流。黄定柱一看架势不对，什么话也没说，就带上张茂渊去医院包扎。临走时，张茂渊恨恨地说：“我再也不会踏进你家的门！”——果真，打那以后，张茂渊再也没有跨进过这幢苏州河畔老宅子的门槛。

当然，张茂渊与张志沂结怨还不仅仅是因为这一次无辜的挨打。

发生在不久后的一场家庭官司，更直接地导致了兄妹关系的彻底决裂。

官司的起因是缘于一批宋版书。

这批宋版书原是张佩纶在世时的收藏品。张佩纶去世后，这些宋版书全部落入张志潜的手中。当时，宋版书早已成为收藏界的抢手货，更成为市井中许多精明的生意人猎奇逐利的目标。张茂渊认为，这批宋版书和房产等其他财产一样，

百乐门，张爱玲每天出门买菜时都要从这里经过。

都是属于父辈留下的遗产，这些遗产，属于他们兄妹三人共同的财产，谁也无权独吞，理应三一三剩一，平均分配到各个人的名下。

但张志潜不同意，理由是家产早在十几年前就分定了，不存在二次分配的问题。

张茂渊自是不甘，索性一纸诉状把张志潜告上了法庭。由于这场官司牵涉到张家兄妹三位当事人，始终懵懵懂懂的张志沂也被拉扯进来当了原告。很显然，对于张茂渊和张志沂说来，这是一场稳操胜券的官司。但万万没有想到的是，张志潜花大价钱聘请的律师是个诡计多端的讼棍，擅长察言观色，见缝下蛆。他发现，在两个原告当中，张茂渊态度坚决，毫不妥协，明显是个难对付的硬茬儿，而另一位原告张志沂，却显得无可无不可，大有商量的余地。于是，他便让张志潜出面去做这位弟弟的工作，看看他是否同意撤诉。与此同时，他还要张志潜拿出金条向法官和庭长行贿，以便打通关节。

这一天，在律师的策划下，张志潜带上礼物亲自登门，一边向孙用蕃大献殷勤，一边向张志沂允诺给他丰厚的经济补偿，以此换得张志沂向法院提出撤诉的请求。

孙用蕃早就恨透了她的这位小姑子，听张志潜这么一说，自是求之不得，于是就竭力撺掇张志沂撤诉。

张志沂一撤诉，张茂渊的这场官司就算输定了。官司败诉后，张茂渊把这个张志沂恨得咬牙切齿，所谓兄妹之情也便就此玩完，从此一如路人，虽抵面而不识，可谓“仇雠相对，四目咸红”。

张爱玲这一次遭受的毒打以及之后接连几个月的禁锢生活，是她进入成年前最黑暗的时期。这期间，尽管她生了极其严重的痢疾，父亲也坚决不让请医生来给她看病，这让张爱玲看到了父亲必欲置她于死地的恶毒，原来以为古训中的所谓“虎毒不食子”同样适用于张志沂，如今回头重新审视一下，她当时以为父亲再怎么恨她，但还不至于有想弄死她的想法，显然是过于天真了，在后妈的影响下，她与父亲之间，业已毫无亲情可言。张志沂比她想象中的那个父亲还要狠毒一百倍。

也就是因为这次父亲对她的毒打和禁锢，张爱玲与她父亲的关系也就彻底地决裂了。

四、如此母女

从父亲家逃出来以后，张爱玲在母亲的住处开始了另一种形态的孤独生活。

她在母亲这里所做的第一件事就是“报仇”，“报”无辜遭受父亲毒打和野蛮禁锢的“仇”。怎么报仇呢？她拿起了笔。这是她的优势所在，她要向社会提出控诉，要让自己的父亲和后母在世人面前出丑。

当张爱玲拿起笔来决定“报仇”的时候，她不仅在回忆不久前发生在自己身上的事情，也一定同时想起了那一次在饭桌上弟弟挨了父亲一记耳光时的情景。或许是由于报仇心切的缘故，一篇用英文详细描写她被毒打和监禁的文章很快就写好了。她把这篇充满愤慨和悲情的文章寄给了英文版的《大美晚报》，见报时的标题被晚报编者改成了这样:*What a life*!*What a girl's life*!(《这是怎样的人生!一个女孩的人生!》)

张爱玲之所以要选择《大美晚报》,大概是出于两个方面的考虑:第一,长期以来,张志沂在家里一直订有一份《大美晚报》,他可以在第一时间里看到这篇文章;第二,她与这家报纸早有渊源,几年前,她曾经在《大美晚报》上发表过一幅漫画,那是她有生以来第一次拿到五元钱的稿酬。

正如张爱玲预料的那样,张志沂在第一时间里就看到了那篇文章,他气愤得暴跳如雷,声言一定要找到躲在背后挑唆他们父女关系的恶人。言外之意,张爱玲的这篇文章并不是出于她的本意,她是因为受到黄逸梵和张茂渊的挑唆才写的。于此可以看出,张志沂并不了解自己的女儿。

稍稍安定以后,张爱玲在母亲家开始了认真的功课补习,预备报考伦敦大学。黄逸梵为了能让她考出个好成绩,不惜花重金聘请了剑桥牛津和伦敦大学的教师为她做辅导。

为了拍照,张爱玲披了件浴衣在身上。

与此同时,她还在母亲的监督下"学做人"。由于在父亲家里孤独惯了,骤然想学做人,而且是在窘境中做"淑女",感到非常困难。同时看得出母亲为她牺牲了那么多,心里总觉得过意不去。她觉得母亲一直在怀疑她是否值得她的这些牺牲。更要命的是,就连她自己也怀疑。她常常一个人在公寓的屋顶阳台上转来转去,"西班牙式的白墙在蓝天上割出断然的条与块。仰脸向着当头的烈日,她觉得是赤裸裸地站在天底下了,被裁判着像一切的惶惑的未成年人,困于过度的自夸与自鄙”。

她越来越感觉到，母亲的这个家对于她说来，也不复是柔和的了。

五年多以后，张爱玲曾在一篇文章里说起过这一段日子给她带来的感受：“我不能够忘记小时候怎样向父亲要钱去付钢琴教师的薪水。我立在烟铺跟前，许久，许久，得不到回答。后来我离开了父亲，跟着母亲住了。问母亲要钱，起初是亲切有味的事，因为我一直是用一种罗曼蒂克的爱来爱着我母亲的。她是个美丽敏感的女人，而且我很少有机会和她接触，我四岁时她就出洋去了，几次回来又走了。在孩子的眼里，她是辽远而神秘的。有两趟她领我出去，穿过马路的时候，偶尔拉住我的手，便觉得一种生疏的刺激性。可是后来，在她的窘境中三天两头伸手问她拿钱，为她的脾气磨难着，为自己的忘恩负义磨难着，那些琐屑的难堪，一点点地毁了我的爱。能够爱一个人爱到问他拿零用钱的程度，那是严格的考验。”

也许由于过于敏感的缘故，张爱玲一直觉得自己就这么赖在母亲家里不走，似乎与一个无法自食其力的乞丐没有什么两样。虽然她的母亲曾经拥有十分丰厚的陪嫁，但嫁到张家以后，那些陪嫁并没有都变成她的私房钱。后来，在与弟弟黄定柱进行财产分割的时候，她也没有锱铢必较地算计得失，黄定柱拿走了黄家所有的房产和一应细软，而黄逸梵只分得了“黄军门”名下的一些古董。黄逸梵几次三番地出国和里里外外的花销，其实都是靠变卖这些古董支付的。经过这么多年天翻地覆的折腾，她原来拥有的那些古董其实已经被变卖得差不多了。早在张爱玲刚刚逃过来的时候，在说及高中毕业后是否继续读书的问题时，黄逸梵就曾明白无误地对她说：“如果要早早嫁人的话，那就不必读书了，用学费来装扮自己；要继续读书，就没有余钱兼顾到衣装上来。”

后来，就在张爱玲逃到她这里不久，有一天，张子静用一张报纸包了双篮球鞋，也像姐姐一样，“投奔”到妈妈家来了。当时，黄逸梵摈弃了任何感情因素，十分冷静地对儿子说：“我现在无法供养你们两个人同时上学，我只能担负一个。你必须回到你爸爸家里去。”虽然张子静听到母亲这样说心里感觉很难过，但他到底还是夹着那双篮球鞋回了苏州河畔的老宅子。

也许在外人看来，黄逸梵对待子女的态度令人觉得无法接受，但对于黄逸梵来说，她那看似冷酷的言行里透露出的却是一种人生现实的无奈。

黄逸梵并不是有意哭穷，她从来就不是一个十分在乎钱的人。富裕的时候固然没有把钱看得很重，即使是在经济拮据的窘境中，她仍然以一种平常心看待金钱。她之所以坚持让张子静重新回到张志沂身边去，一方面固然是出于对自身经济实力的具体考量；另一方面她也觉得，张子静作为张志沂唯一的儿子，不管孙用蕃怎么虐待他，但张志沂在心里必定还会留有一个底线的，他不会让张子静无法生存下去。张子静待在张志沂身边，他的衣食住行固然不成问题，就是在接受教育上，张志沂也不会亏待他。相反，假如把张子静留在她身边的话，就连日常花销都成问题，更别说接受教育那一笔可观的支出了。

黄逸梵经济上的捉襟见肘日见加重着张爱玲的负罪感。后来在她的长篇小说《小团圆》里，张爱玲通过盛九莉的口不止一次地表示“一定要把欠母亲的钱还上”。

这种负罪感反映到日常生活中来就表现出处处“严格要求自己”的委曲求全。有一次，她想吃包子，正巧家里有现成的芝麻馅，姑姑就随手为她捏了四个包子。包子蒸好了，她看着包子上的皱褶，忽然无端地悲从中来，差一点流出泪来。她一边强忍住泪，一边勉强地吃着包子，还竭力装出无事一样，口里直说“好吃，好吃”。

张爱玲通过刻苦学习迎考作为对于这种负罪感的另一种救赎。功夫不负有心人，张爱玲终于以伦敦大学远东区第一的成绩被录取。

但命运在这里给张爱玲开了一个不大不小的玩笑：恰在这时，第二次世界大战在欧洲爆发了。德国的飞机经常在英国的上空盘旋，投掷炸弹，整个欧洲变成了一片火海。伦敦大学自是去不成了，作为一种替代，张爱玲只好赶去香港大学报到。

第六章　求学香港的人生历练

一、求学港大

1939年秋天，张爱玲来到香港。此时的香港，宁静而繁华。与战时的上海相比，更多了一份祥和与安全的喜气。张爱玲提着一只母亲出国时使用过的旧皮箱，开始了她在香港大学三年的学生生活。

香港大学，简称港大（The University of Hong Kong，HKU），是一所1910年在香港岛成立的大学，其前身为香港西医书院，是香港历史最悠久的大学。位于香港岛西营盘的半山腰上，风景迷人，位置绝佳，站在高处，放眼望去，美丽的维多利亚海湾仿佛就在脚下，整个港岛与九龙更是一览无余。

港大于1912年举行正式的创校典礼。最初模仿利物浦大学的制度，重理工而轻人文，故只设三个学院：医学院、工程学院及文学院。

1925年至1926年省港大罢工后，为了进一步沟通中西文化，港府遂召集本港绅商，磋商在香港大学增设中文学系事宜，让汉文中学毕业生可以入读。港大中文系于1927年成立，运作不久，后来即由富商邓志昂捐款建立了中文学院。

张爱玲就读的就是中文学院。

港大的学生都是清一色的富家子弟。生源大多来自南亚、东南亚的印度、马来西亚、新加坡的富裕家庭，要么就是在香港有生意往来的英国本土的富商子弟。本地的学生也有，他们大都是圣士提反女子中学（St. Stephen Girls' College）毕业的学生，而没有任何背景的学生是根本没有资格跨进圣士提反女中校门的。

和这些各有来路和背景的学生比较，此时的张爱玲无疑只是一个来自内地的穷人。她的身上除了口袋里装着的一点零用钱以外，更无什么值钱的东西。好在在她来港之前，她的姑姑张茂渊已经委托在本地工作的一位熟人担当她的法定保护人，这多少让张爱玲的心里稍感踏实些。

这位姑姑的熟人名叫李开第，当年曾在曼彻斯特留学。那时，正好张爱玲的母亲和姑姑也在英国学习音乐和绘画，李开第早就听说过她们姑嫂俩，只是无缘相见。事实上，大凡在英国留学的中国人，几乎没有人不知道她们俩。相应地，她们在英国也有很多的熟人。她们在英国外出时，每次只要在一家饭店或咖啡馆里坐下，往往相互提醒的第一句话就是："别看那一边，那人好像是我们家的亲戚。"这虽然有点像笑话，但却比较真实地反映了张（张佩纶）、李（李鸿章）、黄（黄翼升）三个家族的人脉之旺。1928年，李开第回国，在一次朋友的宴会上这才得见这两位传奇式的姑嫂。宴会结束后，李开第请她们跳了舞，从此成为朋友。李开第当时受聘于一家英国人开办的公司，张爱玲以前在上海时也曾见过他。现在成为她的保护人，这多少对她这个出门在外的穷学生是个安慰。但也仅仅是个安慰而已。因为在经济上，李开第是不可能给她资助的。而她的那些同学，却一个更比一个阔气，大把大把地花钱，虽是一掷千金，连眼皮也不会眨一下。

整天置身在这样的环境里，难免会让人感觉有点压抑。但有弊也有利，这样的环境却让显得寒酸的张爱玲没有闲钱去逛街和打扮自己，只好一门心思全都用在学习上。她就读的文学院规定，大凡选修C1组别课程的学生，头两年必修英语、中国语文及文学、翻译和比较；历史或逻辑可以二选一，张爱玲选修了历史；英文科除了写作训练以外，还有名家作品选读，其中老师特别推荐了毛姆的作品；中文课程只有文学、历史和哲学三门主课，其余的课目则不作为考核的范畴。

就像中学里一样，张爱玲的每一门功课都很出色，结果获得学校给文科学生颁发的两项奖学金：尼玛齐（Nemazee Donor Scholarship）奖学金和何福（Ho

Fook)奖学金。同时获得这两项奖学金,不仅学费和膳食费全免,而且还有希望在毕业后免费保送到牛津大学去深造。

多年后,张爱玲谈到在港大得的这两个奖学金时尚有无限得意,她在文章里写道:“我到香港去读大学,后来得了两个奖学金,为我母亲省下了一点钱,觉得我可以放肆一下了,就随心所欲地做了些衣服,至今也还沉溺其中。”

由于受到母亲的影响,张爱玲似乎自小就很在乎穿着。当然,女孩子都在乎穿,但张爱玲显然又比一般的女孩子更强烈些。这与她后来跟后母在一起生活时,一连几年添不了一件新衣服所遭遇的压抑情绪可能不无关系。因此,一旦有了点钱,她首先想到的就是为自己添置几件新衣裳。成年以后,张爱玲更以穿着奇装异服闻名海上,这固然与她追求卓越的个性有关,但同时也似乎可以理解为对欲求新衣而不得时的一种报复。

当然,一个人独得文科两个仅有的奖学金,既让她感觉荣耀和喜悦,同时也还可以“放肆一下”,“随心所欲地做了些衣服”。但这只是一些表象,真实的情况是张爱玲确实在港大学到了足以受用一生的知识,逐渐形成了属于她自己的世界观和价值观。三年的港大历练,不仅使她较为全面地掌握了文、史、哲的基本知识,而且找到了做学问的门径,最让她受益一生的是,她对于英文这门语言的融会贯通。她不仅可以毫无障碍地阅读所有的英语文献,而且能够熟练地使用英语写作,就像运用汉语写作一样的自由、娴熟,完全没有面对母语以外另一种语言的陌生感和阻滞的隔膜。这是一种天赋,一种对语言的充分理解和掌握的天赋。二十世纪中叶的一项研究表明,一个人之所以能够比一般人具有更强的语言能力,这与他大脑中相关“神经元”的发达有很大的关系。看来,张爱玲的文学天才也不是无缘无故的,想必她的大脑中负责语言和文学的相关“神经元”也是超常发达的。

后来,张爱玲出色的英文能力为她帮了不少忙,让她在四顾茫然的窘境中觅得了一份暂时的工作,从而避免了流落街头的厄运。

二、结交炎樱

在港大读书时，一个意外的收获是她结交了一位真正的朋友，这个朋友与她的友谊差不多延续了一生。她的名字叫法蒂玛·莫希登（Fettima Mohideen），一个生着黝黑皮肤的印度女孩。她是个混血儿，在港大读医科。她的父亲是阿拉伯裔的锡兰人，母亲是中国天津人。张爱玲给她起了个中文名字叫“炎樱”，但她不满意，一直叫着要改名字，但在张爱玲这儿，她永远叫炎樱。炎樱为自己起的中文名字叫莫黛。莫，是她英文名字的音译；黛，指她的皮肤黑。后来，她的一位任课老师阿部在课堂上说，日本的古代传说中有一种专门吃梦的兽叫“貘”，炎樱觉得这“貘”很是了得，就将自己名字中的“莫”改成“貘”，从此就自称貘黛。但“貘黛”的读音有点像“麻袋”，有一次，有人打电话找她，接电话的人没有听清楚，竟在走廊里大声叫唤“毛头”。炎樱无奈，只好接受张爱玲给她起的名字。

炎樱个子很小，时时有发胖的危险，然而她从来不为此担忧。她是个天生的乐天派。日本飞机轰炸香港的时候，大家都被吓得躲进了地下室的防空洞里，唯有她，却违反学校的禁令，大大咧咧地跑到楼上的浴室去洗澡。一边洗着，一边往外泼水，嘴里还不停地唱着歌。忽然一颗炸弹落下来，震坏了窗子上的玻璃，炎樱还是不紧不慢地洗着，还是往外泼水，还是大声地唱着歌，就像什么事都没有发生一样。

炎樱

炎樱和张爱玲一样，都有文学和绘画的天赋，张爱玲后来出版的好几本书，封面都是由炎樱设计的。炎樱的语言表达能力极其出色，她在词汇的应用上，往往有常人所不及的地方。譬如她形容一个女人头发的黑，她就写道：“非常非常黑，那种黑是盲人的黑。”看见一只蝴蝶停在花瓣上，炎樱就说：“每一只蝴蝶都是从前的一朵花的鬼魂，回来寻找它自己。”中国有一句古话：“三个臭皮匠，抵个诸葛亮。”西方有一句相仿的谚语：“两个头总比一个好。”炎樱竟然把这句话写到作文里，要命的是她还加了三个字：“两个头总比一个好——在枕上。”——为什么“在枕上”两个头总比一个好，她没有明说，但这很可能是作为少女的炎樱对于爱情或异性的向往。负责批阅作文的教授是一位教堂的神甫，据说他看到这句话时十分惊讶，用红笔在这行字的下面画了两道波浪纹，又在旁边特地打了个大大的问号。很显然，炎樱的这个恶作剧，的确把这位虔诚的基督教徒吓坏了。但炎樱拿到作文簿以后却很平静，她冲着那个问号做了个飞吻，耸一耸肩膀笑了起来。炎樱就是这样的顽皮和可爱。

除了炎樱，在港大这三年里，给张爱玲留下特别深刻印象的还有一位历史教授，他叫佛朗士。佛朗士长着一张孩子似的肉红脸，瓷蓝眼睛，伸出来的圆下巴，头发已经疏了，颈上系一块暗败的蓝卍字宁绸作为领带。上课的时候，他抽烟抽得很厉害，像烟囱。尽管说话，嘴唇上永远险伶伶地叼着一支香烟，跷跷板似的一上一下，可是却也不曾落下来。烟蒂子他顺手向窗外一甩，从女学生蓬松的卷发上飞过，很有着火的危险。

佛朗士是一个非常豁达的人，彻底地中国化，中国字也写得相当不错，就是不太知道笔画的先后。爱喝酒。曾经和中国教授们一同游广州，到一个名声不太好的尼姑庵里去看小尼姑。他在人烟稀少处造有三幢房屋，一幢专门养猪。家里不装电灯、自来水，因为不赞成物质文明。汽车倒有一辆，但破旧不堪，自己从来不开，是专留给仆欧买菜赶集用的。

他研究历史很有独到的见地。官样文章被他耍着花腔一念，便显得十分滑稽。张爱玲从他那里得到一点历史的亲切感和扼要的世界观。

遗憾的是，这样的一个好人却忽然地死于非命。像其他的英国人一样，日本军队打到香港来的时候，他应征入伍。那天他在黄昏后回到军营里去，大约是在思索一些什么，没听见哨兵的吆喝声，哨兵就放了枪。用张爱玲的话说，这是最无名目的死。算不了为国捐躯。即使是“光荣殉国”，又怎样？他对于英国的殖民地政策没有多大同情，但也看得很随便，也许因为世界上的傻事不止那一件。每逢志愿兵操练，他总是拖长音通知他的学生："下礼拜一不能同你们见面了，孩子们，我要去练武功。"想不到"练武功"竟送了他的命——一个好先生，一个好人。

同学中还有一位叫做克荔门婷的女孩也特有趣。有一天在图书馆，她翻弄着书，假装不介意的样子，用说笑话的口气说："我姊姊昨天给了我一些性教育。"张爱玲并没十分在意，只随口问了一句："是吗？"克荔门婷好像全没有意识到她们只是陌生的一般同学，继续说："我真吓了一跳！你觉得呢？一个人有了这种知识之后，根本不能够谈恋爱。一切美的幻想全毁了！现实是这么污秽！"张爱玲说："我很奇怪，你知道得这么晚！多数的中国女孩子们很早就晓得了，也就无所谓神秘。我们的小说书比你们的直爽，我们看到这一类书的机会也比你们多些。"克荔门婷说："有一件事，香港社交圈里谈论得很厉害的。我先是不大懂，现在我悟出来了。"什么事呢？据说有位在香港做事的英国绅士娶了一位单纯得从来不知性为何物的女孩子，结果，他正常的生理要求反而被认为是"兽性"、"下流"。在强大的舆论压力下，这位绅士选择了自杀。这是一件发生在香港的真事。后来，张爱玲把这个故事写成了小说，这就是她的名作《沉香屑第一炉香》的来源。

实际上，这三年许多出现在她身边的人和事，后来都成为张爱玲小说人物的原型或背景。

三、战时香港

香港大学的学生在刚刚得到开战的消息时，大都乐得欢蹦乱跳，因为12月8日正是大考的第一天，平白地免考是千载难逢的盛事。

但当真打起仗来，气氛却立即变得十分紧张。宿舍里的一个女同学发起急来，说："怎么办呢？没有适当的衣服穿！"她是有钱的华侨，对于社交上不同的场合需要不同的行头，从水上跳舞会到隆重的晚餐，都有充分的准备，但是她没想到打仗。后来她借到了一件宽大的灰布棉袍，对于头上营营飞绕的空军大约是没有多少吸引力的。逃难的时候，宿舍里的学生"各自奔前程"。战后再相见，她已经剪短了头发，梳了男式的菲律宾头，那在香港是风行一时的，为了可以冒充男性。

苏雷珈是马来半岛一个偏僻小镇的西施，瘦小，棕黑皮肤，睡沉沉的眼睛与微微外露的白牙。像一般的受过修道院教育的女孩子，她是天真得可耻。她选了医科。医科要解剖人体，被解剖的尸体穿不穿衣服？苏雷珈曾经顾虑到这一层，向人打听过。这笑话在学校里早出了名。

一个炸弹掉在宿舍的隔壁，舍监不得不督促大家避下山去。在急难中，苏雷珈并没有忘记把她最显焕的衣服整理起来，虽然许多有见识的人苦口婆心劝阻，她还是在炮火下，将那只累赘的大皮箱设法搬运到山下去。

苏雷珈加入防御工作，在红十字会分会所充当临时看护，穿着赤铜地绿寿字的织锦缎棉袍蹲在地上劈柴生火，虽觉可惜，也还是值得的。那一身伶俐的装束给了她空前的自信心，不然，她不会同那些男护士混得那么好。同他们一起吃苦，担风险、开玩笑，她渐渐惯了，话也多了，人也干练了。

艾芙林是从内地来的，身经百战，据她自己说是吃苦耐劳，担惊受怕惯了的。可是轰炸邻近的军事要塞的时候，艾芙林第一个受不住，歇斯底里起来，大哭大闹，说了许多可怖的战争故事，把别的女学生一个个吓得面无人色。艾芙林的悲观是一种健康的悲观。宿舍里的存粮看看要完了，但是艾芙林比平时吃得还要多，而且劝大家也一起努力地吃——理由是：因为不久便没得吃了。

她整天吃饱了就坐在一边啜泣，因而得了便秘症。

港大停止办公了。异乡的学生被迫离开宿舍，无家可归，不参加守城工作，就无法解决膳宿问题。张爱玲跟着一大批同学到防空总部去报名，报了名领了证章出来就遇到了空袭。大家从电车上跳下来向人行道奔去，缩在门洞子里，心里也略有点怀疑是否尽了防空团员的责任。究竟防空团员的责任是什么，谁也没来得及弄明白，仗已经打完了。门洞子里挤满了人，有脑油气味的、棉墩墩的冬天的人。从人头上看出去，是明净的、浅蓝的天。一辆空电车停在街心，电车外面，浅浅的太阳；电车里面，也是太阳——单只这电车便有一种原始的荒凉。张爱玲忽然觉得难受——竟会死在一群陌生人中间吗？可是，与自己家里人死在一起，一家骨肉被炸得稀烂，又有什么好处呢？有人大声发出命令：“摸地！摸地！”哪儿有空隙让人蹲下地来呢？但是大家一个磕在一个背上，到底是蹲下来了。飞机往下扑，砰的一声，就在头上。张爱玲把防空员的铁帽子罩住了脸，黑了好一会，才知道并没有死，炸弹落在对街上。一个大腿上受了伤的店伙被抬了进来，卷上裤子，稍微流了点血。他很愉快，因为他是群众的注意集中点。门洞子里的人起先捶门捶不开，现在更理直气壮了，七嘴八舌地嚷："开门呀，有人受了伤在这里！开门！开门！"难怪里面不敢开，因为门洞子的人太杂了，什么事都做得出。外面气得直骂"没人心"，到底里面开了门，大家一哄而入。几位太太和女佣木着脸不敢做声。穿堂里的箱笼，过后是否短了几只，不得而知。飞机继续掷弹，可是渐渐远了。警报解除以后，大家又不顾命地轧上电车，唯恐赶不上，牺牲了一张电车票。

围城时，政府的冷藏室里，冷气管失修，堆积如山的牛肉，宁可眼看着它腐烂，也不肯拿出来发放给市民。做防御工作的人只分到米与黄豆，没有油，也没有燃料。各处的防空机关只忙着争柴争米，设法喂养手下的人员，哪儿有闲工夫去照料炸弹？接连两天，张爱玲什么也没有吃，飘飘然去上工。在炮火下看完了《官场现形记》。小时候虽然看过但没能领略它的好处，一直想再看一遍。一面看，一面担心能不能够容她看完。字印得极小，光线又不充足，但是，一个炸弹下来，还要眼睛做什么？

围城的十八天里，谁都有那种清晨四点钟难挨的感觉——寒噤的黎明，什么都是模糊的，瑟缩，靠不住。回不了家，等回去了，也许家已经不存在了。房子可以毁掉，钱转眼可以成为废纸，人可以死，自己更是朝不保夕。像唐诗上的"凄凄去亲爱，泛泛入烟雾"，可是那到底不像这里的无牵无挂的虚空与绝望。人们受不了这个，急于攀住一点踏实的东西，因而结婚了。

有一对男女，到办公室里来向防空处长借汽车去领结婚证书。男的是医生，在平时也许并不是一个善眉善目的人，但是他不时地望着他的新娘子，眼里只有近于悲哀的、恋恋的神情。新娘是看护，矮小美丽，红颧骨，喜气洋洋，弄不到结婚礼服，只穿着一件淡绿绸夹袍，镶着墨绿花边。他们来了几次，一等就是几个钟头，默默对坐、对看着，熬不住满脸的微笑，招得大家全笑了。

到底仗打完了。乍一停，很有一点弄不懂，和平反而使人心乱，像喝醉酒似的。

在战后的宿舍里，男学生躺在女朋友的床上玩纸牌一直到夜深。第二天一早,她还没起床,他又来了,坐在床沿上。隔壁便听见她娇滴滴的叫喊:“不行！不吗！不！我不！”一直到她穿衣下床为止。

医院院长想到“战争小孩”(战争期间的私生子)的可能性,极其担忧。有一天,他瞥见一个女学生偷偷摸摸地抱着一个长形的包裹溜出宿舍,他以为他的噩梦终于实现了。后来才知道她将做工得到的米运出去变钱,因为路上流氓多,恐怕中途被劫,所以将一袋米改扮了婴儿。

香港沦陷后不久,张爱玲和炎樱曾满街寻找冰淇淋和嘴唇膏,撞进每一家吃食店去问可有冰淇淋。只有一家答应说明天下午或许有,于是第二天下午便不惜步行十来里路去践约,终于吃到一盘昂贵的冰淇淋,里面咯吱咯吱全是冰屑子。

街上摆满了摊子,卖胭脂、西药、罐头牛羊肉,抢来的西装、绒线衫、蕾丝窗帘、雕花玻璃器皿、整匹的呢绒。

从那时起，她学会了怎样以买东西作为一种消遣——难怪大多数女人乐此不疲。

香港重新发现了“吃”的喜悦。真奇怪,一件最自然、最基本的功能,突然得到过分的注意,在情感的光强烈的照射下,竟变成了下流的、反常的事情。在战后的香港,街上每隔十步便蹲着个衣冠楚楚的、洋行职员模样的人,在小风炉上炸一种铁硬的小黄饼。渐渐有试验性质的甜面包,三角饼,形迹可疑的椰子蛋糕。所有的学校教员、店伙、律师、帮办,全都改行做了饼师。

几个女学生立在摊头上吃滚油煎的萝卜饼，尺来远脚底下就躺着穷人的青紫的尸首。

因为没有汽油,汽车行全改了吃食店,没有一家绸缎铺或药房不兼卖糕饼。香港从来没有这样馋嘴过。宿舍里的男女学生谈话,其主题总是三句不离本行,除了吃,还是吃。

在这狂欢的气氛里,唯有乔纳生孤单单地站着,充满了鄙夷和愤恨。

乔纳生也是个华侨同学,曾经加入志愿军上阵打过仗。他大衣里只穿着一件翻领衬衫,脸色苍白,一绺头发垂在眉间,有三分像诗人拜伦,只可惜是重伤风的拜伦。乔纳生知道九龙作战的情形。他最气不过的便是他们派两个大学生出壕沟去把一个英国兵抬进来——“我们两条命不抵他们一条！招兵的时候他们答应特别优待，让我们归我们自己的教授管辖，答应了全不算话！”——他投笔从戎之际大约以为战争是基督教青年会所组织的九龙远足旅行，当然不会想到种族歧视，更不会想到战争原来是要死人的。

四、魔鬼看护

休战后，张爱玲在“大学堂临时医院”做看护。除了由各大医院搬来的几个普通病人，其余大都是中流弹的苦力与被捕时受伤的趁火打劫者。有一个肺病患者比较有点钱，雇了另一个病人服侍他，派那人出去采办东西，穿着宽袍大袖的病院制服满街跑，院长认为太不成体统了，大发脾气，把二人都撵了出去。另有一个病人将一卷绷带、几把手术刀、三条病院制服的裤子藏在褥单底下，被发觉了。

难得有这么戏剧化的一刹那。病人的日子是悠长得不耐烦的。上头派下来叫他们拣米，除去里面的砂石和稗子。因为实在没事做，他们似乎很喜欢这单调的工作。时间一长，跟自己的伤口也发生了感情。在医院里，各个不同的创伤就代表了他们整个的个性。每天敷药换棉花的时候，他们用温柔的眼光注视着新生的鲜肉，对之仿佛有一种创造性的爱。

他们住在男生宿舍的餐室里。从前那间房子充满了喧哗——留声机上唱着卡门麦兰达的巴西情歌，学生们动不动就摔碗骂厨子。现在这里躺着三十几个沉默、烦躁、有臭气的人，动不了腿，也动不了脑筋，因为没有思想的习惯。枕头不够用，将他们的床推到柱子跟前，他们把头抵在柱子上，颈项与身体成九十度角。

就这样睁着眼躺着，每天两顿红米饭，一顿干，一顿稀。太阳照亮了玻璃门，玻璃上糊的防空纸条经过风吹雨打，已经撕去了一大半，斑驳的白迹子像巫魇的小纸人，尤其在晚上，深蓝的玻璃上出现奇形怪状的小白魍魉的剪影。

倒也不怕上夜班，虽然时间特别长，有十个钟头。夜里没有什么事做。病人大小便，看护只要走出去叫一声打杂的：“二十三号要屎乒。”（“乒”是广东话，英文pan的音译。）或是“二十三号要溺壶。”张爱玲像其他看护一样，坐在屏风背后看书，还有消夜吃，是特地给送来的牛奶面包。唯一的遗憾便是：病人的死亡，十有八九是在深夜。

有一个人，尻骨上生了奇臭的蚀烂症。痛苦到了极点，面部表情反而近于狂喜……眼睛半睁半闭，嘴拉开了仿佛痒丝丝抓挠不着地微笑着。整夜他叫唤："姑娘啊！姑娘啊！"悠长地，颤抖地，有腔有调。但张爱玲始终不予理会。用她自己的话说，她是一个没有良心的看护。她恨这个人，因为他在那里受磨难。终于一房间的病人都醒过来了。他们看不过去，齐声大叫"姑娘"，张爱玲这时不得不从屏风后面走出来，阴沉地站在他床前，问道："要什么？"他想了一想，呻吟道："要水。"他只要人给他点东西，不拘什么都行。张爱玲告诉他厨房里没有开水，又走开了。他叹口气，静了一会，又叫起来，叫不动了，还哼哼："姑娘啊……姑娘啊……姑娘啊……哎，姑娘啊……"

凌晨三点钟的时候，同伴们都在打瞌睡，张爱玲去烧牛奶，老着脸抱着肥白的牛奶瓶穿过病房往厨下去。多数的病人全都醒了，眼睁睁地望着牛奶瓶，那在他们眼中是比卷心百合花更为美丽的。

香港似乎从来没有这样寒冷的冬天。张爱玲用肥皂去洗没盖子的黄铜锅，手疼得像刀割。锅上腻着油垢，工役们用它煨汤，病人用它洗脸。她把牛奶倒进去，铜锅坐在蓝色的煤气火焰中，像一尊铜佛坐在青莲花上，澄净，光丽。但是那拖长腔的"姑娘啊！姑娘啊！"追踪到厨房里来了。小小的厨房里只点一支白蜡烛，她看守着将沸的牛奶，心里发慌、发怒，像被猎的兽。

这个人死的那天大家都欢欣鼓舞。是天快亮的时候，大家将他的后事交给有经验的职业看护，自己缩到厨房里去。有人用椰子油烘了一炉小面包，味道颇像中国酒酿饼。

鸡在叫，又是一个冻白的早晨。

除了工作之外，张爱玲和她的"同事们"还学习日文，派来的教师是一个年轻的俄国人，黄头发剃得光光的。上课的时候他每每用日语问女学生的年纪。女学生一时答不上来，他便猜："十八岁？十九岁？不会过二十岁吧？你住在几楼？待会儿我可以来拜访么？"她正在托词拒绝，他便笑了起来道："不许说英文。你只许

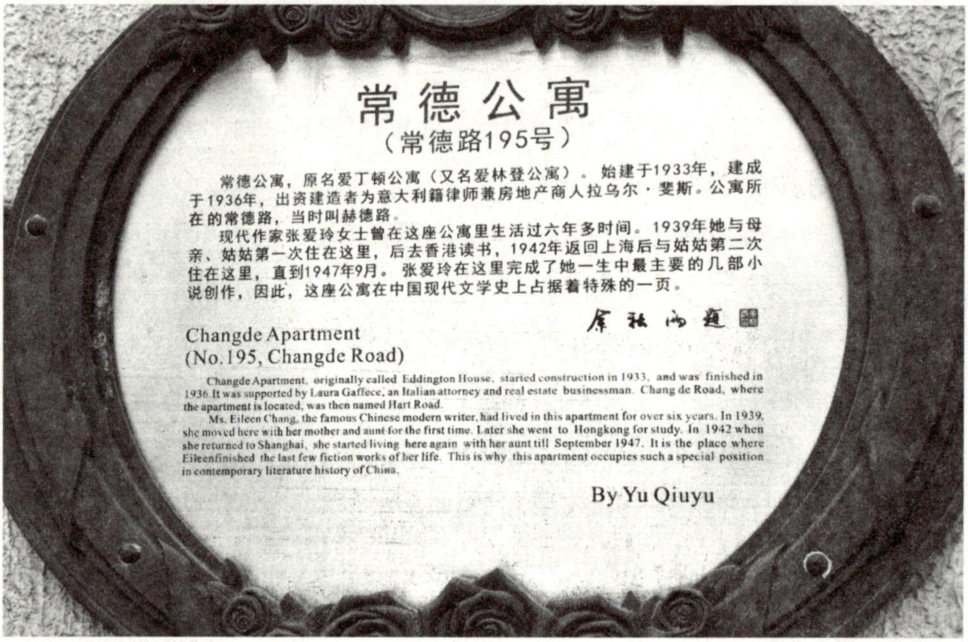

爱丁顿公寓铭牌

用日文说‘请进来。请坐。请用点心’。你不会说‘滚出去’。”说完了笑话，他自己先把脸涨得通红。

起初学生黑压压挤满一课堂，渐渐减少了。少得不成模样，他终于赌气不来了，另换了先生。

这俄国人看见张爱玲画的图，独独赏识其中的一张，是炎樱单穿着一件衬裙的肖像。他愿意出港币五元购买，看见张爱玲面有难色，连忙解释：“五元，不连画框。”

由于战争期间特殊空气的感应，张爱玲画了许多图，由炎樱着色。她看着自己画的画，觉得好得不得了：那暴躁的二房东太太，斗鸡眼突出像两只自来水龙头；那少奶奶，整个的头与颈便是理发店的电气吹风管；像狮子又像狗的，蹲踞着的有传染病的妓女，衣裳底下露出红丝袜的尽头与吊袜带。

有一幅，她特别喜欢炎樱的着色，全是不同的蓝与绿，使人联想到“沧海月明珠有泪，蓝田日暖玉生烟”那两句诗。

她一面画,一面在想,觉得不用多久她就会失去那点绘画的能力。从这里得到了教训——老教训,想做什么,立刻去做,或许来不及了。“人”是最拿不准的东西。

有一个安南青年,在同学中是个有点小小名气的画家。他抱怨说战后他笔下的线条不那么有力了,因为自己动手做菜,累坏了臂膀,因之大家一看到他炸茄子,总觉得凄惨万分。

五、故乡无梦

1942年5月,没有拿到香港大学毕业证书的张爱玲踏上了回乡的旅程,结束了她在香港将近三年的学生生活。

对于一般的学生来说,“回家”的感觉大都是甜蜜的。然而张爱玲却不。说起来她在上海似乎有个家,可那个家她是回不去的。

其实,就是可以回去,那个家也已不复是几年前的光景了。虽然张志沂的名下还有天津、青岛和上海的七八处房产,但是,他的手头却已经感觉不似从前那样阔绰了。早在“八一三”事变以后不久,张志沂由于害怕被扣上汉奸的帽子,就主动辞去了住友银行秘书的差事,从此没了一份可观的薪资收入。后来,他又和银行的同事合资开办了一家钱庄。但张志沂吊儿郎当惯了,起先还偶尔去钱庄溜达溜达,接着就由溜达过渡到偶尔打个电话,最后,竟至于就连电话都懒得打了。因此他对于钱庄的经营状况一无所知。他只知道不断地以股东的名义向钱庄借钱,等到钱庄垮台的时候,张志沂所透支的钱已经远远超过他当初投资的股本。

然而,张志沂并没有因为手头拮据而不再浪费。他不仅和孙用蕃的烟资没有丝毫紧缩,而且还三天两头地在高级饭店里大宴宾客。平时自家的花销更没有半点避免铺张浪费的举措。照常吃进口的海鲜、灌肠,就是零食,也一定要是从外国进口的洋货。

俗话说:“坐吃山空。”张家纵是有座金山银山,也终有被吃空、花空的那一天。当时,张志沂似乎已经距离那一天不远了。

黄逸梵此时又有了一个新的男朋友,两个人相帮着做生意,早已双宿双栖到新加坡去了。平时很少有信来，即使有信，也只说一些可有可无的淡话。她连母亲在新加坡的地址都不知道，还怎么去“投奔”她？当然，她压根儿也没有想过要去“投奔”她。

举目无亲，张爱玲只能投奔到上海的姑姑家来。

战争让张茂渊丢掉了洋行的工作，经朋友介绍，只好屈尊到一家无线电台去做播音员。

播音员的薪资虽然不高，但维持她一个人的开销还是绰绰有余的。

如今张爱玲一来，用她那点薪水去养活两个人，似乎就显得捉襟见肘了。

整天被人“养活”的日子是什么滋味，它一天更比一天凶猛地啃噬着张爱玲的心。

第七章 横空出世的绝代少女

一、插班新生

张子静不知从哪里得知姐姐归来的消息，急急忙忙地跑到姑姑家来看她。

张爱玲见到久别的弟弟，似乎并没有亲切感，倒是张子静看着打扮入时的姐姐，甚是流连。他问张爱玲回来后有什么打算，张爱玲说她想到圣约翰大学考转学。张子静一听很觉振奋，因为他也正在准备考圣大。张爱玲见他那样高兴，就接着说，她这个想法也只还停留在“计划”的阶段，因为她一时还没有筹措到学费。张子静说，这事他可以给父亲说说，看看他能不能帮助解决。

回家后，张子静趁孙用蕃不在的时候，告诉张志沂姐姐回到上海想考转学而没有学费的事，张志沂沉吟了一会，倒是没有发火，而是对张子静说：“你叫她来吧。”张子静把这个好消息立即告诉了姐姐。

隔了一天，张爱玲在张子静的陪同下来到了张志沂的烟榻旁，张志沂看了女儿一眼，没说什么，继续抽他的鸦片，张爱玲则顺下眼皮，面无表情地把自己想转到圣约翰大学完成学业的事“陈述”了一遍。张志沂听完，没有立即表态，而是用眼睛看着对面的墙壁，过了一会才说：“你先去考转学，学费我会叫子静带给你。”

这次父女俩见面只有几分钟的时间，张爱玲得到答复后就匆匆离开了。她没有见到孙用蕃，不知她是上街了，还是知道她回家来，有意回避了。

后来，张志沂果真兑现了承诺，让张子静把学费带给了张爱玲。

但张爱玲考转学时却出了状况，原本是她最拿手的国文却考了个不及格。当然，这并没有影响她转学。

1942年秋天，张爱玲进入圣约翰大学，与同时考入该校的炎樱、张子静成为校友。炎樱和张爱玲一样，转学进入文学系四年级就读，而张子静则考进了经济系，成为大学的一名新生。

但两个月以后，张爱玲却忽然退了学。

当张子静从炎樱那里得知这个消息时还有点不相信。

张爱玲告诉他，她之所以退学，是发现圣约翰大学没有好教授，在那里上学等于是浪费时间，不如自己在家里找些好书来读，收获也许要比上学还大得多。

其实，张爱玲并没有把她退学的真正原因说出来：虽然学费有了着落，可生活费却无法解决。她不愿意自己老是靠姑姑养活着，她要自己挣钱来养活自己。

关于如何挣钱，张子静曾给她出主意，希望她能去中学当教员，但立即就被张爱玲给否了。张爱玲知道，虽然她有一肚子的学问，但口头表达却是她的弱项，更何况，她一见到生人就手足无措，又非常讨厌人多聚集的地方，可学校里，教师且不说，单是那么多学生，她就无法面对，很显然，教师的职业不适合她。张子静又建议她去报馆当编辑或记者，也被张爱玲以同样的理由给否了。

二、卖文为生

实际上，此时张爱玲已经有了打算：她要以卖文为生，给自己挣一份生活的空间和一个光明的前途。

张爱玲的这一决定将改写中国现代文学史——虽然她自己没有意识到，但是历史对她做出了公正的回报。这是后话，此处从略。

假如回过头去看，张爱玲有关"卖文为生"的决定不仅是草率的，尤其是不切实际的。说她草率，是因为她在根本没有弄清楚卖文为生对她意味着什么之前就

爱丁顿公寓是一座著名的历史建筑。

已经下了决心；说她不切实际，则是因为在她完全不知道外界文学氛围的状态下却一相情愿地将自己的命运交给了"文学"。事实上，1942年年底的上海，即将或已经成为一座"文学空城"。说上海是文学空城，是相较于它以前那个文学鼎盛期而言的。"八一三"事变之前，上海曾经拥有大大小小、各种各样的文学刊物多达一百多种，即使到了前一年即1941年的秋季，上海也还有二十多种刊物在继续出版发行。可到了1942年年底的时候，也就是在张爱玲决定卖文为生的时候，却只剩下《万象》、《小说月报》和《乐观》三家刊物在勉强支撑着所谓"文学"的门面了。一个企图在没有园地的空中楼阁上耕耘的农夫，是注定不会有收获的。而其时的张爱玲，则正是这样一个颟顸的务农者。试想，仅有的那样三块小得可怜的园地，果真能接受她这位不速之客播下的种子，并且会在那里生根发芽吗？

好在她没有把自己的第一批种子播撒到这三块园地中来。她把一篇精心制作的万字长文投给了一份综合性的英文月刊《二十世纪》(*The 20th Century*)，这篇万字长文的题目叫*Chinese Life and Fashions*(《中国人的生活和时装》)，作者

署名“Eileen Chang”。文章以轻松雅致的笔触表达了一个充满情趣的主题，熔知识、人性和历史于一炉，读来满颊生香，余味悠长，确是一篇难得的好文章。更令人称奇之处还在于，这位名不见经传的作者不仅精于英文写作，并且具有非同一般的绘画才能，自己配画了十二幅插图，线条流畅、笔力老到，从而与文章相映成趣，珠圆玉润。《二十世纪》月刊的主编叫克劳斯·梅奈特（Klaus Mehnert），德国人，阅历深广，学问多元，他一见到这篇文章就被作者的文笔和文章的内容征服了，接着再将文章与插图比照着看，惊艳之喜不言而喻，于是当即予以刊用，并且在“编后记”中称赞作者是一位“极具前途的青年天才”。我们不能不佩服这位梅奈特博士的眼光，他对那位“青年天才”的发现不仅表现了一种能力——鉴赏的能力，更作出了一个石破天惊的预言。

《中国人的生活和时装》在1943年1月出版的《二十世纪》第四卷第一期上发表以后，立即在读者中引起了巨大的反响。打那以后，几乎每一期《二十世纪》月刊上都有张爱玲的文章。这些文章大多是影评，对于当时在上海上映的影片多有点评。如1943年5月号上评论影片《梅娘曲》和《桃李争春》的*Wife Vamp Child*（《妻子，荡妇，孩童》），6月号上评论影片《鸦片战争》的*The Opium War*，7月号上评论影片《秋之歌》和《浮云遮月》的无标题文章，8、9月合刊号上评论影片《自由魂》、《两代女性》和《母亲》的*Mother and Daughters-in-law*（《婆婆和媳妇》），10月号上评论影片《万紫千红》和《回春曲》的文章。除了这些影评之外，《二十世纪》还在这一年的许多月份发表了张爱玲的其他文章，如《依然活着》即《洋人看京戏及其他》，《神仙鬼怪》即《中国人的宗教》，等等。

在《二十世纪》上的完胜，鼓舞了张爱玲“卖文为生”的斗志，她决心进一步拓宽自己的战场，把自己更多的文章覆盖到更多的刊物和报纸上去。但“决心”归“决心”，至于最终能否如愿以偿地“拓宽战场”，却不是以她的主观愿望为指归的。

众所周知，任何“天才”的出现和成长都离不开一个合时合身的舞台。像《二十世纪》月刊这样的舞台，小试身手尚无不可，但要完全施展拳脚，对于张爱玲说来，毕竟还是太狭窄和逼仄了，正如她“决心”要“拓宽战场”的愿望那样，她的

当年的爱丁顿公寓现在更名为常德公寓，张爱玲与姑姑张茂渊在这里生活了六年，她的许多重要作品都诞生在这里。

确太需要一片特地为她定做的天地了。

这需要历史的安排，需要不偏不倚、对孔合榫的机缘巧合。

说来也是大意。

表面上看来，1942年的上海，随着大批的人才西移和文学园地的极度萎缩，加上日本帝国主义对于中国传统文化的肆意围剿和汪伪政权的搅局，选择在这种时候登上文坛显然是不合时宜的。然而只要拨开这些表面的因素，我们则不难发现，正是因为"人才西移"和"文学园地的极度萎缩"，从而造成了上海文坛上的"空窗期"，它急需有人来填补这个空当。而日本帝国主义对文化的围剿和汪伪政权的搅局，则让那些"不太政治"的作品得到了露头的机会。这一切都让张爱玲赶上了。

事实上，假如不是因为"人才西移"和左翼文学的短暂退场，像张爱玲那样的作品是根本没有机会问世的。是那样一段极为特殊的历史成全了张爱玲，从而让一株弱不禁风的小苗长成了参天大树。

与历史的安排相呼应的是，张爱玲自身的努力。从1942年年底开始，在接下来的两年多的时间里，张爱玲的文学创作进入了非常疯狂的井喷期。这个井喷期既是张爱玲文学创作最为繁荣的时间段，也是她文学成就的巅峰期，她的一生再也没有出现文学创作的第二个高潮。

事实上，当所谓“主流文学”在抗战后重新回到上海的时候，张爱玲的文学生涯已经走上了下坡路，枝叶开始枯萎，花瓣不再鲜艳，上海的文坛已经不属于张爱玲了。

三、一炮走红

面向《二十世纪》的英文写作是张爱玲尝试自己养活自己的啼声初试。实际上，1942年年底的张爱玲，手头已经积攒了几个月来创作的多篇文稿，只是在等待机会，随时准备闪亮登场。

张爱玲携带“两炉香”，拜见的鸳鸯蝴蝶派的领军人物周瘦鹃。

1943年年初，在张爱玲的生命中举足轻重的一个人物即将出现。他就是杵在上海文坛多年的大名鼎鼎的周瘦鹃。

周瘦鹃是所谓“鸳鸯蝴蝶派”的领军人物，是与当时纵横上海文坛的邵洵美、曾今可齐名的重要作家。

张爱玲结识周瘦鹃是通过园艺家黄岳渊介绍和举荐的。周瘦鹃是“礼拜六派”的代表人物，除了写作，他也酷爱园艺，因而时常到颇有名气的园艺家黄岳渊的庭园里徜徉一番，一来二去，两个人就处成了交情深厚的朋友。

那天下午，当张爱玲拿着黄岳渊写的字条来到周府的时候，周瘦鹃之前从来没有听说过张爱玲这个名字。当他在客厅里第一眼见到这位个子高挑的年轻姑娘时，怎么也没有把她和文学联系到一起。他把黄岳渊写给他的字条看了两遍，这才认真地打量起这位由友人介绍来访的不速之客。

张爱玲那天穿着一件鹅黄缎半臂旗袍，由于不习惯与生人交谈，她老是觉得手脚没个安排处。

她像背书一样对自己的情况向面前的周瘦鹃作了一个简洁的介绍，接着就从随身带的包里取出两本小说稿交给对方。

这两篇小说稿就是后来奠定了张爱玲在文坛地位的《沉香屑第一炉香》和《沉香屑第二炉香》。

周瘦鹃当晚就一口气读完了“两炉香”，惊叹之余，也庆幸自己刚打算将杂志《紫罗兰》复刊就一下子从天上掉下来这两篇好稿子。他怎么也没有想到，一个看上去尚没有脱去少女稚气外衣的小姑娘，竟然能用如此出格的题材挥洒出这样出色的小说来。作为鸳鸯蝴蝶派的南面东主，周瘦鹃虽然一直在发现并扶持着一大批女才子，但张爱玲的出现，还是让他激动不已。与他的那个“红粉军团”相比，张爱玲仅凭一己之力即可毫不费力地战胜她们。《沉香屑第一炉香》很快在复刊后的《紫罗兰》上刊出。就像事先预料的那样，“第一炉香”的问世，立即引起了整

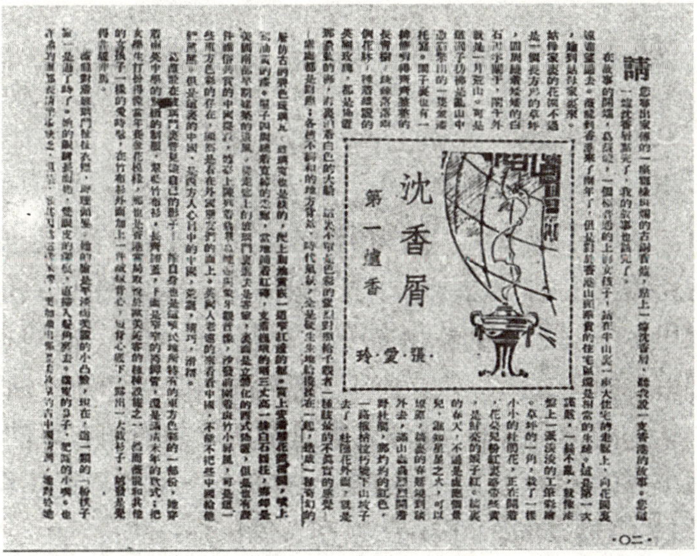
沈香屑
第一爐香
張愛玲

发表在《紫罗兰》第二期上的《沉香屑第一炉香》，这也是张爱玲首次公开发表小说。

个上海文坛的震动。

《沉香屑第一炉香》写的是香港故事。香港故事不仅是张爱玲终生写作的对象，也是她施展才华的宿命。这篇小说的选材不仅是奇特的，尤其是大胆而石破天惊的。对于像张爱玲这样一个没有任何爱情经历和性经验的年轻姑娘来说，竟然能写出这样的小说，简直是不可思议的——

葛薇龙是一个来自上海的女孩子。她既美丽、善良，又爱慕虚荣。为了能够进入看上去华美异常，但却到处布满陷阱的香港社交圈，在姑妈特地为她定做的一个个圈套面前，她完全迷失了自己。在一个叫做乔琪的浪荡公子的引诱下，她一步步由拒绝到犹豫，由犹豫到顺从，最后，则心甘情愿地选择堕落，终于跌进了社会和人生共同为她预设的无底深渊，万劫不复，令人欷歔。

葛薇龙的悲剧来源于人性的弱点，追求虚荣的性格让她走向毁灭。本来，这篇小说的题材是并无什么特别之处的，无非是坏人作奸，逼良为娼，最终香消玉殒之类的老套路。但张爱玲的高明之处就在于，她只把“逼良为娼”的“逼”改为“逆”字，就把这个故事的主题完全颠倒过来了：葛薇龙的由良而娼，不是谁“逼”了她，而是她自己的选择。小说的深刻之处也正在于此。

和《沉香屑第一炉香》不同，张爱玲的“第二炉香”就烧得有点惊世骇俗、山崩地裂的意味了。她选取的题材和叙述的角度，漫说在七十年前是十分前卫的，即使放到七十年后的今天，仍然是一个令人咂舌乃至可以称为石破天惊的主题。

愫细是一个有着一头金色头发的漂亮女孩，是纯情得令人惊诧的处女，愫细虽然已经二十一岁，但却天真得使人难以置信。而她的男朋友罗杰，则是一个罗曼蒂克的傻子——在华南大学教了十五年的化学、物理，做了四年的理科主任与舍监。他们就快要结婚了。

真正的灾难都是在举行婚礼的前后发生的。由于对性的无知和恐惧，举行婚礼后的愫细不是愉快地走进洞房，而是疯了。她的一系列反常的举动惊动了所有的人，最终，作为英国绅士的罗杰，在种种猜忌和嘲笑的难堪氛围中不得不匆匆地结束自己的生命。

就是这样一个令人感觉匪夷所思的故事，把二十三岁的张爱玲正式地推到了上海文坛的前台。

四、横空出世

也就是从这时候开始，张爱玲的文学创作进入了一飞冲天的井喷期。从1943年下半年开始，她相继发表了小说《茉莉香片》、《心经》、《倾城之恋》、《封锁》、《金锁记》、《琉璃瓦》、《年青的时候》、《花凋》、《创世记》、《连环套》、《红玫瑰与白玫瑰》、《殷宝滟送花楼会》、《等》、《桂花蒸·阿小悲秋》，同时还发表了大量的散文，主要有：《到底是上海人》、《洋人看京戏及其他》、《公寓生活记趣》、《更衣记》、《道路以目》、《必也正名乎？》、《烬余录》、《谈女人》、《走！到楼上去》、《有女同车》、《童年无忌》、《论写作》、《造人》、《私语》、《炎樱语录》、《谈跳舞》、《谈音乐》、《自己的文章》和《姑姑语录》等。

张爱玲曾携小说《心经》，前去拜见的《万象》杂志的主编柯灵。

在这些作品中，最能代表张爱玲个人风格的是小说《倾城之恋》和《金锁记》。《倾城之恋》写一对恋人的精于算计，以至在恋爱过程中也懒得投入少许真情实感的故事，他们锱铢必较、功利首尾，但令人称奇的是，他们这份本来应该毫无结果的所谓“感情”，却因为香港被日本占领而成全为一桩世故的婚姻。

这篇小说是张爱玲对她在香港读书时亲身感悟的提炼，极其深刻地揭示了身处乱世的年轻人人性与人情同时丧失的极端荒谬性。更荒谬的则是人性的回归，却又奇迹般地依赖于突如其来的巨大事变，而不是人物性情冲突的内因使然。

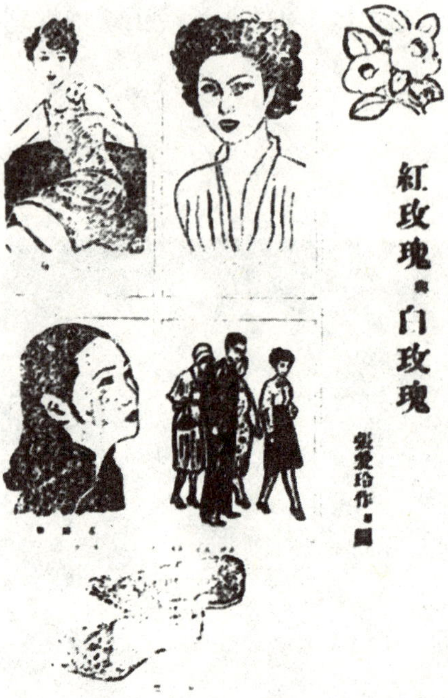

《红玫瑰与白玫瑰》插图，张爱玲作。

《倾城之恋》甫一问世，就在上海滩引起极大的震动，人们争相传阅，在极短的时间内就形成了洛阳纸贵的轰动效应。

与《倾城之恋》一样，张爱玲在《金锁记》中同样着力于对人性中异化成分的挖掘。与《倾城之恋》相比，《金锁记》对人性弱点深层次的挖掘则更见功夫。极端地说，《金锁记》是张爱玲写得最好的小说。虽然张爱玲本人格外看重她的另一篇小说《年青的时候》，但更多的人却认为，无论就思想深度还是艺术成就而言，《年青的时候》都无法与《金锁记》相媲美。

《金锁记》描写了一个大家庭中的寡妇曹七巧局促而猥琐的一生。她是一个心胸狭窄的拜金主义者，一个因为情欲遭受压抑而企图寻衅报复的变态狂，金钱既是她生活的目的，也是她生命的底色。她既用金钱禁锢自己，也用金钱戕害别人，甚至于包括她的至爱亲朋。

张爱玲成功地塑造了曹七巧这样一个被金钱和情欲共同扭曲了人性的妇女形象，成为相当长一段时间内中国文学画廊里最为引人眼球的标志性人物形象之一。

曹七巧的心理变态既是由宗法制社会人与人之间钩心斗角、尔虞我诈的现实造成的，也是她个人的特殊经历与独特个性共同发酵和浸润的结果。张爱玲本人对于《金锁记》也特别喜爱，后来她还以这篇小说为基础，重新创作了长篇小说《怨女》。

在《金锁记》中，张爱玲把情欲（Passion）的作用放大成可以左右人性的恶魔。与此同时，她又把金钱扭曲下的灵魂铺张为一个可怕的地狱。于是，这个嚣张于

"地狱"里的"恶魔"就开始肆无忌惮地吞噬着人性、亲情和良知，终于把曹七巧彻底炮制成一个人不人、鬼不鬼的怪物。从表面看，曹七巧不过是遗老家庭里的一个可怜复可恶的牺牲品，没落的宗法制社会中一抔微不足道的残渣。但就是这样一个上不得台面的"牺牲品"和一抔微不足道的"残渣"，却偏偏成为可以主宰儿女命运的母亲和颐指气使的婆婆。于是，包括她本人在内的所有人，只要与"曹七巧"发生关联，就无一可以逃脱悲剧的命运。

《万象》：1941 年 9 月创刊，主编陈蝶衣。1943 年 6 月起，柯灵接任主编，开始由通俗文学转向新文艺，新人作家增多。张爱玲的小说《心经》、《琉璃瓦》、《连环套》在此发表。

曹七巧的娘家是开油坊的，她自小而大的成长环境铸就了她那精于算计的性格。以一个小家碧玉而高攀簪缨望族，门户的错配撒下了悲剧的第一颗种子。原本是说定过门来当残废公子的姨太太的，可由于老太太的"一念之善"（或一念之差），却抬高了她的身份，做了正室，于是就撒下了这场悲剧的第二颗种子。

在姜家的环境里，固然当姨太太也未必有好下场，但起码对于金钱的欲望不至于会被刺激得那样狰狞；同样的，其情欲也就不至于会被压抑得那么厉害。她的心理变态，即使有，也不致病入膏肓，无可救药，最终扯上那么多人为她殉葬。

曹七巧的变态心理虽然源自于生怕自己的财产和利益受到别人的侵害，但真正使这种变态心理得以强化的，却是她那被压抑的情欲！但她偏偏又是个担当不起情欲的人，于是，情欲在她心中的嚣张，就导致了她要去"报复"。报复谁呢？四周逡巡一过，她找不到固定的目标。于是，她就把报复的毒液到处喷射，谁沾上谁倒霉。

可怕的报复把她压垮了。"儿子女儿恨死了她"，至亲骨肉都给"她沉重的枷角劈杀了"，连她心爱的男人也跟她"仇人似的"；她的惨史写成故事时，也还得给不相干的群众义愤填膺地咒骂几句。悲剧变成了丑史，血泪变成了罪状，还有什么更悲惨的？

当七巧回想着早年当曹大姑娘时代，和肉店里的朝禄打情骂俏时，“一阵温风直扑到她脸上，腻滞的死去的肉体的气味……她皱紧了眉毛。床上睡着她的丈夫，那没有生命的肉体……”当年的肉腥虽然教她皱眉，毕竟是美妙的憧憬，充满了希望。眼前的肉腥，却是刽子手刀上的气味。这刽子手是谁？金钱，金钱的情欲。为了金钱，她在焦灼地期待，为了金钱，她只能低声对小叔嚷着：“我有什么地方不如人？我有什么地方不好？”为了金钱，她十年后甘心把最后一个满足爱情的希望吹肥皂泡似的吹破了。当季泽站在她面前，小声叫道：“二嫂！……七巧……”接着诉说了（终于！）隐藏十年的爱以后：

> 七巧低着头，沐浴在光辉里。细细的喜悦……这些年了，她跟他迷藏似的，只是近不得身，原来，还有今天！

“沐浴在光辉里”，一生仅仅这一次，曹七巧“蒙受到神的恩宠”。好似项勃朗笔下的肖像，整个人都沉没在阴暗里，只有脸上极小的一角沾着些光亮。即是这些少许的光亮直透入我们的心。

> 季泽立在她眼前，两手合在她扇子上，面颊贴在她扇子上。他也老了十年了。然而人究竟还是那个人啊！他难道是哄她么？他想她的钱——她卖掉她的一生换来的几个钱？仅仅这一念就使她暴怒起来了………

这一转念赛如一个闷雷，一片浓重的乌云，立刻掩盖了一刹那的光辉；“细细的音乐，细细的喜悦”，被暴风雨无情地扫荡了。雷雨过后，一切都已过去，一切都已晚了。“一滴，一滴，……一更，二更，……一年，一百年……”完了，永久地完了。剩下的只有无穷的悔恨。“她要在楼上的窗户里再看他一眼。无论如何，她从前爱过他。她的爱给了她无穷的痛苦。单只这一点，就使她值得留恋。”留恋的对象消失了，只有留恋往日的痛苦。就在一个出身低微的轻狂女子身上，爱情也不会减少圣洁。

七巧眼前仿佛挂了冰冷的珍珠帘，一阵热风来了，把那帘子紧紧贴在她脸上，风去了，又把帘子吸了回去，气还没透过来，风又来了，没头没脑包住她——一阵凉，一阵热，她只是淌着眼泪。

她的痛苦到了顶极点，可是没完。只换了个方向，从心头沉到心底，越来越无名。愤懑变成尖刻的怨毒，莫名其妙地只想发泄，不择对象。她眯缝着眼望着儿子，"这些年来她的生命里只有这一个男人。只有他，她不怕他想她的钱——横竖钱都是他的。可是，因为他是她的儿子，他这一个人还抵不了半个……"多怆痛的呼声！"……现在，就连这半个人她也保留不住——他娶了亲"。于是儿子的幸福，媳妇的幸福，在她眼里全变作恶毒的嘲笑，好比公牛面前的红旗。歇斯底里变得比疯狂还可怕，因为"她还有一个疯子的审慎与机智"。凭了这，她把他们一起断送了。既然她活得不如意，为什么还要让他们活得惬意？

最初她用金钱锁住了爱情，结果却锁住了自己。爱情折磨了她一生和一家。她战败了，她是弱者。但因为是弱者，她就没有被同情的资格了么？弱者做了情欲的俘虏，代情欲做了刽子手，我们便有理由恨她么！作者不这样想。在上面所引的几段里，显然有作者深切的怜悯，唤引着读者的怜悯："多少回了，为了要按捺她自己，她迸得全身的筋骨与牙根都酸楚了"，"十八九岁姑娘的时候……喜欢她的有……如果她挑中了他们之中的一个，往后日子久了，生了孩子，男人对她多少有点真心。七巧挪了挪头底下的荷叶边洋枕，凑上脸去揉擦一下，那一面的一滴眼泪，她也就懒怠去揩拭，由它挂在腮上，渐渐自己干了"。

这些淡淡的、朴素的句子，也许粗心的读者不会太注意。然而，它却有如一阵温暖的微风，抚弄着七巧墓上的荒草。

和主角的悲剧相比之下，几个配角显然缓和多了。长安姊弟都不是有情欲的人。幸福的得失，对他们远没有对他们的母亲那么重要。长白尽往深渊里沉，早已失去了知觉，也许从来就不曾有过知觉。长安有过两次快乐的日子，但都用"一个

在《有女同车》中，张爱玲自绘插图《地方色彩》。原版说明文字，上列自右至左："广东女孩"、"上海十三点小姑娘"、"宁波少奶奶"、"宁波老板娘"；下列自右至左："绍兴师爷"、"广东女人"。

美丽而苍凉的手势"自愿舍弃了。便是这个手势使她的命运最不像七巧的那样阴森可怕，影响深远，却令人觉得另一股惆怅与凄凉的滋味。Long long ago的曲调所引起的无名的悲哀，将永远留在读者的心里。

结构、节奏、色彩，在这件作品里几乎处处都有了闪亮的光点。特别值得一提的，还有《金锁记》的三大特色：

第一是作者的心理分析，作者拒绝采用冗长的独白或枯索、烦琐的解剖，而是巧妙地利用暗示，把动作、言语、心理三者打成一片。七巧、季泽、长安、童世舫、芝寿，都没有专写他们内心的篇幅；但他们每一个举动、每一缕思维、每一段对话，都反映出心理的进展。两次叔嫂调情的场面，不光造型美显得动人，还综合着含蓄、细腻、朴素、强烈、抑止、大胆，这许多似乎相反的优点。每句说话都是动作，每个动作都是说话，即使在没有动作、没有语言的场合下，情绪的波动也不曾减弱分毫。例如童世舫与长安订婚以后：

……两人并排在公园里走着，很少说话，眼角里带着一点对方衣裙与移动着的脚，女子的粉香，男子的淡巴菰气，这单纯而可爱的印象，便是他们的栏杆，栏杆把他们与大众隔开了。空旷的绿草地上，许多人跑着，笑着谈着，可是他们走的是寂寂的绮丽的回廊——走不完的寂寂的回廊。不说话，长安并不感到任何缺陷。

还有什么描写，能表达这一对不调和的男女的调和呢？能写出这样微妙的心理呢？和七巧的爱情比较起来，这是平淡多了、恬静多了，正如散文，牧歌之于戏剧。两代的爱，两种的情调。相同的是温暖。

至于七巧折磨长安的几幕，以及最后在童世舫前诽谤女儿来离间他们的一段，对病态心理的刻画，更是令人“毛骨悚然”的精彩文章。这种“精彩文章”采取的是迂回的笔触，展示了作者熟练地利用“节略法”(racconrci)的艺术手腕，从而成就了其小说的第二个特色：

风从窗子进来，对面挂着的回文雕漆长镜被吹得摇摇晃晃。磕托磕托敲着墙。七巧双手按住了镜子。镜子里反映着翠竹帘和一幅山水屏条依旧在风中来回荡漾着，望久了，便有一种晕船的感觉。再定睛看时，翠竹帘已经褪色了，金绿山水换了一张丈夫的遗像，镜子里的也老了十年。

这是电影的手法，空间与时间，模模糊糊淡下去了，又隐隐约约浮上来了。

第三是作者的风格。新旧文字的糅合，新旧意境的交错，在这篇小说中正是恰到好处，仿佛这利落、痛快的文字是天设地造的一般。比喻的巧妙，形象的入画，固然是张爱玲一贯的风格，但在完成整个作品上，却从没有像在《金锁记》里这样的淋漓尽致和挥洒自如。

翻译家傅雷甚至认为，张爱玲的《金锁记》，“已颇有《狂人日记》中某些故事的风味，是当时的文坛最美的收获之一”。

五、誉满沪上

1944年8月，张爱玲把已经发表的小说结集为《传奇》出版，这本小说集一共收录了十篇作品，凡二十四万字。

1944年年底，她又把散文结集为《流言》出版。《流言》共收入散文三十篇。

1944年12月26日，张爱玲将她的小说《倾城之恋》改编成话剧在上海上演，一炮打红，整个上海为之疯狂。

《传奇》与《流言》的出版，一时成为上海文化界的一大盛事，出版发行后的第四天就脱销，许多文化人都以拥有一本《传奇》或《流言》而沾沾自喜。《流言》更是一版再版，但印刷机似乎怎么也赶不上人们阅读兴趣的速度。人们争相传阅，议论纷纷，大街小巷男男女女都在谈论张爱玲。

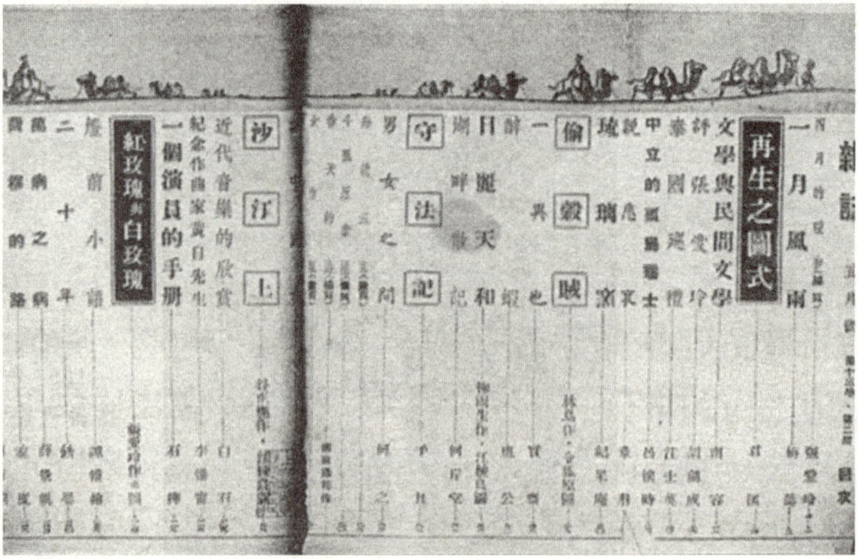

《杂志》：文艺月刊，吴江枫主编。1940年至1945年8月，20世纪40年代张爱玲最重要的小说几乎都发表于此，并通过杂志社出版《传奇》初版和再版本。

张爱玲红了，红得发紫。

张爱玲成名以后，文学评论界给予了极大的关注。其中，《杂志》编辑部更连续举办张爱玲作品座谈会，与会者围绕着《传奇》的艺术价值进行了热烈的讨论，并且从作品的结构、语言及人物塑造等方面，赞扬了作者独树一帜的个人风格。

1944年8月26日下午，《新中国报》在康乐酒家举办《传奇》集评茶会，邀请了当时活跃于上海文坛的作家评论家出席，计有：袁昌、陶亢德、尧洛川、实斋、钱公侠、谷正槐、谭正璧和苏青等人，炎樱不仅是张爱玲忠实的读者，而且是难得的知音，当然也在受邀请之列。

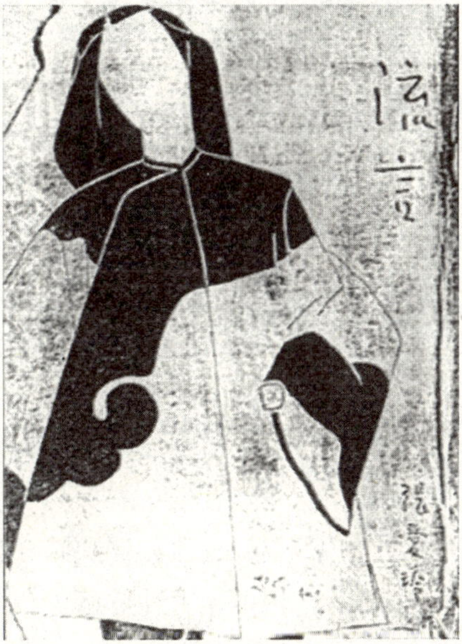

张爱玲亲自设计绘图的《流言》封面

作为集评茶会关注的主角，当然少不了张爱玲。

茶会发言极其踊跃。打头炮的是评论家袁昌，他讲了三个方面的意见，其中既有对作品的评价，也有对作者今后创作走向的关注。第一，张爱玲《传奇》中的十篇小说，其写作技巧十分成熟，结构新奇严谨，叙事疾徐有致，人物塑造独树一帜，不落俗套，具有司汤达在《红与黑》里所描写的西洋高等社会的趣味；第二，作品中的人物以女性居多，张爱玲充分发挥了女性熟悉女性心理的长处，鞭辟入里，丝丝入扣，读来令人叫绝，尤其在挖掘女性人性弱点方面又犀利独到，更加难能可贵；第三，按照西方的传统标准，衡量一个小说家的是否成功，关键是看他能否写出高质量的长篇小说来，因此建议张女士今后能够写出感人的长篇，热心的读者都期盼着张女士能够不断地推出自己的新作和力作。

谭正璧显然并不赞成袁昌第三点意见，他认为，张爱玲并不适宜写长篇小说，她的真正优势还在于短篇小说，关键不在于长篇还是短篇，最重要的是要继续发挥其擅长心理描写的优势，写出更多、更感人的作品来。我们也不必效仿西

刊登在《杂志》上的女作家画像：辑务繁忙的苏青，弄蛇者潘柳黛，奇装炫人的张爱玲。

方的标准，一个作家究竟能否在文坛上站住脚跟，这与他是不是写出长篇小说来没有直接的对应关系。梅里美是世界公认的文学大家，但是，把他推到文学至尊地位的，却并不是他的长篇小说，而是他那些别具一格的中短篇小说。同样的，茨威格一辈子没有发表过长篇小说，可有谁怀疑过他在世界文学史上的地位？

评论家谭惟翰详细分析了张爱玲小说中的三个特色：一、用词新鲜；二、色彩浓厚；三、比喻巧妙。

谷正櫆着重分析了张爱玲小说中三个主要人物的变态心理，认为这是张氏小说中最为成功的人物形象。他对曹七巧（《金锁记》）、白流苏（《倾城之恋》）和聂传庆（《茉莉香片》）的命运归宿进行了一一的梳理，指出作者在这些人物塑造上的用心。认为这对于一位刚刚出道不久的年轻作家来说，是非常难得的艺术造诣。

苏青自以为最懂张爱玲，与会者也觉得她们两个是最好的朋友，都想听一听苏青的意见，可苏青却一改她快人快语的脾气，故作矜持，一言不发，而是将自己的想法写在一张名片的背面，请《杂志》的主编吴江枫代她念出：

我读张爱玲的作品，觉得自有一种魅力，非急切地吞读下去不可。读下去像听凄幽的音乐，即使是片段也会感动起来。她的比喻是聪明而巧妙的，有的虽不懂，也觉得它是可爱的。它的鲜明色彩，又如一幅图画，对于颜色的渲染，就连最好的图画也赶不上，也许人间本无此颜色，而张女士真可以说是一位“仙才”了。我最钦佩她，并不是瞎捧。

苏青的发言，浮泛而空洞，似乎用在任一作家的作品研讨会上都无不可。世人都说，苏青大大咧咧，不知道什么是嫉妒，但其实，她对于张爱玲的才华虽然很欣赏，但也不无嫉妒。其实这也难怪，她与张爱玲，既是编者与作者的关系，也是声名同显的作家，同性同行，自有别肠。苏青比张爱玲大六岁，出名也比张爱玲早。当苏青在《论语》和《宇宙风》等杂志上连续发表作品，她的名字早已家喻户晓的时候，张爱玲仍是一个名不见经传的小丫头。及至苏青的自传体小说《结婚十年》在《风雨谈》杂志上连载时，张爱玲的"两炉香"还没有烧起来，可谁知道，就在苏青红得发紫、炙手可热的巅峰时刻，平地里却忽地冒出一个张爱玲来！这个"恶俗不堪的名字"，居然在海上文坛一下子横扫千军，所向披靡，仅一夜之间就把苏青的光芒遮去了一大半。苏青的心胸再怎么宽广，也无法对张爱玲的突然走红无动于衷。因此，在张爱玲的作品研讨会上，苏青自己不愿意发言，最终不得不写出几句空泛的话来，还要请人代读，如此虚应故事、敷衍搪塞，就不难理解了。

与苏青不同，炎樱既不是作家，也不是评论家，她是以朋友的身份来参加会议的，所以说得格外平实而家常："张小姐写小说很辛苦，所以有这点成功是应该的。她的作品像一条流水，是无可分的，应该从整个来看，不过读的人是一勺一勺地吸收而已。她写作前总要想两三天，写一篇有时要三个星期才能完成。"

最后，张爱玲说了几句感谢的话，不咸不淡，一如一个局外人：

> 我今天纯粹是来听话的，并不想说话，刚才听了很多的高见，很满意，也很感谢。

我想，除了张爱玲，大概不会有哪位作者会用这样的语言来为研讨会作结。于兹也可以看出，虽然在创作的时候，张爱玲是一个居高临下的全知全觉者，可在现实生活中，她却连几句应景的话都不会说。难怪有论者说她是一个"天才的白痴"，此言看来不妄。

尽管张爱玲本人对于文学评论界对她的特别关注有点无动于衷，但在客观上无疑给当时如火如荼的张爱玲热起到了推动作用。也正因为如此，张爱玲的名字才越来越多地被更多的人所熟记，从而印证了张爱玲自己“出名要趁早”的名言。

六、木秀于林

在一片赞扬声中，年轻的张爱玲确是红了。但与此同时，批评她的文章也铺天盖地而来。这便应了“木秀于林，风必摧之；堆出于岸，水必湍之”的偈语。尤其对她的《倾城之恋》和《连环套》等作品，负面评价更是火力密集，山雨倾盆。

对《倾城之恋》的批评，以傅雷的文章最具代表性。傅雷学贯中西，单就文学鉴赏的功夫而言，在当时的上海，似乎能够出其右者实属寥寥。但是，傅雷对于包括《倾城之恋》、《连环套》在内的张爱玲小说的批评却显然带有某种认知和情绪化的偏颇，缺乏的是一个学者应有的沉着和深度。

傅雷认为，《倾城之恋》缺少悲剧应有的严肃、崇高和宿命，明暗的对照也不强烈。情欲没有惊心动魄的表现。几乎占到二分之一篇幅的调情，尽是些玩世不恭的享乐主义者的精神游戏；尽管那么机巧、文雅、风趣，终究是精练到近乎病态的社会的产物。

他说，小说给人的印象，仿佛是“一座雕刻精工的翡翠宝塔，而非峨特式大寺的一角”。美丽的对话，真真假假的捉迷藏，都在心的浮面飘滑；吸引、挑逗、无伤大体的攻守战，遮饰着虚伪。“男人是一个空虚的心，不想真正找着落的心，把恋爱看做高尔夫与威士忌中间的调剂”。女人，整日担忧着最后一些资本——三十岁左右的青春——再另一次倒账；物质生活的迫切需求，使她无暇顾到心灵。“这样的一幕喜剧，骨子里的贫血，充满了死气，当然不能有好结果”。疲乏，苟且，浑身小智小慧的人，担当不了悲剧的角色。麻痹的神经偶尔抖动一下，居然探头瞥见了一角未来的历史。“病态的人有他特别敏锐的触觉”。

与傅雷的批评相呼应的，是评论界对于张爱玲另一篇小说《连环套》的针砭。论者认为，《连环套》的主要弊病是“内容的贫乏”。霓喜和两个丈夫的历史，仿佛是由一串五花八门、西洋镜式的小故事杂凑而成的。没有心理的进展，因此也看不见潜在的逻辑，一切穿插都失去了意义。“雅赫雅是印度人，霓喜是广东养女，就这两点似乎应该是第一环的主题所在。半世纪前印度商人对中国女子的看法，即使逃不出‘玩物’二字，难道没有旁的特殊心理？他是殖民地种族”。可是《连环套》中并无这两三个因素错杂的作用，养女（而且是广东的养女）该有养女的心理，对她一生都有影响。一朝移植之后，势必有一个演化蜕变的过程；绝不会像作者所写的，她一进绸缎店，仿佛从小就在绸缎店长大的样子。“两个典型人物都给中和了”。

“错失了最有意义的主题，丢开了作者最擅长的心理刻画，单凭着丰富的想象，逞着一支流转如踢踏舞似的笔，不知不觉走上了纯粹趣味性的路。除开最初一段，越往后越着重情节，一套又一套的戏法，突兀之外还要突兀，刺激之外还要刺激，仿佛作者跟自己比赛似的。每次都要打破上一次的纪录，像流行的剧本一样，也像歌舞剧团的接一连二的节目一样，教读者眼花缭乱，应接不暇”。“描写色情的地方（多得是），简直用起旧小说和京戏——尤其是梆子戏中最要不得而最叫座的镜头”！

至于人物的缺少真实性，“全都弥漫着恶俗的漫画气息”，更是把Taste“看成了脚下的泥”。西班牙女修士的行为，简直和中国从前的三姑六婆一模一样……

对于评论界的这些尖锐的批评，张爱玲后来曾以一篇题为《自己的文章》作答，虽然她一再强调她的作品都是采取参差对照的手法结构成篇，但其为自己辩护的立场却是十分坚定的。很显然，这种固执的坚持和拒绝自省的态度对她的自我提升是非常不利的。

在《自己的文章》里，张爱玲写道：“我的作品，旧派的人看了觉得还轻松，可是嫌它不够舒服。新派的人看了觉得还有些意思，可是嫌它不够严肃。但我只能做到这样，而且自信也并非折中派。我只求自己能够写得真实些。”这是一种明显地拒人于千里之外的傲慢态度，哪还容得别人批评？

她甚至还十分激烈地发出宣言：“我不喜欢壮烈。我是喜欢悲壮，更喜欢苍凉。壮烈只有力，没有美，似缺少人性。悲剧则如大红大绿的配角，是一种强烈的对照。但它的刺激性还是大于启发性。”

现在我们回过头去审视张爱玲的一生，仔细琢磨她在二十三四岁时进入创

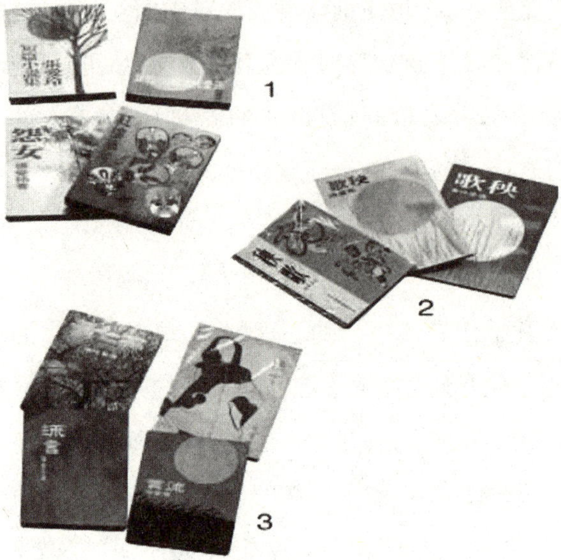

张爱玲出版的图书

作的巅峰状态以后，为什么再也没能百尺竿头更进一步？除了种种主观与客观的因素之外，恐怕与她对待文艺批评所采取的排斥态度也不无关系。

针对《传奇》出版后的红遍上海，这里还有一个小故事作为它的铺垫或是延续：

本来，张爱玲是打算把书稿《传奇》交给中央书店出版的，可最终却另找了婆家，这让出版商平襟亚极不高兴。他估计，张爱玲之所以没有把《传奇》交由中央书店出版，肯定与她和《万象》杂志的稿费纠纷有关：原来张爱玲在《万象》连载她的小说《连环套》时，曾与平襟亚约定，每期稿费一千元。后来，《连环套》只连载了六期就停止了，本应由杂志社付给张爱玲六千元稿费，但在《万象》杂志社的账目上，却记载着张爱玲领走七千元稿费的白纸黑字。杂志社去函企图追回多付的一千元未果，于是平襟亚就在《海报》上撰写了一篇题为《一千元的灰钿》的短文，把个平平常常的小纠纷渲染成大事情，不仅把此事的来龙去脉叙述得十分详细，还着意强调了张爱玲有意“赖账”的“卑劣行径”。好在张爱玲没有在这件小事上纠缠下去，最终也就不了了之。

但好像是“树欲静而风不止”似的，1944年12月，《语林》月刊创刊，为了扩大其影响，创办人钱公侠曾去信向张爱玲约稿，但没有得到张爱玲的回应。不得已而求其次，他就约请张爱玲在圣玛利亚女校读书时的国文老师汪宏声写一篇有关张爱玲的文章。汪宏声原就和钱公侠是熟人，钱公侠既有美意在先，汪宏声也不好端架子拒绝，于是就写了一篇《记张爱玲》的纪实短文以奉。他在文章里写道："我记得有一次她欠交了一次作文，我催她，她说：'我——'我不等她说下去，便接着说'——忘啦！'她笑笑，隔不多久，她交来一篇。我一看，却就是《霸王别姬》的上半篇，原来她要把这一篇充两期作文哩！所以最近在报上看到平襟亚先生与张爱玲的一番'灰钿'交涉，我若有所悟，想起了《霸王别姬》充两期作文的一桩公案，'夫子'不禁'莞尔'了。"

汪宏声也许怎么也不会想到，他这篇近于游戏之作的短文，等于一下子坐实了张爱玲"赖账"的"劣行"。既然张爱玲本来忘性就大，加之又有一篇作文充两篇的"前科"，这不等于是说，关于多领一千元稿费的事，肯定是张爱玲"忘性"复发，自是平襟亚说的是事实了？

汪宏声的无心之言给张爱玲带来了巨大的麻烦。她不得不写了一篇《不得不说的话》投给新创刊的《语林》月刊。她在文章里写道：1943年11月底，平襟亚确实曾经当面交给她一张两千元的支票，作为1944年1月和2月两期的稿费。但她接过支票后看了一眼，就又把支票原封未动地交还给平襟亚，对他说："讲好了每月一千元，还是每月拿吧，不然寅年吃卯年粮，使我很担心。"于是平襟亚就收回了那张两千元的支票，而另开了一张一千元的支票给她。她也不认为平襟亚有意想赖她一千元，只是他虽然改签了支票，却没有把原来账簿上的记录改过来，从而造成了张爱玲多领一千元稿费的误会。

但平襟亚不接受张爱玲的解释，他仍然坚持张爱玲确实多领一千元稿费的指控。为了证明自己的观点，他还写了一篇叫做《一千元的经过》的文章，要求与张爱玲《不得不说的话》一起发表，并且将小说《连环套》的稿费清单附于文后，列明张爱玲领取稿费的日期和数额。

平心而论，平襟亚说张爱玲有意多领稿费又想赖账的指控显然并不足为信。但是，若说平襟亚的说法纯属无中生有也难以使人信服。事情的本来面目更可能是这样的：张爱玲无意间多领了一千元稿费也许是确实的，但平襟亚围绕着这区区一千元钱大做文章，明显带有挟私寻衅和报复的成分在内：张爱玲在《万象》上腰斩《连环套》，且后来不把《传奇》交由中央书店出版，都是诱因。

历史有时候会与人开点玩笑：上面说的这桩"公案"，平、张之间似乎看上去颇有些誓不两立的意味。但几十年后，当平襟亚的侄子平鑫涛在台湾执掌皇冠出版社，先是将张爱玲的作品连续在他主持的刊物上隆重推出，继而更极力主张出版《张爱玲全集》的时候，他的这一系列举动无疑对当时经济上捉襟见肘的张爱玲是一个雪中送炭的义举。据说，平襟亚是苏青的堂姑丈，也就是说，平鑫涛实际上是苏青的表兄，这一对表兄妹居然都和张爱玲发生过瓜葛，说来也真不无趣味：也许这种“巧合”中恰恰蕴涵着某种难解的“天机”。

第八章 张胡之恋的人生棋局

一、胡某其人

没有谁会想到，就在张爱玲的事业达到高峰的时候，一个幽灵正在不远处窥视着她的一举一动——他就是汪伪政权的宣传部政务次长胡兰成。

胡兰成遽然介入张爱玲的生活，表面上看来，似乎给青春期的张爱玲带来了短时间的快乐和稍纵即逝的“幸福感”；但实际上，这一场来也匆匆去也匆匆的张胡恋，给张爱玲带来的精神伤害几乎贯串了她的一生。直到她后来在美国创作自传体长篇小说《小团圆》时，这一伤痛仍然在时时刻刻噬咬着她的心。

胡兰成究竟为哪路神仙，他到底有什么魔法竟然能让心高气傲的张爱玲一见倾心呢？

胡兰成是一个乡村知识分子，出生在浙江嵊县下北乡胡村，幼时在胡村私塾就读，由于家境贫寒，他十二岁时就被过继给胡村附近的俞傅村的一个姓俞的人家。俞家在当地算是一个富户，对胡兰成想读书的愿望十分支持。胡兰成天资聪颖，非常轻松地就考入了绍兴第五师范附属高小。小学毕业后，在表哥吴雪帆的帮助下，考入杭州蕙兰中学。蕙兰中学是一所教会学校，师资力量很强，当时杭州的许多文化名流都在这里任教。胡兰成学习很刻苦，成绩在班里一直名列前茅。就在他攻读四年即将毕业的时候，却因为处理一篇来稿的事而得罪了教务主任方同源，因此被开

20世纪80年代的胡兰成

除。其实，胡兰成是冤枉的。他当时担任校刊的英文总编辑，收到一篇来稿，内容是围绕着某同学因为账目问题被罢免青年会干部一职发表的意见。方同源是校刊顾问，他觉得这篇来稿登出后会对教会的荣誉产生不利的影响，因而不同意登载。胡兰成觉得这事与教会的名誉无关，就拿着稿子去见方同源。方同源既已表态在先，所以对于胡兰成的说法便没有再说什么。胡兰成以为方同源没有说话就是同意了他的意见，便把稿子登出来了。这还了得！方同源大为光火，闹到校长室，以辞职相威胁，终于逼迫学校做出开除胡兰成学籍的决定。读了四年中学最终却没能拿到毕业文凭，胡兰成觉得无颜见到家人，就始终没敢回俞傅村。后来，还是他的生父让他回胡村去教小学，这才算有个了结。也就是在担当小学教师的时候，经人介绍，他与邻村唐溪的一个普普通通的农家女子唐玉凤结为夫妻。这是胡兰成的第一次婚姻。

唐玉凤虽然是个文盲，但却具备乡间女子的全部美德，勤劳、朴素，贤惠、孝顺。她对丈夫胡兰成更是百依百顺、悉心照顾。胡兰成倒也感激不尽，两人相亲相爱、情投意合。就在这时，更有一件好事从天而降：胡兰成在蕙兰中学读二年级的时候，曾经报名做邮务生，本来那只是一件丢了就忘的平常事，但想不到却有了结果。胡兰成喜出望外，当即向亲戚借了盘缠，只身去杭州邮政局报到上班去了。

杭州邮政局是洋人开的，薪资很高，和他在乡间小学当教员相比，真的是一个天上，一个地下。如果一直这样干下去，不仅会不断得到加薪，最终成为一个富人，即使老来退休了，也会获得一份不菲的养老金。说来真是一份美差。但一件偶然的事情却改变了胡兰成的人生轨迹：有一天，一位集邮爱好者拿一张邮票来邮政局请求胡兰成给他盖戳，胡兰成觉得这只是小事一桩，就给他盖了。但想不到却被局长训斥了一顿。第二天，恰巧有一位英国妇女也拿一张邮票来找胡兰成盖戳，鉴于昨天遭到局长训斥的教训，胡兰成十分坚决地拒绝了那位英国妇女的要求。英国妇女很恼火，闹到局长那儿，结果，就因为这样一件小事，胡兰成却把他的这份好差事给弄丢了。

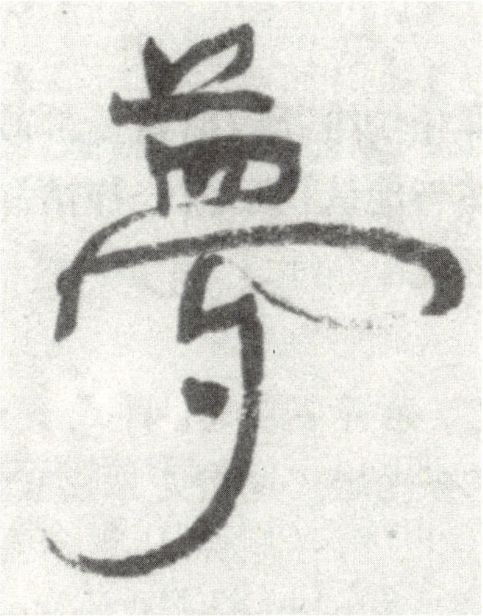

胡兰成书法

丢了邮政局的差事，胡兰成只好打包袱回老家。在胡村待了两个月，到底熬不住，便决定去北京碰碰运气。在北上之前，他先去了一趟杭州，向蕙兰中学的同学斯颂德家借了点路费，就径直去了北京。

到了北京以后，他首先找到两位在燕京大学读书的中学同学，经他们帮忙，他终于谋得了在燕京大学副校长室抄写文书的工作。抄写文书的工作很轻松，只要把当天交办的文书抄写完毕，余下的时间都可由他自己支配。胡兰成就利用这些空闲时间到教室去旁听课程。如果没有他感兴趣的课程好听，他就去游览北京的古迹名胜。就这么优哉游哉地混了一年，他到底还是厌倦了，于是又重新回到胡村来。

这时，他的儿子阿启已经一岁多了，不仅能够清晰地叫他爸爸，而且已经开始蹒跚学步了。胡兰成贪恋一时的天伦之乐，竟然安安心心地在家里待着不想走了。他的老岳父看了着急，就劝他到南京找份工作。胡兰成果真去了南京，但转悠了半个月却仍然没有找到合适的工作。他有心想回胡村，又怕被老岳父责怪，于是就从南京直接去了杭州的同学斯颂德家。斯颂德当时并不在家，他在上海光华大学读书。由于胡兰成之前多次到过斯家，斯家人都认识他，于是就招待他住在家里。斯家的老爷已经过世，没有了男主人，这个家全由太太撑着。好在家大业大、衣食无忧，倒也并无破败之象。住了不久，胡兰成就和年长他一岁的姨太太范秀美眉来眼去，关系十分暧昧。与此同时，他又对斯颂德的妹妹斯雅珊动了情。斯家人很快有所觉察。胡兰成见势头不对，只好借故仓皇逃离了斯家。

胡兰成刚刚离开杭州，就有一个好消息传到乡下来：他的表哥吴雪帆当上了杭州中山英文专修学校的校长，聘他去教书。胡兰成接到聘书，当即就去就职。他在中山英文专修学校教了一年半的书，就又转到萧山湘湖师范去任教，在湘湖师范只待了半年，就又离开了萧山。原因是他听说表哥的好友崔真吾在广西很有势力，与桂系军阀的关系非同一般，他就想去投奔崔真吾，打算碰碰运气。但由于爆发了“一·二八”事变，道路不通，终未成行。不久，他的妻子唐玉凤因病去世。胡兰成的第一次婚姻一共持续了七年。唐玉凤虽然是个文盲，但贤惠能干、任劳任怨，对胡兰成更是一心一意，绝无旁骛。胡兰成对于唐玉凤的逝世，还是非常悲痛的，为了筹措唐玉凤的丧葬费用，他也费尽了心机。妻子走了，给他留下了儿子阿启和女儿棣云无人照顾。料理完妻子的后事以后，胡兰成就将一对儿女托付给了他的侄女青芸，自己还是独自去了广西。

胡兰成共有兄弟七个，他排行老六。青芸是胡兰成三哥家的女儿，比胡兰成小十三岁。由于三嫂去世得早，后来续娶的媳妇又十分歹毒，奶奶看不过去，就把青芸接过来同住。老太太原就和胡兰成住在一起，后来，青芸的爹也去世了，她就越发把六叔家当成自己的家了。胡兰成是看着青芸长大的，也视她一如己出。因此，把儿女托付给这样一个侄女，胡兰成是非常放心的。

胡兰成命运的改变就是从这次广西之行开始的。

他找到崔真吾以后，先是在省第一中学任教，接着又转到百色第五中学和柳州第四中学。在柳州四中时，胡兰成结识了白崇禧手下第七军军长廖磊。廖磊十分欣赏胡兰成的文才，聘请他兼办《柳州日报》。

这时，胡兰成又在南宁续娶了全慧文为妻，并且很快又有了一对儿女宁生和小芸。

1936年6月，“两广事变”爆发。就此事变，胡兰成在《柳州日报》上发表了一系列政论文章，卖力鼓吹两广与中央分裂。这些文章在全国范围内引起了轰动，其时的胡兰成，依稀已是闻名全国的名人了。

对于胡兰成的文章观点，有赞有弹，为了躲避风头，胡兰成决定回家乡小住几日。回乡途中，经过上海时，他见到当年在广西一中的同事古泳今。古泳今当时在《中华日报》当编辑，见到胡兰成，第一件事就是向他约稿。胡兰成回到胡村后，立即写了两篇文章寄给了古泳今，令他始料不及的是，这两篇文章竟然比他在《柳州日报》上发表的那一批政论文章更让他出风头，不仅很快就被日本的《大陆新报》转载，而且也被专门登载经济学论文的《拔萃》月刊看中。反过来，《中华日报》觉得它该是近水楼台先得月，第一时间就给胡兰成下了聘书，决定先把他揽到自己的名下再说。

1937年年初，胡兰成把长子阿启托付给侄女青芸照顾，自己带着妻子全慧文和其他子女到上海《中华日报》上任。但好景不长，他仅仅在职了三个月，“七七”事变爆发，紧接着又是“八一三”事变，胡兰成只好带上妻子儿女避居到法租界去。

虽然在《中华日报》的时间不长，但还是为胡兰成带来了更大的名气。不久，他就接到了香港《南华日报》总主笔的任命书。

《南华日报》是汪伪政权设立在香港的机关报。社长是汪精卫的亲戚林柏生。林柏生有点看不起胡兰成这个总主笔，而胡兰成则觉得林柏生不学无术，只依靠和汪精卫的亲戚关系才坐上社长的位子。两人互不服气，仅仅维持面子上的工作关系而已。胡兰成在香港无亲无故，下班后只在花街柳巷中流连。他这个时候在政治上还没有找到自己的位置，因此并不想着意去讨好汪精卫。

二、投靠汪伪

1937年12月13日，南京沦陷，1938年10月25日，武汉也沦陷了。南京与武汉的相继失守，使抗战形势变得十分严峻。作为投降派的代表人物，汪精卫觉得除了和日本议和之外，没有别的路好走。1938年11月20日，他委派他的手下人与日本秘密签署了《日华协议记录》，随后就逃离了重庆，悄悄地潜入了越南的河内。

1938年12月22日，日本首相根据这份密约发表对华声明，提出中国政府承认伪满洲国，允许日本在内蒙古驻军，等等。12月29日，作为对日本政府的响应，汪精卫在《南华日报》上发表了支持日相主张的声明。

汪精卫的这则声明，引起了国内外舆论的广泛谴责。但胡兰成却在这一关键的时间点上选择了坚定地站在汪精卫这一边的立场，迈出了汉奸之路决定性的一步。1939年1月3日，胡兰成为《南华日报》写了一篇社评《我们的郑重声明》，以汪伪集团代言人的身份竭力为其主子进行了赤裸裸的辩护。这篇社评发表以后，最先得到汪精卫的老婆陈璧君的激赏。紧接着，胡兰成又发表了一篇影响深远、题为《战难和亦不易》的社评，更使他成为朝野投降派势力共同瞩望的一颗“明星”。

1939年春天，汪精卫感觉时机成熟，立即从河内秘密潜回到上海，开始着手组织伪政权。在网罗人手的过程中，陈璧君向他力举胡兰成，赞扬他是个难得的人才。汪精卫原本就一直十分欣赏胡兰成的文才，如今适逢用人之际，又有夫人大力推荐，于是就做了个顺水人情，电邀胡兰成做他的侍从秘书。侍从秘书是个很高的职位，胡兰成受宠若惊，他当时虽然在香港，但接电后心就立即飞到了千里之外的上海去了，他将手头的事情草草安排了一下，就马不停蹄地赶到内地赴任，从此成为“汪精卫身边的人”。

这期间，由于胡兰成在香港时整天拈花惹草，妻子全慧文先是哭，继而闹，到底无法让他改掉这一痼疾，终于积郁成疾，患上了精神病。全家迁到上海后，先是住在哈同路一间很小的房子里，但家里人太多，那样小的房子已住不下，于是就搬到忆定盘路（今江苏路）一所大房子里。

安定以后，胡兰成又让侄女青芸和儿子阿启从胡村搬到上海来同住。阿启已经十三岁了，而阿启最小的弟弟纪元才三个月。纪元出生在香港，由于生日是1月1日，故取名为纪元。一年后，胡兰成又把家搬到大西路美丽园28号（即今延安西路379弄28号），从此就把这个家完全交给了二十四岁的青芸料理，他则“南京—

上海"不停地两头跑。这期间,胡兰成将他过去一年中所写的一百零五篇政论文章编成一本书,用那篇著名的社评题目做了书名:《战难和亦不易》,此书由汪精卫作序,作为《中华日报》丛书之一出版。

胡兰成虽然将家安在了美丽园,但他回上海时却很少在家里住宿。他在外面的一家小旅馆租了一个固定的房间,每天都要到街上去找个妓女嫖宿。后来,他在百乐门玩乐时结识了舞女应英娣,逐渐形影不离而如胶似漆,最终两人同居。

全慧文的病情日益加重,她对于胡兰成的拈花惹草已经麻木得毫无感觉。倒是青芸实在看不下去,她从胡兰成的司机那里打听到胡兰成和应英娣同居的旅馆地点,亲自上门质问叔叔。胡兰成百般解释,青芸只是不理。她用甩手回胡村乡下相威胁,终于逼迫胡兰成同意把应英娣带回美丽园同住。青芸对应英娣也毫不客气,对她约法三章:一是不许过问家中收支;二是不许干涉家里事务;最后,则要求她善待全慧文,不能对她恶言恶语。

1940年3月30日,汪伪政府正式成立。胡兰成被委以伪国民党中央执行委员的要职,同时被任命为宣传部政务次长兼《中华日报》主笔。至此,作为一个汉奸,胡兰成装备了卖国求荣的全部要件。

胡兰成上任后,由于其职务上的便利,和日军在中国的上层人物交往密切,对于汪伪政权本身倒是逐渐有了离心离德的倾向。

三、意兴阑珊

1943年,胡兰成写成了一篇一万多字的长文,文章用很大的篇幅来阐述汪精卫的南京政府为什么不能代表全中国的理由,表示了对汪精卫政权前途渺茫的担忧。与此同时,他还从国际、国内两个方面的政治、经济和军事的形势分析中得出了结论:日本的侵华战争正一步步走向失败,这是无可挽回的定局,谁也改变不了。汪精卫虽然对胡兰成和日本人越走越近早就有所听闻,心中不悦,这一回,胡兰成竟然发文直接向"政府"发难,自是火冒三丈,当即就签发了拘捕胡兰成的手令。

这个结果,胡兰成是早就预料到的。其实从那一天日本驻南京大使馆负责文化事务的书记官池田笃纪把他的文章拿走那一刻开始，他就知道事情有点不妙。因此，当林柏生在电话里语气严肃地让他立即到报社去的时候，他估计自己这一去也许就回不来了。

这时候，他身边只带着应英娣住在南京，全慧文和四个孩子都在上海，全家都靠青芸独立打理。临出发的时候，他对应英娣说，如果他这一去，到晚上十点钟还没有回来，那他就一定是出事了。无论如何要立即通知在上海的青芸，让她想办法。那天夜里十点多了，还没见到胡兰成的影子，应英娣马上让家里的用人连夜坐火车赶往上海。用人到了美丽园，把胡兰成可能已经被捕的消息告诉了青芸。青芸得到消息，将家里的事稍作安排，就赶到南京来。到了南京，她很快就打听到胡兰成被关押的地方。根据胡兰成的交代，她径直找到池田笃纪，告诉他叔叔被捕的消息。池田笃纪当着青芸的面就给林柏生打电话。他在电话里说，必须绝对保障胡兰成的生命安全，否则，一切后果都要由他负责。林柏生哪敢得罪池田，当然在电话里一味诺诺。池田放下电话，信心十足地对青芸说，胡兰成不仅没事，而且很快就会被释放。万一事态发展到始料不及的地步，他也会有预案可以使用，哪怕是让宪兵出面也在所不惜。青芸在池田这里得到如此的保证，也就放心了，于是马上赶回上海，毕竟家里还有一个病人和一大堆孩子，那里一刻也离不开她。

在池田等人的斡旋下，胡兰成只坐了四十八天的牢就被放了回来。经过这四十八天的牢狱之灾，胡兰成对政治似乎已经有点意兴阑珊，他每天只是例行公事地去点个卯，其余的时间就和应英娣待在一起说说闲话。

四、结识爱玲

胡兰成结识张爱玲完全是出于偶然。随着中国人民抗日战争的节节胜利，日本帝国主义发动的侵华战争已经败局底定。作为依附于汪伪政权的一个帮凶，胡兰成对自己的前途正处于焦虑之中。一改他平素酷爱看书、读报的习惯，整天懒洋洋地打盹、发呆，怎么也提不起精神来。

这一天，他在南京的家中忽然收到曾经得到他帮助而得以创刊的《天地》杂志寄来的样刊，信封上写明刊物是由一个叫做冯和仪的人寄来的，他觉得“和仪”的名字好，就在院子里的草地上搬来了一把藤椅，躺着晒太阳看书。先看“发刊词”，原来冯和仪又叫苏青，是个女流。他觉得，一位女娘笔下竟是这样大方利落，实属难得。翻到一篇《封锁》，笔者张爱玲，才看得一两节，不知不觉就坐直了身子，细细地读了一遍又一遍。立即写信去问苏青，这张爱玲果是何人？苏青回信只答是女子。

后来，胡兰成又看到第二期的《天地》，上面刊有张爱玲的另一篇文章，就有了迫不及待要亲见张爱玲的欲望。

不久胡兰成回上海，一下火车就去寻苏青。时近中午，苏青陪着胡兰成上街吃饭，他俩算是半个老乡，都是浙江人，口味相似，到不远处的一家小饭馆坐下，不约而同地都点了个蛋炒饭，吃完饭，没有稍作停留，胡兰成又跟着苏青回到她的住地。苏青给客人泡了一杯碧螺春，胡兰成还没有喝上一口，就迫不及待地问起张爱玲。苏青告诉他，张爱玲是不见人的。但他还是向苏青要了张爱玲的地址，苏青迟疑了一下，才把张爱玲的地址写给他，是静安寺路赫德路口192号公寓六楼65室。

第二天，胡兰成去静安寺路看望张爱玲，却连张爱玲的面也没见着。他只好将事先写好的一张纸条塞进门缝里，隔了一天，午饭后，张爱玲却给他打来电话，说是要到他大西路美丽园的家里来看他。胡兰成有点大喜过望，立即让青芸把全慧文关到一间密闭的房间里，并且叮嘱青芸要管好弟弟和妹妹们，不要让他们大声吵闹，因为马上登门来访的是一位贵客。

胡兰成第一眼见到的张爱玲，与他想象的完全对不上号。她一进到客厅里，“似乎她的人太大，坐在那里，但觉幼稚可怜。待说她是个女学生，又连女学生的成熟都没有”。在他的心里“更完全不把她当个作家”。

与此同时，他又觉得她的顶天立地，“世界都要起六种震动”。他并不觉得她长得美，似乎也并不喜欢她。“美是个观念，必定如何如何，连对于美的喜欢也有定型的感情，必定如何如何”，张爱玲却把胡兰成这些经年形成的观念全打翻了。他原以为自己很懂得什么叫惊艳，遇到真事，却艳亦不是那艳法，惊亦不是那

惊法。

第一次见面，胡兰成就说个没完没了，既批评当时的流行作品，也分析张爱玲文章的般般好处，还喋喋不休地讲他在南京的事情，同时还没有忘记询问张爱玲每月写稿的收入之类。张爱玲很少插话，只是认真地听，竟然在胡家一坐就是五个小时。

张爱玲离开时，胡兰成把她送到弄堂口，两人并肩走着，胡兰成随口说："你的身材这样高，这怎么可以？"只这一句话，即可窥得胡兰成当时的用心，竟是关心到张爱玲的"身体"上来了。

第二天，胡兰成回访张爱玲。看她房间里的陈设，觉得家具原很简单，也未必值钱，但却是无价的，一种现代的新鲜明亮得充满刺激性，居然"华贵"得使他不安。阳台外是全上海在天际云影日色里，楼下电车当当地来去。那天，张爱玲身着宝蓝绸袄裤，戴了一副嫩黄边框的眼镜，"越显得脸儿像月亮"。

回家后，胡兰成给张爱玲写了第一封信。据胡兰成自己回忆说，那封信写的像五四时代的新诗一样幼稚、可笑。其实，可笑是真，幼稚却未必。因为整封信都是在说张爱玲的好，这让和男性没有任何交往经验的张爱玲感觉很受用，她当即回了信，在回信中，她说胡兰成对她是"因为懂得，所以慈悲"。

从此以后，胡兰成便每隔一天就去一趟张爱玲家。这样去了三四回，张爱玲忽然很烦恼，而且凄凉。照胡兰成的理解："女子一爱上了谁，就会是如此委屈的。"她送来一张字条，叫他不要再去看她。但久涉情场的胡兰成哪会善罢甘休，他明白，这时正好是"乘胜追击"的好机会，因而于收到字条的当天下午，仍是照常去看她。结果，张爱玲见到了他，不仅没有生气，似乎还很喜欢。胡兰成为自己的胜算而得意。于是从此改"隔日"为"天天"，而且两个人见面后说话的内容也越来越宽泛了。

每次胡兰成离开后，桌子上的烟灰缸里都会留下满满一盘的烟蒂，张爱玲好像舍不得倒掉，而是小心翼翼地把它们捡起来，收在一只旧信封里。

因为胡兰成在交谈时提及张爱玲登载在《天地》月刊上的照片，张爱玲便于第二天取出一张照片送给他，并且还在照片的背面写了字：

见了他，她变得很低很低，低到尘埃里，但她心里是欢喜的，从尘埃里开出花来。

张爱玲长篇小说《小团圆》书影

当时，她有两张照片，前一天取出来让他看时，他说喜欢月刊上登出的那一张。那是在一位德国摄影师西坡尔那里照的，非常贵，所以只印了一张。阴影里只露出一张脸，看不见头发，像阮布然特的画。张爱玲舍得把这张“独一无二”的照片送给胡兰成，已经可以看出他在她心里的分量了。

至此时，张、胡之间的关系已升级，已经并不是读者与作者或男人与女人的一般交往了。

这在张爱玲后来写作的自传体小说《小团圆》里也曾写道：

有一天又是这样坐在他身上，忽然有什么东西在座下鞭打她。她无法相信——狮子老虎掸苍蝇的尾巴，包着绒布的警棍。看过的两本淫书上都没有，而且一时也联系不起来。应当立刻笑着跳起来，不予理会。但是还没想到这一着，已经不打了。她也没马上从他膝盖上溜下来，那太明显。

两人的关系发展到这一步，怎么继续往前走是必须面对的问题。胡兰成这一厢，似乎早有定见，虽然他口口声声说张爱玲如何如何不同于一般的女子，但他却仍是用对待一般女子的手段来对付她，那就是“爱是爱的，但并不怎么相思，也没有什么责任感之类的考虑”。张爱玲呢，似乎也没有一定要和他结为夫妻的打算。有一次，在她写给胡兰成的信中，她说：“我想过，你将来就只在我这里来来去去亦可以。”

在此之前，胡兰成曾问过张爱玲对于结婚的想法，她说她没有怎样去想这个。她似乎也不想与何人恋爱，就连追求她的人也没有过，就是有，她仿佛也不喜欢。张爱玲的这种态度当然让胡兰成很开心。他觉得，自己虽有妻室，但张爱玲并不在意。“再或他有许多女人，乃至狎妓游玩，她亦不会吃醋。她倒希望世上的女人都喜欢他。”

五、两情相悦

胡兰成说，他与张爱玲，只是两情相悦，《子夜歌》里称作“欢”，实在比称爱人好。两人坐在房里说话，张爱玲只是喜滋滋地看着他，不胜之喜，说道：“你怎这样聪明，上海话是敲敲头顶，脚底板亦会响。”

他每个月回一次上海，一住就是八九天，晨出夜归只看张爱玲，“两人伴在房里，男的废了耕，女的废了织，连一起出去游玩都不想，也没有工夫。两个人在一起时，总有说不完的话”。在胡兰成的眼里，张爱玲从不悲天悯人。觉得她非常自私，临事心狠手辣。“她的自私是一个人在佳节良辰上了大场面，自己的存在分外分明。她的心狠手辣是因为她一点委屈受不得”。她却又非常顺从，顺从在她是心甘情愿的喜悦。且她对世人有着不胜其多的抱歉，时时觉得做错了似的，后悔不迭，她的悔是如同对着大地春阳，燕子的软语商量不定。

胡兰成将他的论文念给张爱玲听，本来想得到称赞，但张爱玲却说体系太严密，不如解散得好。胡兰成果然把来解散了，感觉当真意外地好。顿悟出一个道理：原来驱使万物如军队，不如让万物解甲归田，一路有言笑。

胡兰成将《红楼梦》、《西游记》拿来与《战争与和平》相比，以为有大发现：觉得《红楼梦》、《西游记》比《战争与和平》好，想不到，这在张爱玲看来却是稀松平常的，她非常平淡地说：当然是《红楼梦》、《西游记》好。

如此男欢女爱，伴了几天，两人都吃力。胡兰成又去了南京，说是好让她有时间写文章。每次离别，并无离愁，倒像是过了灯节，对平常日子转觉另有一种新意。

两人在一起，总是话题不断。胡兰成问张爱玲，一个人是否学生时代最幸福，张爱玲却说她很不喜欢学校生活。问她是否很怀念童年，她亦说不怀念。张爱玲告诉他，她不喜欢她的父母，她一个人住在外面，弟弟偶尔来看她，她也一样无情。据此，胡兰成就有了发挥：觉得张爱玲有点像哪吒，哪吒翻江倒海闯了大祸，他父亲怕受连累，挟生身之恩要责罚他，哪吒一怒，剐肉还母，剔骨还父，后来是观世音菩萨用荷叶与藕做成他的肢体，胡觉得，张爱玲也如哪吒一般是这样的莲花身。

胡兰成赞扬张爱玲的房间装修布置得好，张爱玲却说，那都是她的母亲出国前设计的，若是依她，则不会如此。张爱玲喜欢刺激的颜色，也就是赵匡胤形容旭日时的感觉："欲出不出光辣挞，千山万山如火发。"

张爱玲对于自己书中的人物，没有一个是喜爱的。她与《金瓶梅》里的潘金莲、李瓶儿也知心，但是绝不同情她们；与《红楼梦》里的林黛玉、薛宝钗、凤姐、晴雯、袭人，乃至赵姨娘等人亦知心，但却不愿意拿她们当中的任一个人来比自己。她对书中的或现时的男人亦如此。胡兰成说，张爱玲是"陌上游春赏花，亦不落情缘"的一个人。

胡兰成觉得，张爱玲对好人好东西非常苛刻，而对小人与普通东西，亦不过是这点严格，她这真是平等。但若果真如此，这张爱玲岂不是有点爱憎不分、是非不辨也么哥？当然，胡兰成的本意是在赞扬张爱玲不愠不喜的平常心，但我却觉得他说得太过。

张爱玲告诉胡兰成她的母亲如何教她巧笑，但张爱玲到底学不来，她是不笑则已，一笑即张开嘴大笑，或者只是喜滋滋的笑容，有点傻里傻气。她母亲教她淑女行走时的姿势，但她走起路来总是跌跌撞撞，即使在房间里也会三天两头地撞着桌椅角，腿上不是磕破皮肤就是淤青。每次磕破，她就用红药水搽了一大搭，姑姑见了一惊，以为伤重流血到如此。

胡兰成发现，张爱玲不管做什么，都好像承当一件大事，就连拈一枚针，或开一个罐头，也一脸理直气壮的正经。她与姑姑分房同居，两个人在金钱上更是锱铢必较。她自己似乎也知道自己的毛病，但仍好意思对胡兰成说："我姑姑说我财迷。"说着笑起来，很开心。她与炎樱难得一同上街去咖啡店吃点心，必先讲明由谁付账。张爱玲视钱如命，但每用钱都显得理直气壮，是慷慨是节俭，皆不夹杂丝毫夸张。有一次说起朋友家，她说，他家那么多值钱的东西都其气不扬，没有喜意。张爱玲从来不牵愁惹恨，要就是大哭一场。在香港大学读书时，有一年放暑假，仿佛是炎樱没有等她就回家里去了，她本来是不想回家的，这一次却倒在床上大哭大喊得不可开交。她文章里惯会描绘恻恻轻怨、脉脉情思、静静泪痕，她本人却像晴天落白雨。

六、结为夫妇

实际上，若说张爱玲对于她与胡兰成之间只是维持着这种情人关系似乎已很满足，显然并不真实。在坠入爱河的初期，没有任何男女交往经验的张爱玲也许还并没有把结婚这种事看得有多么严重，但随着时间的推移，横亘在他们之间的这一严峻的现实还是给张爱玲的精神带来了很大的痛苦。

胡兰成故居美丽园别墅

后来，虽然胡兰成在同一天的报纸上并排刊登了两份离婚启事，解除了与全慧文和应英娣的婚姻，并且让张爱玲去商店里买回一纸“婚书”，郑重其事地写上“胡兰成张爱玲签订终身，结为夫妇，愿使岁月静好，现实安稳”的字样，但从胡兰成亲拟的后两句“愿使岁月静好，现实安稳”中可以依稀看出，所谓“静好”与“安稳”之类，只是一种主观的“祈愿”而已，而并没有现世的责任和义务的担当。

究其实，这纸所谓“婚书”更似一个货真价实的成人游戏。当然，说是成人游戏也未必确切。因为在胡兰成那里，这纸婚书确实只是个游戏，但对于张爱玲来说，它不仅是一个庄严的承诺，而且是一座人生的里程碑。

婚书签署的当日，张爱玲是把它当做一件喜事来办的，不仅请来了证婚人炎樱，同时还有“夫妻拜堂”和“送入洞房”等仪式，似乎大凡旧式婚礼的要件都一样也不少，礼毕，还安排了“喜宴”：他们夫妻及“证婚人”炎樱、“亲属代表”青芸一起走进一家小饭馆，痛痛快快地吃了一顿。

有趣的是，他们举行婚礼的地点就在张爱玲和姑姑张茂渊的住地，其时张茂渊也正好在家里，但她却一直没有露面，这大概可以判断出她对于张胡结为正式夫妻的态度。张茂渊是个西式女子，西化的程度已然彻头彻尾。因此，她虽然是个长辈，但却没有施加长辈的影响力，干预或阻挠张胡的交往。与此同时，她显然也极不看好这桩婚事，于是最终采取了这样一种“事不关己，高高挂起”的态度，这种做法，与她的身份和所接受的教育都极为吻合。

“婚礼”举行以后，用胡兰成的话说，是“我们虽结了婚，亦仍像是没有结过婚。我不肯使她的生活有一点因我之故而改变。两人怎样也做不像夫妻的样子，却依然一个是金童，一个是玉女”。胡兰成的这几句话，所谓“金童”和“玉女”的说法显然是信口胡诌，如果说张爱玲是玉女还勉强可以说得过去，那么他自己给自己贴金为“金童”，则多少更迹近于无耻的自我吹嘘了。最为真实的也许只有“两人怎样也做不像夫妻的样子”这一句，做不像却仍要做，这便为他们日后的关系留下了另

张爱玲的图书及照片

类解读的空间。

胡兰成自诩说，自从他和张爱玲结为夫妻以后，他已经脱胎换骨为另一个人。他说："《西游记》里唐僧取经，到得雷音了，渡河上船时艄公把他一推，险些儿掉下水去，定性看时，上游淌下一个尸身来，他吃惊道，如何佛地也有死人，行者答，师父，那是你的业身，恭喜解脱了。我在爱玲这里亦有看见自己的尸身的惊。"实际上这是言过其实，胡兰成还是胡兰成，张爱玲没有也不可能改变胡兰成什么。

婚后唯一的不同是胡兰成更加崇拜张爱玲，抬举她是民国世界的"临水照花人"。说张爱玲的好，也就同时拔高了他自己。他说两个人在房里，好像"照花前后镜，花面交相映"，他与她是同住同修、同缘同相、同见同知。又说张爱玲极艳，而且壮阔，寻常都有石破天惊。说古人讲夫妇如琴瑟，他是直到与张爱玲结为夫妇这才得以"调弦正柱"。即使对于音乐和戏剧，他也是在张爱玲点拨后这"才晓得它的好"，就此引申说，《大学》里说"所谓诚其意者，毋自欺也，如恶恶臭，如好好色"。也是直到此时，"我是现在才有了自己"。

他还特意把张爱玲拿来与苏青做比较，他说，张爱玲虽是个女子，但却并不为女子护短。苏州有座云岩寺，客堂里挂着一幅印光法师写的字："极乐世界，无有女人，女子到此，化童男身。"苏青去游，见了生气，但张爱玲却没有丝毫的反感。不是她不怜惜自己，而是觉得为此动气不值得。

胡兰成与应英娣离婚那一天，他因为不舍，就跑到张爱玲的房间里流泪。本来想得到张爱玲的同情和安慰，却没想到张爱玲竟然无动于衷，他颇觉意外。他觉得张爱玲就像《陌上桑》里的秦罗敷、《羽林郎》里的胡姬，不论对方怎样地动人，她亦只是好意，而不用情。

胡兰成曾对张爱玲说，你对我如此百依百顺，亦不要因我的缘故改变你的主意。张爱玲笑道："你放心，我不依的还是不依，虽然不依，但我还是爱听。"

一天清晨，胡兰成和张爱玲同行去美丽园家中。大西路上树影车声，商店行人，张爱玲看了很喜欢，就对身边的胡兰成说："现代的东西纵有千般不是，它到底是我们的，于我们亲。"照胡兰成看来，光读张爱玲的书，你会误以为她什么都晓得，其实她却世事经历得很少，但是这个时代的一切自会来与她有交涉，好像“花来衫里，影落池中”。庾信赋里写道：“树里闻歌，枝中见舞，恰对妆台，诸窗并开，遥看已识，试唤便来。”张爱玲与阳台外的全上海就是这样的相望相识，叫一声都会来到房间似的。

有一天傍晚，两人在阳台上眺望红尘霭霭的上海，西边天上余晖未尽，有一道云隙处清森遥远。胡兰成有感而发，说时局要翻，来日大难，张爱玲听了颇感震动。也许因她平素不太关心时事，现在忽然听胡兰成说“时局要翻”，她才会“震动”。胡兰成引用汉乐府中的“来日大难，口燥唇干，今日相乐，皆当欢喜”。张爱玲便把“震动”转换为柔情，倒是把正经话题切换到“情意绵绵”上去了：“这口燥唇干好像是你对他们说了又说，他们总是不懂，叫我真是心疼你。”又说：“你这个人嘎，我恨不得把你包包起，像个香袋儿，密密的针线缝缝好，放在衣箱里藏藏好。”

随即她进房里给胡兰成倒茶，她拿茶出来走到房门边，胡兰成迎上去接茶，

美丽园别墅

她腰身一侧，喜气洋洋地看着面前的胡兰成，眼睛里都是笑。胡兰成说："啊，你这一下姿势真是艳！"张爱玲说："你是人家有好处你感激，但难得你满足。"这倒有点夫妇调情的意味了。

又一天午后，由于天气不错，两个人一同到附近的马路上散步。张爱玲穿一件桃红单旗袍，胡兰成说好看，张爱玲就说："桃红的颜色闻得有香气。"看她脚上穿着那双绣花鞋子，是她在静安寺庙会上买的，鞋头连鞋帮绣有双凤，穿在她脚上，线条非常柔和。她知道他喜欢，因此每次胡兰成从南京回上海来，在房间里她总是穿那双绣花鞋。

有时晚饭后两人坐在灯下，挨得很近，脸对脸看着。她的脸好像一朵开得满满的花，又好像一轮圆得满满的月亮。张爱玲不会微笑，要就是无保留的开心，眼睛里都是满满的笑意。胡兰成看了喜欢，就抚着她的脸说道："你的脸好大，像平原缅邈，山河浩荡。"张爱玲笑起来，说："像平原是大而平坦，这样的脸好不怕人。"她却引用《水浒传》里宋江眼里的玄女，是"天然妙目，正大仙容"。

还有一次，胡兰成想形容张爱玲走路的姿势之美，却苦于找不到适当的词汇，张爱玲随口就说出《金瓶梅》里写孟玉楼"行走时香风细细，坐下时淹然百媚"的话。胡兰成觉得"淹然"二字妙极，张爱玲便进一步生发道："有人虽遇到怎样的好东西亦滴水不入，有人却像丝绵蘸着了胭脂，即时洇开得一场糊涂。"胡兰成问她，他们两人在一起时该怎么形容，张爱玲却说："你像一个小鹿在溪里喝水。"

苏青

胡兰成说苏青的脸长得美，张爱玲说："苏青的美是一个俊字，有人说她世俗，其实她俊俏，她的世俗也好，她的脸好像喜事人家新蒸的雪白馒头，上面点有胭脂。"

张爱玲的书销路好，稿费收入可观，自是不用胡兰成养活。但胡兰成总觉得过意不去，也曾给她一点钱，张爱玲就去做了一件皮袄，式样是她自己设计的，别出心裁，做得又宽又大。两人相约去看崔承禧的舞，回来时下雨，从戏院门口叫得一辆黄包车，雨棚放下，张爱玲坐到胡兰成的身上，由于她个子高大，又穿着雨衣，他虽然多少感觉有点别扭，但也从此有了一个难忘的“实感”。于是想到“时局”的“实感”：有朝一日，夫妻亦要大限来时各自飞。胡兰成说：“我必定逃得过，唯头两年要改名换姓，将来与你虽隔了银河亦必定得见。”张爱玲就说：“那时你变姓名，可叫张牵，又或叫张招，天涯海角有我在牵你招你。”

第九章 滥情导致的缘尽分手

一、武汉办报

胡兰成与张爱玲签署了“婚书”以后，更是与伪南京政府断绝了往来。1944年10月，胡兰成在南京创办了《苦竹》杂志。刊名源于日本俳句“夏日之夜，有如苦竹；竹节细密，顷刻之间，随即天明”。创刊号的封面是由炎樱设计的，满幅竹枝竹叶，大红做底，配以田田的绿，确是惊世骇俗。虽然《苦竹》一共只出版了四期，但却刊发了张爱玲的三篇重量级文章：《谈音乐》、《桂花蒸·阿小悲秋》和《自己的文章》。

张爱玲的《谈音乐》开宗明义地表明了自己对待音乐的态度：“我不大喜欢音乐。不知为什么，颜色与气味常常使我快乐，而一切的音乐都是悲哀的。”正因为如此，她对世界范围内的任一种音乐大体都持否定的态度。《桂花蒸·阿小悲秋》是一篇小说，写社会底层一对小人物的一件日常小事，但却深刻地揭示了人世不公的现实。《自己的文章》则是对于当时评论界批评浪潮的一次较为全面的表态，是张爱玲此生唯一一次特地就作品为自己辩护的文章。

《苦竹》：1944年10月创刊，主编胡兰成。

就在《苦竹》创刊后的

一个月即1944年的11月10日，汪精卫在日本名古屋去世，加上日相东条英机下台，日本的败局和国内投降派的末日都已确定无疑。但池田笃纪似乎仍然心有不甘，他想把胡兰成推到前台组建一个新的亲日伪政权“大楚国”，但后来终于没有搞成而不了了之。此事半途而废的原因有二：一是胡兰成本身对这件事情并不热心，这倒不是他不想在政治上奋力搏一把，以图“出人头地”，而是毕竟形势比人强，他看得很清楚，既然日本人赖在中国的时日无多，现在再去组建伪政府，无异于把自己放到火上去烤，这样的傻事自然做不得。第二是客观上的条件不成熟，周佛海、陈公博等人一直虎视眈眈着依附日本的权力，此时让胡兰成出山，他们岂能善罢甘休？池田笃纪思忖再三，不得已而求其次，就打算让胡兰成去当湖北省省长。但胡兰成只是一介书生，既无实际的从政经验，又对湖北的人事省情一无所知，遽然让他去做省长，既服不了众，也达不到建立根据地以图未来的目的，最后，这件“省长”之议也以“不了了之”作罢。但池田到底并没有彻底放弃这一想法，作为暖身和预热，他让胡兰成先到湖北去接手《大楚报》的差事，一边让他以办报为由多多了解当地的社意民情，一边在武汉建立起足以支撑起“政事”的人脉。

就在池田笃纪紧锣密鼓地为胡兰成前去武汉东奔西走的时候，有一天，胡兰成从外面回来，手里拎了一只半旧的箱子，随手放到茶几旁边，接着慌慌张张地对张爱玲说：“我出去有点事，要晚一点才能回来。”

胡兰成出门后，张爱玲想把箱子往墙边挪一挪，却挪不动。她感觉奇怪，箱子里装的什么东西会这么沉？她把箱子打开，只往里一瞧就傻了眼：居然满满当当码着的都是一沓沓大面值的纸币！

张爱玲看到这么多钱的第一反应竟然是：这下好了，她终于可以还上母亲对她的投资了。

她没有立即盖上箱子，而是到隔壁房间里把姑姑叫过来。张茂渊看了以后，倒是没有大惊小怪，只是十分平淡地说：“他倒是很会搞钱。”这是张茂渊自认识胡兰成以来对他作出的唯一一次评价。

张爱玲后来才知道，那箱钱是胡兰成拿去办报的。她似乎也并没有因此而失

望，只将偿还母亲的投资寄托到未来。

胡兰成在武汉机场下飞机后，《大楚报》报道部的人直接把他接到了报社。

对于当时的心情，胡兰成在后来的一篇文章里写道："我此来亦岂有为一代大事，却只是承众人的盛情，我就亦无可无不可。我也许连豪杰的气概亦没有，每于人世的真实处，我宁只是婉约而已。我若是有为国为民，亦不过像是：偶赋凌云偶倦飞，偶然闲慕遂初衣。偶逢锦瑟佳人问，便说寻春为汝归。"

实际上，胡兰成"当时的心情"并非如他所表白的这样，真实的情况是：他只是利用办报的机会观察形势的变化，"便说寻春为汝归"只是应景，在他的思想深处，还是希望伺机而动，渐图未来的。

当时他从南京带过去三个人，一个叫关永吉，一个叫沈启无，还有一个叫潘龙潜。胡兰成任社长，关永吉任总编辑，沈启无任副社长，潘龙潜担任撰述主任。胡兰成对于办报没有什么信心。一是报纸办在沦陷区，没人看；二是编辑人员的技术水平太差，不懂办报；三是日军三天两头空袭，江上船舶渐已绝迹，来往不便；最后，则因发行网都被日本和朝鲜人控制，报纸卖不出去。

更重要的是，他的三位帮手都不是善茬，整天只把心思放在吃喝和女人身上。沈启无和关永吉两人一唱一和，埋怨武汉这鬼地方不是人待的地儿，哪一样也赶不上北平、上海，要啥没啥。大家一见面，没有别的话说，开口就是空袭、炸弹，人人都是一身烟火气，暴躁狂怒确是常态。报社的地址在汉口的江汉路，他们的住地却在汉阳，中间隔着一条汉江。武汉三镇，最繁华的是汉口，日军的飞机也多在汉口投弹，但不久也就渐渐波及汉阳，在哪儿都躲不开炸弹。

他们的住地是由汉阳县长张人骏安排的，是在县立医院的楼下清理出两个大房间来，搭上四张铺，就算是宿舍了。每天天一亮就去汉口上班，到天黑了才回到汉阳医院的住地来。

汉阳医院共有六七个护士，除了三十几岁的护士长是山东籍，其余的都是武汉本地人，一律二十岁上下的年纪。一个个都极朴素，不像北平、上海那些淑女和前卫女子惹眼，偶一见面即让人刮目相看。他们刚住进来的时候，仅仅过了几天，关永吉就说看腻了，感觉目不忍睹，潘龙潜则附和关永吉，说这几个护士恶形恶状，一个更比一个丑陋。沈启无倒是没有说什么，但却用秽亵的眼神看她们。

初来为客，胡兰成建议开个茶会宴请护士小姐们。茶会就安排在胡兰成的房间里，六七个护士都来了，一个也不少。虽说是茶会，其实也有酒。关永吉提议行一种酒令，拈阄定出谁谁是几球，如甲是一球，乙是二球，丙是三球，甲说我的一球碰二球，乙则必须接口说我的二球碰三球，迟钝者罚酒一杯，碰几球则随你的便。当下主客九人，其中只有一个周小姐，关永吉和潘龙潜认为还看得过去，她是四球，他们就只碰她。

那周小姐，同伴都叫她小周，穿一件蓝布旗袍，一见了她，胡兰成"当即浮花浪蕊都尽"，垂涎三尺，似乎又犯了老毛病。

二、护士小周

在汉阳医院的六个护士当中，就数小周最小，她叫周训德，十七岁，长身苗条，肩圆圆的，在一字肩与削肩之间。瘦不见骨，丰不余肉，胡兰成说她像佘爱珍（大汉奸吴四宝之妻）。见习护士，学的是产科。风雪天夜里都常常出去接生，白天还照常上班，帮助医生门诊和配药。小周做事很认真，啥事也不肯落在别人后面。她的做事也是做人，虽穿一件布衣，也要洗得比别人的洁白。闲时到胡兰成的房间来，他就教她唐诗，而她就帮他抄写文章。一来二去，两人"就好了起来"。这时，距离胡兰成和张爱玲签署婚书的时间还不足半年。小周家里有娘，还有一个弟弟和妹妹。父亲已于战时逃难到乡下时病故。她的娘大胡兰成一岁，是妾，嫡母已于三年前去世。

每天去报馆之前，胡兰成必要先和小周见了面才能出发。午后回到医院，则又必是在第一时间看到小周方才罢休。饭前饭后，他们常常结伴去江边散步，虽然两人相差二十多岁，但还是仿佛谈起恋爱来了。胡兰成看着小周，先是说要她做他的学生，觉得不妥，又说做他的女儿，亦觉不妥，而改说做妹妹，但到底觉得诸般不宜。最后竟说道，《诗经》里的"子兮子兮，如此良人何"，"没有法子，只好拿她做老婆"。小周开始似乎还有些不悦，嫌他"瞎说"，但后来也就半推半就，就真的“爱起来了”。

不过，就如此轻易地“爱起来”，胡兰成到底也有点不安。他自省道：“我今这样，对爱玲是否不应该，我亦憬然思省，但思省了一大通，仍是既不肯认错，又不能自圆其说。”如此而已。

胡兰成向小周要照片，小周去照相馆印了一张给他，胡兰成要她在背面题字，小周就把前几天刚读过的乐府诗写上：

春江水沉沉，上有双竹林。
竹叶坏水色，郎亦坏人心。

由于小周经常帮助胡兰成抄写文章而拒绝索酬，胡兰成就来个假公济私，让她兼任《大楚报》“社长室文书”之职，虽拿薪水却不用到报馆上班。

有时，胡兰成会和小周说起张爱玲，问她是否嫉妒张爱玲。小周说：“张小姐嫉妒我是应该的，我嫉妒她不应该。”他又问她：“你日后可以嫁给我吗？”小周斩钉截铁地回答道：“不行！”问她为什么不行，她则说出两条理由来，一是“你大我二十二岁”，二是“我娘是妾，我做女儿的不能还是妾”。

1945年3月，胡兰成坐飞机回上海。早几天就跟小周说了，小周笑吟吟地说：“这是应该的，家里人接到信，已在翘望了。你回去也看看张小姐哩，也看看青芸哩，也看看小弟弟小妹妹哩。”并说：“汉口这样地方，你此去不必再来了的。”胡兰成说他这一次只回上海两个月，事情一办完，立即返回。

在上海时，胡兰成把他与周训德的事跟张爱玲说了，他原以为会被责怪，但想不到张爱玲竟然“糊涂得不知道妒忌”。其时，张爱玲亦给他说了一件事：有个外国佬，找到张茂渊，希望她能帮忙拉个皮条，他想和张爱玲好，每月可以补贴她一些钱财。张爱玲讲说这件事时，语调平和，而且并无任何反感的表示，这让胡兰成很不快活。

胡兰成此次回上海，最大的一件事是给侄女青芸完婚。青芸已经三十岁了。青芸夫家姓沈，原是胡村旁边的沈家湾人。青芸之所以答应这门婚事，也多是从“能够一辈子照顾叔叔全家”的角度考虑的。胡兰成把青芸送到杭州，前后共待了五天。浙江省府知有“要人大员”莅临，当即派来警卫，胡兰成携青芸夫妇游览西湖，省府更要放出步哨，看来果有几分派头。胡兰成明知自己的“余威”已是强弩之末，自是敬谢不敏，省却了许多麻烦。

1945年5月，胡兰成回到汉阳。当他说到他在上海时与张爱玲的日日厮守在一起，两个人如何如何亲密时，想不到小周却忽然不高兴起来，她问：“你有了张小姐，是你的太太？”胡兰成说：“是啊，我一直和你说的呀。”小周竟是又惊诧又痛惜地说：“我还以为是假的！”

说说讲讲夏天就到了。池田笃纪特地从南京赶到汉口来，他与胡兰成具体筹划开办军事政治学校的事。这是一个巨大阴谋中的一步险棋，计划当年11月正式启动。池田几天后就又回了南京，临走时嘱咐胡兰成务必根据计划抓紧落实。胡兰成自是不敢怠慢，立即四处物色军政学校的教官人才。但随即也就病了，这事也就在岁月蹉跎中被搁置着。

1945年8月15日，日本宣布投降，广播里宣读日本天皇投降诏书的时候，胡兰成正步行在江汉路大街上的人流中，与普通的中国老百姓当时的心情不同，胡兰成得知这一消息后，竟是“出了一身大汗”。

胡兰成此时心里所盘算的全是关于“如何脱身”的事。他对周训德说：“我不带你去，是不愿你陪我也受苦，此去我要改姓换名。……我此去什么都不带，你不可再说不要。还有一箱衣服留在你处，穷乏时你也可卖了用，虽然值不了几个钱。”

临走前，胡兰成给了周训德十两黄金，还把吃剩的一包多大米叫车夫送到她的家里。

逃出汉阳前，过江时，胡兰成悄悄地将随身带着的一把手枪沉入江底，他混在一群提篮挑担的人流中匆匆地下了船。心中忐忑，前途迷茫，今夜当宿何处？不禁悲从中来，潸然泪下。

到了汉口，首先见了池田笃纪给他介绍的一个“有身份”的日本人。这个日本人对他说，现在车站码头都查得很紧，到处都有“除奸队”的暗探，你一旦被他们盯上，那麻烦就大了。胡兰成没了主意，既像求救又像自言自语似的说："那该怎么办呢？"日本人说："这两天，将有一大批日本伤兵乘船前往南京，你不妨扮成日本伤兵混在这些人中间，到了南京再作计议。"

三、狼狈逃难

1945年9月初，船到南京，胡兰成被安置到驻宁日本陆军医院，住进高级军官的专用病房。白天，他不敢离开病房半步，只在夜晚的时候，悄悄溜出去两回。这时，大凡有些门路的汉奸都已经逃往日本，目前仍留在国内的，除了原就与国民党上层有利害关系的要员外，个个都成为惊弓之鸟。胡兰成几访友人不遇，越发感觉到朝不保夕的恐惧。稍感安慰的是，还有一部分日本人仍然对他不无兴趣，他也就全力依附于可以见到的这几个日本人，希望他们能够帮助他逃过这一劫。几天后，他在日本宪兵队一位军官的陪同下，神不知鬼不觉地潜入了上海。他没敢回美丽园的家，而是住到一个日本人的别墅里。当晚，他托这个别墅的主人去美丽园找到侄女青芸，青芸见了胡兰成，又连夜赶到爱丁顿公寓去告诉张爱玲。

此时，上海的除奸行动正搞得如火如荼，为了挖掘藏奸死角，对定居在上海的日本居民也开始进行一一入户调查登记。胡兰成意识到住在日本人家里也已经不能保证安全。

9月21日晚，胡兰成在青芸的陪同下来到了爱丁顿公寓。张爱玲见到胡兰成以后的第一句话就是"上海你是待不下去了"。接着就替他测了字，结论是必须"朝东"逃难。

朝东？青芸的丈夫沈凤林说，东边是大海，只有日本了。胡兰成说，日本现在去不得，不等我到达轮船码头就该被捕了，还是去浙江吧。

胡兰成首先想到了杭州的斯颂德家。斯颂德几年前已病故，他的几位兄弟也大多不在人世，男丁唯有斯颂德的四弟仍在。此时斯家已从杭州搬回到老家的绍兴乡下。斯宅在五指山下，村前大路通嵊县西乡。村中房舍整齐，沿大路一段店铺栉比，像个小市镇。讽刺的是，首先映入胡兰成眼帘的，竟是桥头墙壁上的四个赭红大字：肃清汉奸。

斯家这时已无多少人口居家，里里外外可见的似乎只有太太和姨奶奶两位。这位姨奶奶，名叫范秀美，斯家人都习惯叫她范先生。她十八岁就守寡，二十三岁那年到杭州读蚕桑学校，毕业后在临安蚕种场当指导员。抗战时临安沦陷，蚕种场停办，她只好重新回到家里来采茶种地，有时也到兰溪跑单帮做点生意。

胡兰成此时改为张姓，取名为嘉仪，而并没有像张爱玲与他“调情”时随口说的改名为张牵或张招。在斯家和村人面前，大家都叫他张先生。住了些时日，斯家怕露了破绽，范秀美就把他带到她的一位女友家。这位女友是她在蚕桑学校读书时的同学，她谎称胡兰成是她的表弟，本以为女友会答应胡兰成在她家小住一阵，不料却碰了个软钉子，女友推说她家马上要搬到安庆去住，故无以安排“张先生”食宿。

后来，胡兰成只好躲到枫树头村雅珊的一位奶妈家里。枫树头村是个小村落，住的都是种田垦地的小户人家，这里距离斯家只有十五里路，山势陡峭，平时很少有生人来。那奶妈唯有一女，且已嫁到外村，现在只一人独住，对外人她只说胡兰成是她家的舅少爷，好在村人朴实无邪，倒也并不曾起什么疑心。

胡兰成在枫树头村住了两个月，时令已经入冬。从报上，胡兰成得知周佛海已被捕入狱，就连汉奸吴四宝的太太佘爱珍和李士群的太太叶吉卿也锒铛入狱，难免生发兔死狐悲之慨。冥冥之中，但觉枫树头村亦不是久留之地，于是决定马上离开，以便找个更为安全的地方藏起来。

斯家人想把胡兰成藏到温州乡下去。一来那是斯家老四的岳父家，二来还是范秀美的娘家，外婆至今还活着，但已有二十多年没见面了。斯家老四征求范秀美的意见，问她可不可以送胡兰成前去。胡兰成站在一旁没说话，但想不到范秀美就连犹豫一下都没有就满口答应了。

四、不求甚解

1945年12月6日一大清早，胡兰成就雇了两辆黄包车从枫树头村出发。第一站是丽水，上下五百里，整整三天的路程。胡兰成在前，范秀美殿后，顶着寒风匆忙离开枫树头村，黄包车夫跑得飞快，跑了十五里路天还没有亮。

时令虽是初冬，寒意砭骨，但一路上有美人陪同，胡兰成早又神思飞扬、心猿意马起来。此时的胡兰成，心里哪还会想起张爱玲，更别说远在汉阳的周训德了。胡兰成这个人，向来爱得宽泛而随意，他似乎只要面对一个女性，任谁都能惹出他的欲望之火来。想那张爱玲，才高八斗，他固可以起意爱恋；而周训德小周，小他整整二十二岁，比他自己的儿女还年轻，他也照常爱得起来；而眼前的范秀美，却长他一岁，他仍然能够思及男女的肌肤之亲，确乎是个怪物。果不其然，第三天一到丽水，两人竟然真的“结为夫妇之好”了。

从丽水到温州需坐船，他们先是住在斯家老四的丈人家里，接着再不慌不忙地寻访范秀美的娘家地址。住了一个多月，已经打听到范秀美娘家的住址。是寡妇桥徐家，在台门里赁了一间偏房居住。娘家已无旁人，唯有一位七十多岁的外婆还活着。外婆因为思念死在外地的儿子，已经哭瞎了一只眼睛。见到范秀美，似乎也并不十分激动，但也不是无动于衷，独自将房里打扫干净，虽是泥地，且又逼仄，但却主动将大床让出，自己挨着大床另支起一张单人床来。于是，胡兰成就与范秀美认认真真地做起夫妻来。他自己的解释是：“如今虽是乱世，亦仍可见得人世的理性，使山川城郭号令严明。我已有爱玲，却又与小周，又与秀美，是应该还是不应该，我只能不求甚解，甚至不去多想，总之它是这样的，不可以解说，这就是理了。洪范里，‘星有好风，星有好雨’，人世的事，亦理有好理，比所谓科学的精神更清洁无邪祟，且亦比秦始皇诏书里的更有男女贞良，道理显白，制度衡量，莫不如画的人世。这样好的理即是孟子说的义，而它又是可以被调戏的，则义又是仁了。”

诸如此类的“解释”，实为厚颜无耻的诡辩。什么“人世的理性”、“不求甚解”，什么“号令严明”、“制度衡量”之类，其实都是遁词。胡兰成这个人，用情浮泛而随意，这便罢了，他还随时随地要为自己的浮浪找来“理论依据”而夸夸其谈，这就似乎十分可恶了。

五、温州之行

1946年2月，在没有任何前兆的情形下，张爱玲忽然赶到温州来看望胡兰成。

胡兰成一时手忙脚乱，不仅心中不喜，而且更不感激，还粗声粗气地朝她吼道：“你来做什么？还不快回去！”

张爱玲倒是没有使性子，而是十分平静地说：“你走得匆忙，外面风声又紧，我终是放心不下，见到你才心安。”

由于范秀美外婆家的住房太小，同时也为了避嫌，张爱玲就在公园旁边的一家旅馆里住下来。这家旅馆的后面有一个大土堆，土堆上有树有草，同时还会有牧童在草地上放牛。牛叫鸟鸣，风景不俗。胡兰成白天来旅馆陪伴张爱玲，夜里则仍然回去与范秀美同住。一方面是担心警察会到旅馆来查夜，另一方面也怕冷落了范秀美。

胡兰成并没有把他与范秀美的关系告诉张爱玲，张爱玲似乎也并不刻意想打听什么，一时倒也相安无事。

开头几天，两个人要么并排躺在床上说话，要么就到街上走走。后来，胡兰成将他刚买来不久的一本《圣经》带来给她看。张爱玲看得很投入，一夜就把《旧约》读完了一半。接下来的几天，他们就议论《圣经》上的故事。

虽然旅馆紧挨着公园，但由于张爱玲不喜欢逛公园，故他们想出去走走，必是舍近而求远。街上好看的去处有限，但好在他们并不真的留意景致，只是借机说话而已，倒也并不觉得有什么遗憾。一次经过一间木匠店时，张爱玲说：“我从诸暨丽水来，路上想着这里是你走过的。及在船上望得见温州城了，想你就在那里，这温州城就像含有宝珠在放光。”

有时，范秀美也会到旅馆来和他们一起去逛街。三个人有说有笑，似乎谁也不觉生分。只是有一天清晨，胡兰成倚在床上和张爱玲说话儿，肚子一直隐隐作痛，但他却忍着没有告诉张爱玲。直到后来范秀美到旅馆来，他才向她诉说身上不舒服。范秀美并没有走到床边来，而是坐在房门边的一把椅子上，单问痛得如何，说等一会泡杯午时茶吃下就会好的。张爱玲立即意识到：与她不同，被胡兰成真正视为亲人的，是这位范秀美。虽然嘴上没说，但张爱玲似乎一下子什么都明白了。

张爱玲说：“范先生真是生得美的，她的脸好像中亚细亚人的脸，是汉民族西来的本色的美。”当下她就给范秀美画像。范秀美坐着让她画，胡兰成则站在一旁看她画。她先是勾了脸庞儿，画出眉、眼、鼻子，正要画嘴角，却忽然停笔不画了。范秀美走后，胡兰成问张爱玲为什么中途停下不画了。张爱玲说：“我画着画着，只觉她的眉眼神情、她的嘴，越来越像你，心里好一惊动，一阵难受，就再也画不下去了，你还只管问我为何不画下去！”言下十分委屈。

有一天外出散步，两人只拣曲曲折折的小巷走。令胡兰成意想不到的是，张爱玲忽然提起周训德，并且要他在她们两人当中做出选择。联想在这之前，在上海时，张爱玲虽然老是听他说起小周，心里似有不悦，但却并没有说什么。现在她突然让他在她们两个当中做出选择，这就让他犯了难。

胡兰成说：“我待你，天上地上，无有得比较，若选择，不但于你是委屈，亦对不起小周。人世迢迢如岁月，但是无嫌猜，按不上取舍的话。而昔人说修边幅，人生的烂漫而庄严，实在是连修边幅这样的余事末节，亦一般如天命不可移易。”

张爱玲说：“美国的画报上有一群孩子围坐吃牛奶苹果，你要这个，便得选择美国社会，看了叫人心里难受。你说最好的东西是不可选择的，我完全懂得。但这件事还是要请你选择，说我无理也罢。”她并且第一次正色责问胡兰成：“你与我结婚时，婚帖上写现世安稳，你不给我安稳？”

对于张爱玲的责问，胡兰成没有正面回答，而是强调世景荒荒，他与小周今世是否还有见面之日都不可知，他让张爱玲不要计较也就罢了。但张爱玲却说：“不，我不认为你们今世没有见面的机会，因为你有这样的本领。”接着，她叹了一口气，说，“你是到底不肯。我想过，我倘使不得不离开你，亦不致寻短见，亦不能再爱别人，我将只是萎谢了。”

这一回在温州，张爱玲一共待了二十天。临走前，张爱玲提出到范家外婆处看一看，也算道个别。范秀美知道张爱玲要来，显得有些紧张，她对胡兰成说：“张小姐若来，此地左邻右舍必定会有想法，你务必要顾及我的面子。”因此，当张爱玲跨进寡妇桥徐家台门的时候，胡兰成便对人谎称张爱玲是她的妹妹。他的解释是：他待张爱玲一如待自己，因此遇到尴尬事，宁可克己，而不能不顾及小周和范秀美的面子。

张爱玲离开温州那天，天在下雨。胡兰成把她送到轮船码头。快要开船时，张爱玲独自撑把伞站在船舷边，看着眼底的滔滔黄浪，不禁悲从中来，抽泣不止，伫立良久而没有进舱。在心里，她已有了决定：与胡兰成，此生是只能到此为止了。

回到上海后，张爱玲给胡兰成寄了点钱来，同时还写了一封短信，她告诉胡兰成，关于他们之间的关系，她已经有了打算，等于间接地告知他决绝的决心。

六、缘尽分手

1946年4月，胡兰成看报时得知此地行政专员公署发动突击检查隐蔽在这里的汉奸，城内分区挨次举行，这可吓坏了胡兰成。恰巧那一天，有一个当兵的到门前张望了一回，接着穿过后院出去，把范秀美惊吓得脸都黄了。于是胡兰成当即决定马上离开温州，仍回诸暨去。好不容易挨到天黑，就径直去了码头。

上次来的时候，因是顺水，从丽水到温州只用了一宿工夫。可这一回，逆水行舟，虽然船工十分卖力撑篙，但仍然足足用了三天的时间。到丽水后，改坐黄包车到缙云，从缙云乘长途汽车到诸暨县城，从县城到斯家，就很近了。由于风声日紧，这一回在斯家，胡兰成在楼上一待就是八个月，门被反锁，吃喝拉撒都在房内解决，无论白天黑夜，概不敢越雷池一步。好在有范秀美一手包办照顾，他倒也没有觉得有多少寂寞。

这期间，他当然断绝与外界的一切联系，就是和张爱玲，也没有写过一封信。只有斯家老四偶尔要去上海，才托他给张爱玲带去个字条儿。张爱玲认真地给他写了回信，还顺便捎来外国香烟和安全剃须刀。胡兰成把香烟吸了，但刀片却舍不得用，连同包装纸，小心翼翼地藏到了箱底。

一个人在楼上无所事事，胡兰成就开始写作《武汉记》打发日子，每天三千字，权当重新学习文字。用胡兰成自己的话说，这《武汉记》，尽管写的时候是诚心诚意的，可写成后再看，就觉所写之事之心，竟是十之八九是诳。洋洋洒洒五十万字的《武汉记》不成其为一本书，但从一字一句去反省，却让他明白了哪些文字是本色，哪些文字只是一些浮气和客气。

除了写《武汉记》，这八个月中，胡兰成还把张爱玲从上海给他带来的一本全英文的《欧洲剧作选》读完了。但他觉得那里的剧作无甚可取之处，倒是把从阁楼上随手翻来的几本古书认认真真地看了。其中有庾信的《山铭》、《镜赋》和《灯赋》，还有民间读本《唐伯虎三笑姻缘》，他都觉得好。

1946年年底，听说温州那边检查户口的事已经告一段落，胡兰成就决定仍然到那边去。这一回取道上海，不是由范秀美而是由斯家老四送他。由于上海到温州的船要等到第二天才开，所以胡兰成又到张爱玲那里去住了一宿。但这一宿并不愉快，胡兰成见了张爱玲，劈头就怪她不会招待亲友。接着又数落她前几次触犯乡下人的生活习惯，在诸暨县城斯家的亲戚家及后来到斯宅，她自己用的面盆同时用来洗脚，上下不分，这种坏习惯很令人看不惯。张爱玲虽然极力为自己辩解，但无用，仍然无法平息胡兰成的怨气。

实际上，张爱玲心中的怨气一点也不比胡兰成少。她说："斯君与我说，你得知周小姐在汉口被捕，你要赶去自首，只求开脱她，我听了很生气。"

晚饭后，两人并肩坐在灯下，胡兰成又把他与范秀美的事据实告诉了张爱玲，张爱玲听后，一时说不出话来。接着，他又问她是否读完了《武汉记》，张爱玲只说了四个字："看不下去。"胡兰成当然明白她看不下去的原因，因为《武汉记》里到处都写着小周的事。意味深长的是，胡兰成"竟然一默，因我从不想到张爱玲也会妒忌，只觉我们两人是不可能被世人妒忌或妒忌世人的"。不知是怨怒还是顽皮，胡兰成居然随手在张爱玲的手背上打了一下，张爱玲骇怒地尖叫了一声："啊！"

其实，不管张爱玲多么优秀，但作为一个女人，她不仅拥有捍卫自身尊严的自觉，同时也无法逍遥于人性的领域之外。胡兰成高调宣布所谓"我们两人是不可能被世人妒忌或妒忌世人的"说辞，不仅是极其虚伪的，更是对他本身游戏人生和玩弄感情的掩饰。

当天晚上，他们不仅没有睡在一张床上，同时也没在同一个房间里休息。第二天天还没亮，胡兰成就起来走到隔壁房里，在床前俯下身子去亲张爱玲，想不到她却从被窝里伸出手来一把抱住了他，忽然泪流满面，叫了一声"兰成"。这一声，到底有哪些内涵外人自是无以解读，但有一点是肯定的，那就是：张爱玲对胡兰成，确实是真心爱着的。因为爱，她不仅心甘情愿地委屈自己，同时也不恰当地宽宥了胡兰成的胡作非为。

这次胡兰成去温州，还是住在寡妇桥徐家台门范秀美的外婆家。由于肃奸风声已缓，胡兰成不再似上次那样谨慎，而是一有空就到外面走动。他经常踱到不远处的籀园图书馆看报，留心南京上海判决汉奸的消息，也关注日本德国审判战犯的相关报道。有时，他也会从图书馆借点书拿回来读，也就是在这里，他结识了图书管理员陈某。陈某当时在《温州日报》有兼职，负责编辑副刊。他向胡兰成约稿，胡兰成有意通过他结识更多的人，自是应承下来。但那陈姓管理员却拒绝为他引荐别人。因此，胡兰成也就不再与他勾搭。

梁漱溟

但由于常看《温州日报》，却于无意间结识了"温州第一耆宿刘景晨"，刘景晨是民国初年的国会议员，前清时当过县长，也当过厦门大学教授，梅思平、邱清泉都是他的学生。胡兰成能在"隐姓埋名"的逃难途中遇到这样一位名宿，自是紧紧抓住不放，从此不日即到刘府拜访一回，渐渐似成忘年之交。

这时，胡兰成正在写作《山河岁月》，于笔耕之余，又给梁漱溟写信，以学术批评为名，企图傍上名流。意想不到的是，胡兰成却得到梁漱溟的赏识，回信说："几十年的老友中，未有针砭漱溟之切如先生者。"

胡兰成自从结识了刘景晨并攀附上梁漱溟以后，似乎越发增强了自信。一得意，自是忘形。春节后不久，他在给张爱玲的信中，写到他近来的心境时，竟把他与邻家一位少妇灯下私语的事也详细以告。

张爱玲回信时说："我觉得要渐渐地不认识你了。"胡兰成为自己辩护的理由是：一、他是因为一时呆魂附了体，以致不晓得对方的心意而失言；二、由于他往往随时随地与现前景物相忘，而一想到张爱玲，心里就有点摇晃，故落笔成文时就似乎有点叵测的意味；三、由于长时间与社会隔绝，故而今使用的文字，就如小孩乳齿才堕，真齿未生，发音不准确。实际上，胡兰成为自己“失言”的辩护是站不住脚的，与其把他信里的话当成“失言”，毋宁以为那是他真实性情的流露更为确切。

1946年6月10日，张爱玲给胡兰成写了一封信，她在信中写道：

> 我已经不喜欢你了。你是早已不喜欢我了的。这次的决心，我是经过一年半的长时间考虑的，彼时惟以小吉故，不欲增加你的困难。你不要来寻我，即或写信来，我亦是不看的了。

信里的“小吉”，是“小劫”的隐语。张爱玲是等他的灾星退了，这才写来决绝的信。信中还附寄三十万元汇款，那是张爱玲创作电影剧本《不了情》和《太太万岁》的稿费。其实，胡兰成虽然逃匿近两年光景，经济上并不怎么拮据，一是他原有积蓄，二是张爱玲始终在接济他。而眼下，范秀美又重操旧业，仍在蚕种场当指导员，有一份固定的工资收入。因此，对于张爱玲寄来的三十万元，胡兰成似乎也没有一点雪中送炭的感觉。

既然张爱玲让他别再写信给她，胡兰成不想自讨没趣，就忍着没写。但到底仍想把自己想说的话让张爱玲知道，因此他给炎樱写了一封信，信里写道：

> 爱玲是美貌佳人红灯坐，而你如映在她窗纸上的梅花，我今惟托梅花以陈辞。佛经里有阿修罗，采四天下花，于海酿酒不成，我有时亦如此惊怅自失。又《聊斋》里香玉泫然曰，妾昔日花之神，故凝，今是花之魂，故虚，君日以一杯水溉其根株，妾当得活，明年此时报君恩。年来我变得不像往常，亦惟寄爱玲日以一杯溉其根株耳，然又如何可言耶？

炎樱是否收到胡兰成的这封信，世人不得而知。但胡兰成始终没有等到炎樱的回信，却是真的。这也许可以依稀看出炎樱对于胡兰成其人所作所为的态度。

七、隔洋借书

1950年，胡兰成曾悄悄潜入上海一次，但他不知道张爱玲已经搬家，故在爱丁顿公寓扑了个空。他不敢在上海滞留太久，只住了几天，就决定南下去广州。他从上海北站上车，本来打算途经杭州车站时与范秀美认真道个别，可不料火车上有三位苏联教授要到杭州讲学，由于政府组织了各个社会团体的人群在车站迎接，就连省政府主席谭震林也在欢迎人群中，为了防止意外，车站内外都站满了解放军。看这架势，胡兰成还哪敢下车？直到苏联专家被专车接走，欢迎的人群也相继散去，胡兰成这才与范秀美匆匆见了一面，但还没有来得及说上两句话，火车就已经开动了。

这是胡兰成和范秀美最后一次见面。

胡兰成到达香港以后，不再沿用“张嘉仪”的化名，而是改回原名，自我介绍时径说自己叫胡兰成。不久，他就打听到周训德已离开武汉去了四川。胡兰成立即去信问询。小周马上就有回信来，她告诉胡兰成，由于受到他的连累，她曾经被抓进去坐了两个月的牢，释放后，她嫁给了《大楚报》的一位编辑，生了孩子后跟丈夫回到四川老家，才知道他已经早有妻子。胡兰成的这封信使小周下决心离开四川这个家。

胡兰成收到小周的信以后，立即给她汇去路费，希望她来香港与他团聚。但不知为什么，信款不久即被退回。于是，胡兰成的这场春梦便没有做成。这以后，胡兰成仍然没有放弃寻找小周的努力，他不仅委托武汉的朋友四处打听小周的下落，甚至还调动了原先“76号”的残余势力为他效力，但到底没能奏效，直到去日本的前一天，他才不得不在心里宣告彻底放弃。

在香港待了一阵子，胡兰成终于在日本上层社会有关人士的协助下，成功地由香港移居东京。

由于在日本有着诸如清水董三和池田笃纪这样的靠山，加上许多文化艺术界和财政界的人脉，胡兰成悠游于上层社会的不同派别之间，左右逢源，处处讨好，倒也活得有滋有味。

胡兰成在日本

胡兰成先是寄居在一个普通的日本家庭。这是一个三口之家，老先生已去世，孀居的老太太只带着一个独生女儿过活。女儿叫一枝，成年后，原以为可以招赘一个倒插门的女婿来撑持门面，可不承想，这个女婿却十分窝囊，对内，无以持家；在外，无力挣钱。与这个不争气的丈夫相比，一枝就算是个能人了。她此时刚过而立之年，心高气傲，不甘平庸，压根儿瞧不起自己的丈夫。因此，这个家庭的大小事情都是由一枝说了算。

胡兰成刚刚在这一家住下，就与房东的女儿混得烂熟。到了第三天，他就主动邀请一枝和他一起去看电影。那一天，一枝穿了一件短袖衬衫，看电影时，胡兰成就用手去抚摸一枝露在外面的胳膊。一枝欲迎还拒，这便让胡兰成长了胆子，第二天，他就和一枝"好上了"。直到三年后，胡兰成"邂逅"了佘爱珍，这才与一枝断了往来。

1955年，胡兰成与大汉奸吴四宝的遗孀佘爱珍结婚。

佘爱珍在香港时，曾与胡兰成见过面，逃来日本后，在东京又巧遇胡兰成，两人惺惺相惜，不久就结为夫妇，这便应了空想社会主义者欧文的那句名言："两个卖淫构成一桩德行。"

佘爱珍虽是个汉奸，但却是个敢爱敢恨的女人。当年吴四宝在上海黑白通吃的时候，有时遇到摆不平的事情，大多都是依靠佘爱珍去活动而化险为夷。有一次因一个误会，英国巡捕密集地朝佘爱珍坐的汽车开枪，汽车玻璃都被打成了蜂窝煤，佘爱珍的大衣口袋里也射进了子弹，但她却面不改色地走下汽车，示意吴四宝派过来的人不要开枪，避免了两边的一场火并。

与胡兰成结婚后，为了贴补家用，佘爱珍自己经营着一个小小的酒吧，她既是老板，也是店伙，整日端坐在吧台后面迎来送往。佘爱珍的皮肤奇白，窗外的阳光从吧台侧面照进来，便把她的银盆大脸写意成一个俄罗斯玩偶或北海道的歌舞伎。胡兰成偶尔也会踱到酒吧来和佘爱珍说话，但更多的时候他则是憋在家里写他的书。

有一件事也许会令人感觉滑稽，在胡兰成和佘爱珍结婚以后，多年不见的应英娣居然成为他们家的常客。这时的应英娣还只是一个三十一二岁的少妇，在香港打理着一间不大的士多店，她经常要到日本来进货，于是就顺道来看望看望胡兰成。佘爱珍似乎并不嫉妒应英娣，待她甚是热情，两个人有时甚至亲密得像一对姐妹。

在所有与胡兰成有瓜葛的女人中，佘爱珍只嫉妒两个人，一个是汉阳的周训德，一个是温州的范秀美。对于张爱玲，她倒是经常撺掇胡兰成给她写信，觉得“你们两个人都会写文章，蛮般配”。

胡兰成此时倒是心无旁骛，一心一意著书立说，于是就有了十六万字的《山河岁月》及其后的《今生今世》。

1958年年初，当时的张爱玲已经搬到彼得堡小镇的公寓里居住，为了翻译台湾作家陈纪滢的《荻村传》，她给身在日本的胡兰成寄去了一张明信片：

手边如有《战难和亦不易》、《文明的传统》等书(《山河岁月》除外)，能否暂借数月作参考？

明信片是由池田笃纪转交的，胡兰成看了明信片，自是百感交集，有意没有立即回信，而是过了半个多月，这才写去回信：

爱玲：

《战难和亦不易》与《文明的传统》二书手边没有，惟《今生今世》大约下月底可付印，出版后寄给你。《今生今世》是来日本后所写。收到你的信已旬日，我把《山河岁月》与《赤地之恋》来比并着又看了一遍，所以回信迟了。

兰成

细心的读者不难发现，胡兰成在信里有意和张爱玲套近乎的心思是非常明显的。我们且不管他是否在此时真的把《山河岁月》与《赤地之恋》“比并着又看了一遍”，只是他把这件事写在信里，其用心已是昭然若揭了。他当然不会知道，这段时间在张爱玲与宋琪、邝文美夫妇的通信中，早已称他为“无赖人”。他在这种时候还来套近乎，显然是自作多情，他已经不可能再用语言打动张爱玲了。另外，他更不知道张爱玲在美国已经又有了一次新的婚姻，“赖雅夫人”和胡兰成早似陌路，即或相见也已不再相识了。

张爱玲之所以给他写信，完全是为了翻译《荻村传》的需要，胡兰成把张爱玲的主动来信误读为“不忘故人”，反映了他狭隘的处世心态，同时也说明他至死也没有把张爱玲读透。

《今生今世》出版以后，胡兰成果真给张爱玲寄了去，并附了一封信。张爱玲收到后即给他回了信。与上一次寄去的明信片不同，这次回信正规得可以编入《尺牍优汇》，从兹不难看出张爱玲将其拒于千里之外的用心——

兰成：

你的信和书都收到了。非常感谢。我不想写信，请你原谅。我因为实在无法找到你的旧著作参考，所以冒失地向你借，如果使你误会，我是真的觉得抱歉。《今生今世》下卷出版的时候，你若是不感到不快，请寄一本给我。我在这里预先道谢，不另写信了。

爱玲

十二月廿七

这是张爱玲写给胡兰成的最后一封信。她原本只是因为翻译《荻村传》的需要，这才硬着头皮给胡兰成写信借书，可《荻村传》译完后却没有一家美国出版社愿意出版，徒让胡兰成白白地“误会”了一场。

后来，《荻村传》以《荻中笨伯》的书名在香港出版。这是一份反共读物。张爱玲为了获得优裕的稿酬，再一次被“美新处”（美国驻港总领事馆新闻处）利用了一回。

第十章　萎谢之后的重振雄风

一、重新出发

抗战胜利后的张爱玲，处于身心俱疲的“萎谢”状态。最大的困扰来自于全社会对她“汉奸”身份的质疑。在国民政府颁布的《惩治汉奸条例》中，“文化汉奸”是作为专条列入的。

除了少数别有用心者外，普通人对于张爱玲汉奸身份的疑问大致有两个“根据”，一是她之所以能够在沦陷区迅速蹿红，成为上海滩一位家喻户晓的人物，其赖以成名的文学作品，大多都发表在诸如《杂志》、《古今》、《苦竹》等刊物上。这类刊物，其出资人的背后似乎都可以隐隐约约窥得见日本人的影子。俗话说，不是一家人，不进一家门，你如果不是汉奸，日本人为什么会瞄上你？二是张爱玲和胡兰成的“夫妻关系”。胡兰成是一个上了榜的文化巨奸，有道是：近朱者赤，近墨者黑，既然胡兰成是汉奸，你张爱玲岂能脱得了干系？

当年的上海大时代书刊社特别推出了一本《女汉奸丑史》，着意使用一些刺激性的字眼去吸引读者，说到张爱玲，则定性为“无耻之尤张爱玲愿为汉奸妾”，同时还把她与汪精卫的老婆陈璧君、汪伪政权特务头子吴四宝的老婆佘爱珍、大汉奸陈公博的情妇莫国康和双面间谍川岛芳子等人相提并论，大泼污水。而一些爱凑热闹的小报，为了招徕读者，或无中生有，或添油加醋地为女汉奸的“丑史”做出引申和演绎。有一家叫做《海派》的周刊，甚至造出一个骇人听闻的谣言，说张爱玲在做吉卜赛女郎，故事编造得煞有介事，一般的读者根本无法辨别其真伪：

> 前些时日，有人看见张爱玲浓妆艳抹，坐在吉普车上。也有人看见她挽住一个美国军官，在大光明看电影。不知真相的人，一定以为她也做吉卜赛女郎了。其实，像她那么英文流利的人有一二个美国军官做朋友有什么稀奇呢？

诸如此类的“汉奸”新闻和舆论铺天盖地地日日有来，它们对张爱玲形成的精神压力之大是不难想象的。

当然，有些“新闻”和“舆论”也并不都是无中生有。譬如有人翻出旧账，说张爱玲曾经出席过在南京举行的第三届“大东亚文学者大会”——这是有据可查的。因为在第三届所谓“大东亚文学者大会”召开之前，即1944年11月12日，南京、上海的许多报纸上都曾经刊登过与会者的名单。在这个名单上，张爱玲的名字确实赫然在目。但很少有人知道，就在这些名单开出之前，张爱玲已经向会议的组织者寄出了辞函：“承聘为第三届大东亚文学者大会代表，谨辞。张爱玲谨上。”

还有一些“舆论”也是有来由的，譬如当时许多有名的汉奸，由于和胡兰成平时多有往来，故对于红透上海滩的“名人张爱玲”，都想通过胡兰成的牵线搭桥攀附结识。他们当中有些人甚至于连张爱玲的面也不曾见过一次，也往往敢于以“张爱玲的朋友”的身份在市面上四处招摇，这些臭名昭著的大汉奸的

长江公寓正门

所作所为给张爱玲造成的伤害是无法估量的。

在这种充斥着谎言和误会的社会舆论面前，处于这一旋涡中心的张爱玲确实是百口莫辩，而她的沉默又从另一个侧面强化了不利于她的舆论的力度。无助的感觉折磨着张爱玲，她几乎每天都生活在痛苦的恐惧之中。

到了1946年年初，这一局面稍稍有了点改变。4月，由龚之方、唐大郎和桑弧等人牵头创办的文艺刊物《大家》在上海面世，令人意想不到的是，《大家》编辑部竟然于创刊之初即向蛰居家中的张爱玲约稿，这让张爱玲感到非常兴奋。她当即把手头的存稿《华丽缘》稍作修改就寄给了《大家》，于是，这一家在抗战胜利后首次露面的文艺刊物上就出现了张爱玲的名字。这无论是对刊物本身还是对张爱玲来说，都是一件非同凡响的大事。对于《大家》来说，需要的是过人的胆识和勇气，因为向有待身份重新确认的“女汉奸”约稿，那是必须承担巨大风险的；而对于张爱玲来说，则是一个正名和东山再起的过程，她需要用重新融入社会的举动来证明自己的清白。

张爱玲故居长江公寓

《华丽缘》描写的仍然是一个与男女有关的故事：新春正月，乡里到处都在唱戏，闽少奶奶把“我”送到戏台下，自己却回去了。台上的剧情很拿人：一位出身官宦之家的年轻人，遵从父命到姑姑家去读书，书没有读好，但却与表妹产生了恋情。姑姑看出了两个年轻人的暧昧关系，自是不依不饶，年轻人只好辞别了姑姑回家去。但在回家的路上，他弯到一座庙里去游玩，却于无意中相中了一位正在敬香的小姐，这位年轻人确是个情种，仅是邂逅遇美，即沉溺其中而不能自拔，就连家也不回了，而且当即找来媒人上门提亲。——戏还没有演完，送“我”来看戏的闽少奶奶却抱着孩子来接“我”，故事到此戛然而止。

张爱玲《传奇》增订本，封面由炎樱设计，既有古典美又有现代感。

作为蛰伏一年多以后推出的第一篇小说，《华丽缘》的故事明显带有张爱玲个人感情经历的影子。小说里“出身官宦之家的年轻人”虽然可以泛读为世上的任一个男人，但他的身上似乎沾上了许多胡兰成的味道：对待女人，他没有特定对象的道德信仰，女人在他那里只是其情感旅途中的一个个站点，虽然车子在站点停靠，但每一个站点都不是其旅程的终点。作为旅行者的男人，他与守候在站点上的女人是不对称的。对于女人来说，停留在站点上的男人就是她的全部，而对于旅途中的男人来说，守候在那里的女人却只不过是他小憩时用来品尝的一碟甜点而已。因此，我们既可以把小说中的“表妹”和“上香的小姐”读成小周或范秀美，也可以把她们读成张爱玲或别的什么人。

《华丽缘》是张爱玲对自身情感认知的一种完善，她从此明白了“爱情”在男人与女人那里可能出现的两种完全不同的解读空间。如果说两个月以后她给胡兰成寄出断绝关系的信函是一部大戏的结局的话，那么《华丽缘》就是这出戏的序幕与正剧。

《华丽缘》的成功面世宣告了张爱玲已从文学创作的低谷中走出来，同时也是她的事业的一次重新出发。

在龚之方与山河图书公司的帮助下，1946年11月，张爱玲出版了小说集《传奇》的增订本。增订本中除将原有的十篇小说继续保留外，另外还收入了《留情》、《鸿鸾禧》、《红玫瑰与白玫瑰》、《等》和《桂花蒸·阿小悲秋》等五篇小说，全书约五十万字，封面仍由炎樱设计。这一回的封面与原版差异很大，画面主体是一幅晚清民初时代的仕女图，一位少妇坐在一张考究的圆桌边专心致志地玩骨牌，而她的女佣则抱着一个婴儿坐在旁边观赏。主仆的表情都非常安详，唯有女仆怀里的孩子很不安分，身体前倾，意欲抓住少妇面前的骨牌。作为这个房间的唯一装饰，墙上挂着的一幅立轴十分显眼，立轴上写有八字隶书："传奇"两字居中，大且醒目，"传奇"的上面分两行竖写"张爱玲"，下面则竖写两行三字"增订本"字样。这幅隶书可不简单，它出自沪上书法名家邓散木之手，一般的人是很难求到他的墨宝的。封面设计中最突兀的地方是立于窗外、双臂趴在栏杆上的一个鬼影似的人形，它在认真地窥视着屋内，尤其留心于少妇手中的骨牌。有人说，这个头上蒙着一块头巾的人形代表着现代人，又说那是张爱玲自己的化身。其实，对画面的解读完全可以采取开放的态度，因为这本小说集既然取名为《传奇》，那么，在传奇的名义下，你不妨把那个人形也一并解读为一个传奇更为确切。

利用《传奇》增订本出版的机会，张爱玲第一次为自己进行了恳切而义正词严的辩护，她在卷首的《序言》里写道：

> 我自己从来没想到需要辩白，但最近一年来常常被人议论到，似乎被列为文化汉奸之一，自己也弄得莫名其妙。我所写的文章从来没有涉及政治，也没有拿过任何津贴。

事实上，这段话的前半部分说的是假话，她不是"从来没想到需要辩白"，而是既没有机会也无从辩白起。对于"被列为文化汉奸之一"，也不是真的"莫名其妙"，而是有口莫辩，根本无法洗刷自己。如今借小说集出版之机一抒郁结在胸中的块垒，自是扬眉吐气，其出自于内心的喜悦当然是溢于言表了。

二、涉足影坛

自从《华丽缘》在《大家》发表以后，张爱玲被孤立的状态已经出现明显的改变。当然，要想彻底地把舆论泼到她身上的污水一下子冲刷干净却不是一朝一夕可以做到的。在这种情况下，张爱玲需要更多为自己洗刷的机会。但这种机会是可遇而不可求的。更何况，张爱玲又是那种孤傲、清冷的性格，绝不愿意主动出面去张扬自己。于是，朋友的帮助就显得尤为重要。

终于，这个机会来了。1946年7月，柯灵出面邀请张爱玲参加一个宴会，说是有几位老朋友想见见她。所谓几位老朋友，其实就是包括龚之方、唐大郎、桑弧、魏绍昌在内的几个熟人。

导演桑弧

宴会是由桑弧一手操办的，目的很明确，就是想让电影界的几位名人借机结识张爱玲。

张爱玲喜欢看电影，但她却从来没有想过她会与电影界产生什么瓜葛。因此，当第一次这么近距离地直面一些电影界的名流时，张爱玲几乎没有说什么话，显得生分而拘谨。除了和同时受到宴请的炎樱小声嘀咕几句闲话以外，她一直处于置身事外的超然状态。本来，桑弧之所以要通过柯灵出面宴请张爱玲，是想请她为即将开张的文华影业公司编写剧本，可一看张爱玲是这样一种拒人于千里之外的态度，自然也就不便开口了。

但桑弧不是那种轻言放弃的人。那次宴会后不久，他就和龚之方一起亲自登门拜访张爱玲。由于有了宴会上的“认识”做底、“熟人”见面，自是不再拘谨。桑弧年轻，说话不会转弯儿，刚一落座，他就把这次登门造访的目的向主人亮出：想请她为公司创作一个电影剧本。其实，几天前的宴会上，虽然桑弧没有把话说出口，但张爱玲已经意识到他们特意宴请她的真实目的。她这几天一直在思考这件事，想来想去，还是自己把自己给否了。因为她觉得，虽然自己自小就很爱看电影，出道之初还在报刊上写过不少影评，但真的要操刀去创作电影剧本，她还是感觉没有什么把握。因此，当桑弧十分诚恳地约请她为公司创作电影剧本时，她似乎连想都没想就一口回绝了，一时搞得桑弧颇觉尴尬。

好在他的身边还有一个龚之方，龚之方是一位极富演讲天才的说客，见桑弧碰了软钉子，就把话茬接过来，“润物细无声”地侃侃而谈起来。他首先讲到电影与小说及其他文艺品种的相通之处，接着又分析了张爱玲拓宽写作空间的必要性与可能性。丝丝入扣，苦口婆心，直说得张爱玲连连点头，居然当场就改变了决绝的态度，欣然接受为文华公司编写电影剧本的尝试。

张爱玲也许怎么也不会预料到：她从此就与电影结下了不解之缘，成为她以后安身立命的一技之长。

龚之方和桑弧离开以后，张爱玲没有丝毫耽搁，就潜下心来着手构思剧本。题材似乎是现成的：她的构思主线始终离不开女人、家庭和爱情，而故事的结局也万变不离其宗——以悲剧收尾。

剧本一气呵成，题目是完成初稿后才加上去的：《不了情》。

《不了情》的剧情非常简单：由于家庭经济拮据，年轻美丽的知识女性虞家茵到夏家做家庭教师。夏家的男主人夏宗豫与太太情感不和，在与家庭教师的接触过程中逐渐对虞家茵有了好感，天长日久更由好感发展为爱意。当虞家茵和夏宗豫正沉浸在爱情的甜蜜之中时，由于实在无法摆脱道德沦丧的虞父和自私可怜的夏妻的双重纠缠，虞家茵只好选择主动放弃，远走高飞，以求解脱。

虽然剧本本身并没有什么特别的亮点，但桑弧看了后却十分满意。他没有向张爱玲提出任何修改意见，就全身心地投入到拍摄之中，几个月后就拿出了成品，并于1947年4月中旬即在各大影院上映。影片放映以后，获得广泛的好评，不少报刊都发表了专栏文章，异口同声地称赞《不了情》是一部感人至深的爱情悲剧，是揭示伦理纠葛和人性弱点的千古力作，是一部多年不见的好影片，有的评论甚至抬举《不了情》是一部“千载难逢的国产巨片”。

鉴于《不了情》的巨大成功，加之遗憾于电影表达本身的局限性，张爱玲决定把《不了情》的人物性格及故事背景进行进一步的深化挖掘和梳理。于是她便以电影故事为基础，着手创作中篇小说《多少恨》。《多少恨》写得很顺，前后花了不到两个月的时间就完稿了，这在张爱玲有限的创作生涯中，实在是个例外。因为她不是一个快手，能在极短的时间内拿出一部像模像样的中篇来，就连她自己都颇感意外。

《多少恨》里的女主人公虞家茵是一个要才有才、要貌有貌的好姑娘，但她的不幸却是与生俱来的，因为她有一个不负责任而道德沦丧的父亲。夏父年轻时游手好闲而迷恋于花街柳巷，不仅败尽家财，而且狠毒地抛弃她们母女。年老后则厚颜无耻、唯利是图，企图利用女儿的年轻美貌去换钱。一个女儿家生活在如此不堪的家庭阴影中，其处境之局促和艰难是可以想象的。为了摆脱其父无休无止的纠缠，虞家茵只身来到上海，经同学介绍到夏家做家庭教师。夏家的男主人夏宗豫在与虞家茵的接触中，两人互生爱意，终于发展到有意牵手一生的愿望。但是，就在他们的情感火焰燃烧得轰轰烈烈的时候，残酷的现实和做人的理智让虞家茵做出主动放弃的选择。什么样的“残酷的现实”呢？一是来自于虞父，那个厚颜无耻的恶棍，他逼着女儿去做富人的姨太太，以便他能从中捞到好处。虞家茵若想活出自我，就必须远离这个六亲不认的老男人。二是来自于夏太太，她是一个离开丈夫就无法活下去的可怜虫，虞家茵不忍心看着这位弱者生活在绝望之中，她的同情心让她不能不选择放弃。

《多少恨》里的几个人物，对于熟悉张爱玲的读者来说也许都不会感觉陌生。夏宗豫与胡兰成、夏父与张志沂、虞家茵与张爱玲、夏太太与范秀美，是否都有几分相像？

像影片《不了情》一样，小说《多少恨》在《大家》杂志上发表以后，同样引起了轰动。这让张爱玲受到极大的鼓舞，她似乎又找到了前两年创作巅峰时期的感觉。

而对于桑弧与文华公司说来，《不了情》的成功则使他们确认了张爱玲“金牌编剧”的定位，继续鼓励和撺掇她再续辉煌，力争尽快拿出下一个更有市场号召力的剧本来。

其实，当时桑弧的头脑里已经有了一个轻喜剧的腹稿，他想请张爱玲依据他的构思编写出一个剧本来。桑弧把自己的想法给张爱玲一说，立即得到对方的响应。于是，一个叫做《太太万岁》的电影剧本很快就放到了桑弧的案头。桑弧一口气把剧本读完，边看边乐，赞不绝口。当即就确定了需要邀请的电影演员人选。1947年12月中旬，影片《太太万岁》同时在上海的四家最大的影院上映，连续放映了两个星期仍然场场爆满，观众反应强烈，其场面之热烈更远远胜过当初的《不了情》。报刊也不甘寂寞，在影片放映期间，一路跟进，贴身报道，从各个角度和层面对电影做出肯定的评价。使用的词汇也越来越火辣，从“万众瞩目”、“精彩绝伦”到“巨片降临”、“令人回味无穷”、“本年度银坛压卷之作”，追捧不已，不一而足，以至无所不用其极。

《太太万岁》之所以受到好评，这与它的观众群体的欣赏趣味是不无关系的。和悲剧色彩浓郁的《不了情》不同，《太太万岁》的剧情设计显然更贴近小市民的文化需求。平实、俗气而充满街巷里弄的生活气息，故事似乎就发生在你我身边，而剧中人物也好像就是隔壁邻居家的先生或太太。故事本身也不追求大起大落的喜剧效果，而是在渐进的展开过程中不断地抖出笑料。这种挠痒痒似的轻喜剧，与刚刚从战争岁月走出来的普通市民的幸福期待极为吻合，于是获得他们的肯定就变得理所当然了。

《太太万岁》的剧情一点也不复杂：女主人公陈思珍是一位处世圆滑、人缘不错的家庭主妇，她不仅能言善辩，巧舌如簧，而且善于察言观色，精于算计。她的父亲是个出了名的吝啬鬼，视钱如命，唯利是图，为了帮助丈夫唐志远开办公司，陈思珍巧设诱饵，让其父一步步进入她的圈套，终于资助女婿把公司开办起来。可等到唐志远把公司经营得有声有色的时候，他却公然背叛了太太陈思珍，和一个交际花鬼混到一块。在这欲哭无泪、忍气吞声的艰难时刻，她的婆婆也对她极尽责难之能事，时时处处与她作对。但陈思珍就是陈思珍，她不仅没有被如此残酷的现实击倒，反而振作精神，帮助唐志远把面临破产的公司重新走向辉煌，挽颓局于既倒。与此同时，她又巧妙设局让交际花的敲诈勒索落空，从而把丈夫唐志远重又拉回到自己的身边来。这期间，她还积极促成了弟弟与小姑的婚姻，让唐、陈两家亲上加亲，进一步巩固了她在唐家无可动摇的地位。

《不了情》与《太太万岁》两部电影的成功，正式确立了张爱玲两栖作家的优势。虽然其后的《哀乐中年》由于种种客观因素没有形成轰动，但是，在中国电影的发展史上，张爱玲的作品虽然不多，但是由于其特殊时期的特殊贡献，她是无论如何都不会被遗忘和忽视的一位剧作家。

由于涉足影坛，与张爱玲接触较多的就是导演桑弧。青年男女接触日久，难免相互擦出火花。桑弧和张爱玲之间的这段恋情，似乎一直没有引起别人的关注。其实，这是一段从一开始就知道不会有什么结果的恋情。张爱玲虽说在创作电影剧本的过程中，心情好了些，但是留在她心上的伤口毕竟不是可以轻易愈合的。带着那样的伤痛巨创是不可能进入爱情的，应该说，张爱玲与桑弧的相识不是最好的时候，或者说，他们不应该在那样的时候相识。如果说，时机还不是他们进一步亲密交往的障碍的话，那么张爱玲"喜欢比自己年长的男人"这种性格上的偏执，就是一道无以逾越的壕堑了。张爱玲一直认为，与年纪比较大的男人在一起，会有一种安全感，能得到呵护。而桑弧认识张爱玲的时候只有三十一岁，年轻得近乎青涩，更何况他还是一个性格拘谨、老实忠厚的青年，这就更加难入张爱玲的眼线了。另外，桑弧此时一心沉醉在他的电影里，希望能够事业有成，根本无暇顾及女人。他既不会哄女人，更不知道追女人。还有更重要的因素，是桑弧的大哥极不同意他和张爱玲在一起。桑弧自小被大哥抚养，很听大哥的话。因此，他在与张爱玲的交往中事先就处处自我设防。他曾经和大哥做过交流，问他为什么与张爱玲交往不得？大哥的回答很滑稽，似乎有点文不对题，但却无疑是一次正式的表态:写作不是正经职业。大哥的干预固然起了很大的作用，但真正让他在与张爱玲的接触中止步不前的最大障碍还不是这个，主要的是他无法抹去一个巨大的心理阴影，那就是关于张爱玲与胡兰成交往的历史刻痕。因此，在外人看来再合适不过的一对情侣，终究是不适合婚姻的。他们在一起只能是朋友关系。张爱玲是很欣赏桑弧电影上的才华的，在桑弧拍摄第三部电影的时候，她还受桑弧之邀当了一回"顾问"。

桑弧虽然在个人生活上不像胡兰成那样滥情、朝三暮四，但他在与张爱玲亲密交往的过程中，却并没有中断与另一女子频密的约会。后来，当他决定与那位女子正式结婚的时候，仅仅像对待平时相处的一般朋友那样，例行公事且轻描淡写地“通知”了张爱玲：“我要与某某某结婚了，婚期订在某月某日。”桑弧的冷漠究竟给张爱玲造成了多大的心理伤害，我们已无法从张爱玲留下的文字中找到一文半字的描述。即使在与后来的好友邝文美无话不说的通信中，她也从来没有提及过这件事。

三、母子小聚

1947年6月，张爱玲与姑姑张茂渊一起，搬家到梅龙镇巷弄内的重华新村二楼11号的公寓里。虽然同是公寓，但重华新村的公寓自然无法与爱丁顿公寓相提并论，外观的委琐且不说，单是室内的使用面积之逼仄和装修摆设之简陋，也与爱丁顿形成了巨大的反差。但这也是没有办法的事，其时，张茂渊的积蓄已经消耗殆尽，虽说还有一份维持生计的薪资收入，但仅凭那样一点收入，若想在爱丁顿继续住下去，则难免要陷入捉襟见肘的窘境。至于张爱玲，她的收入则极不稳定，稿酬时有时无，单凭一支笔，在那样的环境下要维持两个人的开支是远远靠不住的。

就在张茂渊和张爱玲姑侄搬家后不久，黄逸梵忽然回到了上海。

黄逸梵一辈子心高气傲，但命运却始终没有眷顾到她。从二十几岁开始，就一直只身漂泊在外，乍看上去好像她始终在追求一个理想化的人生，但到头来，却是“上穷碧落下黄泉，两处茫茫皆不见”，一无所获，两手空空，始终没有寻找到一块可以立足的福地，而像一个在欧亚两个大陆之间游荡的鬼魂，飘移不定，缺失定力。早年，由于手头宽裕，虽然精神上因为缺乏亲情的滋润而难免孤独，但毕竟物质享受上极尽奢华之能事，从而还能弥补或淡化精神上的缺憾，随着时间的推移，手头的积蓄越来越少，生活上的窘迫又反过来增加精神上的痛苦。虽然她瞒着家人曾经有过再嫁的经历，但那种凑合式的婚姻是根本不可能有什么幸福可言的。

这一次回到上海，黄逸梵显得很狼狈，形容枯槁，瘦骨嶙峋，虽然戴着一副墨镜，仍然无以遮盖她的老态和疲态。在码头接船的时候，张茂渊刚见到她就忍不住尖声叫起来："哎唷！好惨啊！瘦得唷！"张爱玲在一旁看着憔悴不堪的母亲，心里似乎也不好受，但始终没有说话。张爱玲此时的情感是十分复杂的，首先是一种负罪感，她总是觉得母亲生活得不顺遂与她的不争气有关，如果她能够把母亲在她身上的"投资"还上，母亲可能就不会活得这么惨。另外，她同时又觉得身为女人的宿命，母亲再怎么要强，但她到底还是败在了命运的强力之下。她对母亲说不上同情，更没有通常意义上的母女亲情，此时她的心情，更像一个路人看到乞丐受难时表现出来的那种事不关己的冷漠。

走出码头以后，张茂渊问黄逸梵是否和她们一起回重华新村去，黄逸梵连想也没想就摇了摇头。她虽然手头并不宽裕，但毕竟奢侈惯了，加之听说张茂渊和张爱玲居住的重华新村的房间非常逼仄，于是在船上时就在国际饭店订了房间，她此时就连到重华新村公寓楼去看一眼的兴趣都没有。

张爱玲除了那天坐车把黄逸梵送到国际饭店以外，以后就再也没有到饭店去看望过母亲。

那时，张子静不在上海，他随大表姐夫妇在中央银行扬州分行上班，黄逸梵回国的消息他一点也不知道。后来，有一天他到上海出差，这才从舅舅的家人那里得知母亲现在在上海。

虽然母子感情很淡，但张子静听到消息后还是很激动，他立即坐车到国际饭店去看望母亲。黄逸梵见到张子静，说怎么高兴当然谈不上，但看到已经长大成人的儿子，毕竟有感于岁月沧桑，物是人非，一时百感交集，竟至说不出话来。沉默了一会，她对张子静说，这里的房费太贵，再过几天，她要搬到张茂渊那里去住。并且说，你如果到时还在上海，就到姑姑那里去一起吃个便饭。张子静说，他要一个月以后才回扬州去，能和母亲、姑姑、姐姐一起吃顿饭，他一定不会错过这个机会。黄逸梵接着就问他一顿能吃多少饭，平时爱吃什么菜，张子静一一作了回答。

十多天后，张子静如约来到了姑姑的住地。令他感觉意外的是，姑姑和姐姐都不在，家里只有母亲黄逸梵一个人。黄逸梵告诉他，姑姑上班很紧张，不敢迟到，每天上下班都很准时，耽搁不起，姐姐外出送稿子去了，也是几天前就约好了的。她们在不在都无所谓，我是让你和我一起吃个饭，有你在就行。说着说着，黄逸梵就开始下厨忙碌起来，很快就把饭菜端上了桌。

母子已经足足十多年没有在一起吃顿饭了，今天面对面地坐在一起，边吃边聊，倒也其乐融融。刚开始时，张子静还多少有一点拘谨，但渐渐地也就放松了下来，就像真正的母子一样拉起家常来。黄逸梵问他银行里的一些事情，张子静有问必答，还把他几年来遇到的趣事一并讲给母亲听。黄逸梵则教导他该如何与上司及同事相处，并且还问他将来有机会是否还打算回上海来工作。张子静说，扬州那里还不错，只要工作环境好，其实回不回上海倒无所谓。黄逸梵说，她讨厌上海这鬼地方，整天闹哄哄的，又挤又脏。这么多年在国外住惯了，一回到上海来就连呼吸都感觉不自在。张子静只是听着，既没有附和，也没有反对黄逸梵的说法。吃过饭坐了一会，张子静见黄逸梵不住地打哈欠，看出她已经累了，就起身告辞，黄逸梵也没有留他，只是告诉他，再过几天，他舅舅要做寿，让他务必要来参加。

几天后，张子静来到舅舅家，但却没有带上任何贺礼，这让黄逸梵很不高兴。她觉得这个二十六岁的儿子竟如此的不懂礼数，真的让她很失望。

其实，黄逸梵责备张子静还有另外一层没有点明的原因：她与黄定柱是双胞胎兄妹，既是黄定柱做寿，自然也就是她本人的寿诞日。作为儿子的张子静，怎么能对母亲的生日一样的无动于衷呢？

黄逸梵这次在国内前后待了差不多有一年半的时间。张子静只要有机会回上海，就一定会来看望她，母子之间算是有了比较多的情感交流——也许说“情感交流”还谈不上，但起码已经有了一些颇为家常的对话。有一次，张子静在说到今后的打算时，就随口说：“你也是坐四望五的人了，如果有机会回国，我觉得你还是在上海找一处永久性的住房为宜，你、姑姑，还有姐姐，一起住，到那时，我再回上海来也就不必再住在旅馆里了。一家人能够团聚在一起，那该多好！”黄逸梵听了张子静的话，当即就说：“国内哪里我都住不惯，太脏了。我想过，我这一辈子，死也要死在国外，怎么也不会回国来定居了。”一语成谶，黄逸梵果真从此就没有再回来过，直至病死于异域他乡。

1948年年底，黄逸梵再次背起行囊去了国外。

黄逸梵坎坷的一生始自于一场不幸的婚姻，作为这桩婚姻的另一半，张志沂同样在经济拮据的窘境中苟延残喘。此时，张志沂早已从那栋老宅子里搬出来，与孙用蕃一起租住在江苏路285弄28号一间只有十多平方米的小房间里艰难度日。吃饭、穿衣尚且要掰着手指头算着花，自是没有多余的钱去抽大烟了。黄逸梵回国来的消息他还是从黄定柱那里得知的，张志沂听到以后似乎没有什么反应，也难怪，两人天各一方，各走各的路，她在国内还是在国外，与他何干？至于他之于黄逸梵，是住在老宅子还是搬了家，又与她有什么相干？是的，他们早已形同路人，互不相干了。

张志沂和孙用蕃的最后的栖息地

四、再续辉煌

1949年一开春，中国大地上就出现了翻天覆地的变化。4月23日，中国人民解放军攻占了南京"总统府"，从此宣告了一个时代的结束。一个多月后，5月26日，大上海宣布解放。在各种旧势力摧枯拉朽似的瓦解过程中，错综复杂的人际关系也在悄然地进行着新一轮的排列和组合。这对于习惯于离群索居的张爱玲来说，无疑是一种折磨。眼花缭乱的攀附和背叛、明目张胆的献媚与倾轧、厚颜无耻的占位和排挤、见风使舵的摇摆与张皇，直看得她胆战心惊而寝食难安。很显然，那个即将到来的新时代并不适合她。

然而，那个新时代并没有等待张爱玲适应它以后才走过来。上海解放一个多月后，由龚之方和唐大郎合作创办的《亦报》开始发行。与此同时，由冯亦代、陈蝶衣等人领衔开办的《大报》也在1949年7月正式创刊。虽然这两张创办不久的报纸算不上什么大报，但是，它的象征意义显然远远大于它的创办本身。《亦报》与《大报》的面世，一方面使敌人关于“共产党消灭文化”的谣言不攻自破；另一方面，又把当时在上海的文化人立即吸引到“文管会”的旗下来。

上海解放前夕，张爱玲刚刚完成了由桑弧构思的电影剧本《哀乐中年》，1949年2月，作为“文学者丛刊”之一，《哀乐中年》由上海潮锋出版社刊发了单行本。这时候，虽然剧本已经公开出版，但电影却尚未拍摄完毕。张爱玲没能等到她的第三部电影获得广大观众的认可，就在自家的窗口看到大街上成千上万的市民拿着小红旗立在路边迎接解放军进城了。虽然经历了和胡兰成交往后给自己带来的种种麻烦，张爱玲仍然无法明白什么是政治，她与政治似乎存有天生的隔膜。她不知道眼前的一切对她预示着什么，也不知道她在新的形势下该做些什么。她只是一如往常地提篮子上街买菜，一如往常地构思和写作她的小说。当然，她也不是完全的闭目塞听，虽然不曾主动与外界联系，但许多关心她的文化人还是一直惦记着她，其中就包括龚之方和唐大郎。

龚之方和唐大郎合作创办的《亦报》是上海解放初期最具影响力的报纸之一。该报连续刊载文化名人的经典文章成为一种无形的号召力，将许多热爱文学的热血青年和追求上进的进步市民都吸引过来。在决定进一步拓宽名人效应的过程中，龚之方和唐大郎同时想到了张爱玲。

但第一次登门拜访却没有成功，张爱玲已经搬离了原来的住地。后来几经打听，才知道她与姑姑张茂渊已经搬到了派克路的卡尔登公寓。她们搬家的时候没有向任何人打过招呼。因此，重华新村的那些老邻居谁也不知道她们到哪里去了。

龚之方和唐大郎不请自来之后，张爱玲颇觉诧异，她不知道他们是怎么会跟踪到派克路来的。龚之方开玩笑说，因为你的身上有一种有别于一般人的气场，而我们又握有破解你的气场的钥匙，于是就一路跟踪着找来了。

当龚之方言归正传向张爱玲约稿的时候，她却表现出十二分的犹豫。

张爱玲说，若说可以连载的小说，目前她的手头就有现成的一部。但是，她一时还看不明白眼下的形势，这样的东西发表出去不知道会不会给新创办的《亦报》带来什么麻烦。另外，她也担心在目前的敏感时期自己出头露面，会不会招惹来一些不必要的烦恼。毕竟战后“女汉奸”公案的影响还在，许多不明真相的人对她仍然心存芥蒂，此时再去扬名立万，显然有点不合时宜。

龚之方说：“你的第一个担心完全没有必要，我们向你约稿是经过深思熟虑的，你在我们的报纸上发表文章，只会给报纸增色，而不会带来任何麻烦。至于第二个担心，照我看也没有必要，你是不是汉奸，历史自有公论，不是靠谁随便造个谣就可以定性的，浊者自浊，清者自清。我倒觉得，能够公开发表作品本身就是对自己的一种平反，你不必存有什么心理负担。”

张爱玲到底被龚之方说服了。这一方面固然是因为龚之方出色的口才，但另外，张爱玲此时正急需一些进项来贴补家用，也是不容忽视的原因。

虽然答应了稿约，但有个细节，张爱玲仍然坚持不肯让步，那就是：发表时不能署名“张爱玲”，而只能使用笔名“梁京”。

对于使用笔名连载小说，龚之芳自是很难接受。报纸本来就是想利用“张爱玲”的名气来扩大影响的，现在一旦用笔名而不用真名，岂不是徒劳无功了吗？龚之方把自己的想法毫无保留地告诉了张爱玲，但张爱玲却不肯妥协。最终，龚之方只好投降。为了挽救张爱玲不用真名带来的损失，报纸在连载她的作品之前接连几天都用广告的形式介绍了“梁京”其人，把“他”在文学上的成就及其艺术风格都进行了详细的推介，以资形成“千呼万唤始出来”的效果。

于是，张爱玲在《亦报》上连载了将近一年的长篇小说《十八春》，就使用了叫做“梁京”的笔名。

1951 年 11 月,《亦报》刊发的《十八春》封面,当时张爱玲用的笔名是"梁京"。

《十八春》是张爱玲创作的第一部长篇小说。它的发表,标志着张爱玲在文学创作上跃上了一个新的台阶。它对于张爱玲来说,其意义自是不言自明的。

《十八春》围绕着顾家一对姐妹的命运和矛盾纠葛展开故事,成功地塑造了曼桢、曼璐、沈世钧、祝鸿才和张慕瑾等人物形象。与她的其他小说作品一样,故事的主人公仍然是女性,而人物的命运变化也始终围绕着家庭、婚姻、情感等元素渐次展开。在各式各样的矛盾纠葛中,由诸多突发事件和性格纠结而形成的人物命运的嬗变,结构出光怪陆离而五彩缤纷的画面,从而给读者留下了极其丰富的思考空间:曼桢是一个美丽善良而又富有牺牲精神的好姑娘。由于父亲早逝,家庭经济一下子陷入捉襟见肘的窘境。曼桢的姐姐曼璐,为了养家糊口,也为了妹妹曼桢能够有个好前途,她不得不主动放弃自己对爱情和事业的全部追求,而到欢场去寻得一份屈辱的工作,最后沦落为舞女和娼妓。曼桢眼看着姐姐为了这个家做出的巨大牺牲,暗自下决心刻苦读书,立志要为自己争取一个光明的未来。不久,曼璐和股票投机商祝鸿才结婚,奢望能够过上富足的生活。曼桢从学校毕业后,到一家工厂去上班,希望有一天能够独自承担起重振家庭经济的担子。上班后不久,她就结识了同事沈世钧,并且和沈世钧谈起了恋爱。由于沈家的经济条件并不太好,为了减轻恋人的心理负担,曼桢一直有意将婚期向后推延。这时,曼璐的脸上已经出现了永久性的皱纹,长期过度的夜生活使她提前进入了衰老期。祝鸿才是个好高骛远、性格狡诈的色鬼,虽然他和曼璐是夫妻,但却一直垂涎曼桢的美貌。曼璐看在眼里,着意防范,一直使祝鸿才的阴谋未能得逞。后来有一天,曼桢到南京沈家去做客,无意间被沈父认出她是当年被他玩弄过的舞女曼璐的妹妹,沈世钧居然和一个舞女的妹妹谈恋爱，这让沈父极为愤怒。事有凑巧，曼璐之前的未婚夫张慕瑾因事去顾家，看到曼桢已经长成一个亭亭玉立的大姑娘，不禁垂涎三尺。联想到自己已经不被任何一个男人看好，曼璐顿生妒意。她决心用牺牲曼桢的代价来换取自己的地位。曼璐巧施小计，让曼桢怀上了祝鸿才的孩子，从此将她囚禁在祝家。同时，她又让沈世钧相信曼桢已经与她昔日的恋人张慕瑾结了婚，使沈世钧一怒之下和亲戚石翠芝完婚。后来，曼桢由于难产住进了医院，并借机逃出了医院，终于摆脱了祝鸿才的纠缠。在外漂泊多年，曼桢得知曼璐已经去世。后来，她的儿子生了病，又主动回到祝家来，并与祝鸿才结了婚。但这桩婚姻未能维持多久，两个人又分道扬镳。解放后，这对冤家又在沈阳重逢，从此投身到新中国的建设中去。

长篇小说《十八春》的问世，充分地证明了张爱玲已经具有驾驭复杂的故事结构和人物命运的功力，同时也可以看出她的心智渐趋成熟，对于小说故事背景的描述也具备了相当的力度。但也正因为如此，我们依稀可以看出她在新时期捉襟见肘的政治判断能力和左支右绌的从众心理。事实上，张爱玲的世界永远只是一个"家庭"的格局，她的视野也从来没有越过个人主义的藩篱。她在自己营造的小说世界里也许是一个能够指挥千军万马的女皇，但是在现实生活中，她却只是一个就连柴米油盐都无以沉着应付的羞涩的小姑娘。因此，当她企图在小说里展开宏大的社会图景的时候，力所不逮的弱点就难免暴露无遗了。其实，张爱玲对于上海和香港之外的世界，几乎是一无所知的，即使是上海与香港，她的了解也仅仅局限于社会与家庭伦理的层次，作为一名个人主义者，张爱玲对于"众人之事"的"政治"的隔膜几乎是与生俱来的。"投身到新中国的建设中去"，怎么"投身"？空洞而做作。这哪还是张爱玲？

但不管怎么说，《十八春》在《亦报》连载以后，总体反响还是不错的。虽然有些读者不满于张爱玲刻意迎合时代的那个"光明的尾巴"，但鉴于小说整体上的艺术造诣，毕竟可圈可点，故仍然不失为张爱玲小说创作上的一个里程碑。

小说连载结束以后，龚之方又让张爱玲对作品稍作修改，由《亦报》刊发了单行本，销路颇为不俗。趁热打铁，《十八春》的单行本出版不久后，张爱玲又开始在

《亦报》上连载她的另一部小说《小艾》。与《十八春》一样,《小艾》的前半部分十分精彩,可到了后半部分,又落入同样的窠臼,成为无以挽回的败笔。

《小艾》写的是一个普通女佣将近三十年的人生历程。小说的前半部分写小艾自小到大在席家的生活经历,张爱玲写得是得心应手,以她对封建家族的熟悉程度,挥洒自如地向读者展示了席家上上下下、尊卑老幼不同的生存状态和命运差异,可谓栩栩如生、跃然纸上:小艾七八岁时被卖到席家,给五太太当丫鬟,这个五太太,虽然在席家并不得宠,屡遭冷落,但她却在小艾面前作威作福,不可一世,以此来弥补她由于失宠而带来的心理落差。小艾每天都在盼望自己快点长大,以为长大后既可以自立,又可以像五太太一样对别人颐指气使。但等她真的长大成人,更悲惨的命运却早在前方等着她:兽性大发的五老爷竟然强奸了她,导致她怀了孕。怀了孕的小艾受到席家人更多的虐待,更被五老爷的一个小妾打得流产。流产后的小艾不仅得不到休息,而且还要去干更多的活,最终落下了病根。故事写到这儿,张爱玲忽地笔锋一转,开始在她完全陌生的领域里随意杜撰和编造故事:小艾命运的转变始自于全国解放,不仅身体健康得以恢复,而且组建了幸福的家庭,更有了一份满意的工作。她与印刷所的工人冯金槐相亲相爱,生儿育女,终于迎来了崭新的生活。

事实上,随着社会大变革而使命运得以改变的普通人成千上万,即如小艾,也确实可以因为那场社会变革迎来全新的生活。我们之所以觉得张爱玲的描写是不足为信的,倒不是怀疑小艾没有改变命运的机会和能力,而是在张爱玲标签化的叙事过程中发现了破绽:小艾改变命运不是源自于她的性格发展的轨迹,而是小说作者通过被剥离了的外部事件的发生而强加在主人公身上的,因而不仅是生硬的,而且是突兀和不可信的。这便表明,不管一个作家具有多么出色的艺术才华,只要他或她不是依照事物的本来面目去结构故事,对人物命运的安排采取随心所欲的移植和嫁接,他或她就无法用其作品打动和说服读者,因此也就不可能获得读者广泛的认同。事实也正是如此,《小艾》发表以后,几乎没有产生什么社会影响,无论是普通读者还是书评家,对它一律采取了视而不见的冷漠态度。

第十一章 漂泊海外的艰难谋生

一、二下香港

1950年7月，新中国成立后上海第一次文代会胜利召开。张爱玲作为上海文艺工作者七百余名代表之一出席了会议。

张爱玲参加文代会，当然是实至名归。然而就大局而言，却是新社会对于这位文学天才第一次正式的接纳和表态，其意义不可小觑。但作为一个当事者，张爱玲本人却未必怎么看重这种荣誉。

参加会议的第一天，张爱玲并没有像大部分女代表那样穿着对襟的大翻领制服，而是一袭浅色的旗袍上外罩一件白绒线编织的网眼套衫。

这种装束，在张爱玲自己看来，也许是再平常不过了，然而在那样一群差不多整齐划一的“标准服装”之间，其扎眼的程度当是不难想象的。

张爱玲为什么要在出席那样一个会议时穿着与众不同的服装？其思想动机今天我们已经无法猜出，但根据她在着装上一贯的做派，标新立异，追求突兀，不肯向世俗的流行趋势屈服的性格，也许是她选择旗袍的主要因素。

很显然，这一次她并不是特意要让七百位与会代表都把目光聚焦在她身上，而仅仅是一种着装惯性的自然流露，并没有什么隐藏的深意。事实上，她穿旗袍也可能是不得已而为之的无奈之举。因为在她的衣橱里，的确找不到一件合时合意的“标准服装”，能够穿出门的，似乎也只有旗袍了。

当然，我们也不能完全否定张爱玲“有意为之”的可能性，理由只有一个：因为她是张爱玲。

大凡和张爱玲有过一面之缘的人，没有人会在她的穿衣打扮上无动于衷。张爱玲酷爱的穿着打扮向来不仅仅停留在“奇装异服”的层次上，她的衣着，从款式、用料到色彩，在在都追求与众不同。当年她的小说集《传奇》出版印刷，她到印刷厂去校对稿样，由于着装过于惊世骇俗，竟至于闹得整个印刷厂都停了工，上班的工人一律停止了手头的工作，齐刷刷地拥过来看稀奇。女作家于青说：“张爱玲追求的不是流行服装，而是别出心裁，设计出能体现匠心的文化服装。之所以说她的服装是文化服装，是因为她在色彩和款式的爱好上，体现出与她的小说、散文统一的格调和倾向，中西结合，古今并举。在大俗大土的色彩下，却洋溢着古老文明才能熏陶出来的文化的雅趣与韵味。”据和她生活在同一时代的女友潘柳黛回忆，她说张爱玲的着装永远强调的是古典美，是将服饰向世纪前闪回的倒行逆施，“她着西装，会把自己打扮成一个十八世纪的少妇；她穿旗袍，会把自己打扮得像我们的祖母或太祖母，脸是年轻人的脸，服装是老古董的服装”。其实，张爱玲在服装上的标新立异还不仅止于此，她还同时强调服装色彩上的出新和出奇，她偏爱那种鲜明而又参差对照的颜色，什么柠檬黄、大红、葱绿、桃红、士林蓝，等等，都是她选择衣料时的首选。

如果说，着装上的与众不同还只是一个表象的话，那么，张爱玲在心境上和与会代表们的差异，就是属于思想和精神层面的大异其趣了。她不仅没有像大多数代表那样，认真检讨自己长期浸润在旧社会所沾染上的“不良习气”和“落后思想”，而且就连泛泛的表态“忏悔”都没有。因此，她就于无形之中将自己孤立于这个群体之外，不是设身处地地“身临其境”，而只是一个“旁观者的角色”。

这是不被容许的。

极端地说，这也是不能容忍的。

张爱玲可能已经意识到危险正一步步地向她逼近，她必须对自己的前途和命运做出果断而理智的选择。

选择是唯一的:去,或者留,二者必居其一。

选择留,也就一如选择了危险。至于去,则有一个“去哪里”的问题。“去哪里”有两个现实情况需要面对,一是“哪里”可以“去”,二是“去”了以后怎么生活,她的手头毕竟没有什么积蓄可以任其支配。

这样一梳理,她几乎只有一个地方可以去,那就是香港。因为她赴港完成因战争而中断的学业将是她离境最好的借口。

好在解放初期对于离境人员的政治审查很不严格,张爱玲居然非常顺利地办完了一切所需的出境手续。

就在张爱玲赴港后不久,上海的《亦报》就宣布停刊。接着,上海的报纸、杂志进行了一连串的整顿与重组,合并的合并,改组的改组,外迁的外迁,停刊的停刊,虽然《文汇报》、《新闻日报》和《新民报》等几家报纸得以保留,但其编辑方针也进行了大刀阔斧的改革,特别强调了“办报的党性原则”,既如是,像张爱玲这样的作家,当然是绝对没有资格也没有可能在诸如《文汇报》这样的报纸上发表作品的。

长期以来,张爱玲一直是以当地的报纸、杂志为其立身之本的,如今没有了发表作品的园地,这对于她当然会是致命的。今天回过头来看张爱玲决定离境赴港的这一抉择,不能不说是一个最具远见卓识的上上之策。退一步说,即使那时她有机会发表作品,也不是长远之计,因为其后接踵而至的政治运动,随便哪一回把她选定为“运动对象”,都会给她带来灭顶之灾以致万劫不复的。就此而言,张爱玲是幸运的。

三十二岁那年,张爱玲离沪,她是决定再也不回来的,就真的再也不回来了。

1952年7月,张爱玲离沪赴港。临行前,她没有向任何人告别打招呼,只是与朝夕相处多年的姑姑张茂渊约定：为了不要因为她的离境给张茂渊带来一些不必要的麻烦，她们在相当长的一段时间内都不要再有任何通讯联系，待国内政治局面进一步明朗化以后再作计议。

多亏母亲黄逸梵的朋友吴锦庆鼎力相助，张爱玲赴香港大学复学的手续办得十分顺利。吴锦庆夫妇都是港大的教师，与港大文学院的院长贝屈(Mr. G. B. Birch)很熟。贝屈十几年前教过张爱玲，对她多少也还有点印象，当张爱玲在上海给他写信，提出复学的请求时，贝屈表现得颇为积极，他让她首先到校方办理好注册手续，以便获得入港签证，他特别提醒张爱玲，“取得学籍是第一位的”。

二、焦头烂额

依据贝屈的指点，张爱玲到港后，入学的诸般手续很快就办理停当了。由于无须交纳学费和住宿费，而且原有的奖学金也照常发放，这让一时没有经济来源的张爱玲大大地舒了一口气。

但是，张爱玲并没有因此而稍感兴奋。当她拿着书本走进课堂，眼看着前后左右一张张稚嫩的面孔，耳听着讲台上的教授老生常谈的唠叨时，她怎么也找不到当年做学生时的感觉了。在将近两个月的时间里，她几乎没有认真听过一堂课。虽然她竭力假装出仔细做笔记的样子，其实大多的时候都是在纸上随意瞎画些人像侧影什么的。

她对这样的生活状态不仅是厌恶的，而且感到些微的恐怖。如果长期这么无休无止地浪费生命，不仅自己的前途渺茫，甚至连离校后的生计都要成为问题。

她把自己目前的处境和心情都写信告诉了此时正在日本的炎樱，炎樱回信时对她说，与其像目前这样在香港耗着，不如到日本来寻找一份适合于她的工作更划算些，并且告诉她说，只要张爱玲答应来日本，她可以托人为她搞到一张入境签证。来与不来，都让她早做决定，因为再过几个月，她就要到纽约去定居了。

收到炎樱的来信后，张爱玲的心动了。虽然对于到日本后是否可以找到“一份适合于她的工作”没有一点把握，但是，与其像现在这样在香港虚度岁月，不如冒险到日本去碰碰运气，万一能寻个工作，也不失为对人生赌局的一次赢牌。

就是带着碰运气的心理，张爱玲于1952年11月初向港大校方正式递交了一份退学申请书。

此时，校务委员会正在讨论是否继续向她提供奖学金的问题。作为文学院院长，贝屈据理力争，努力为张爱玲能够顺利拿到这份奖学金而慷慨陈词。

香港大学

但令贝屈意想不到的是，张爱玲居然在这个时候向校方递交了退学申请书！老头子愤怒了！他简直不能理解张爱玲此时决意退学的“荒唐举措”，在贝屈看来，能够在一个不需要任何经济支出的环境下完成未尽的学业，这是千载难逢的好机会，张爱玲怎么能说放弃就放弃了呢？老头子是个善良的长者，他希望张爱玲能够“迷途知返”，但张爱玲却不为所动，“固执己见，一意孤行”。她认为，自己既然已经做出决定，就当义无反顾，否则也许要遗憾终生。

1952年11月中旬，带着美好的愿望和一颗忐忑不安的心，张爱玲由港赴日，自己为自己祝福，但愿能在那个陌生的异国他乡找到一条生路。

在日本，炎樱天天陪着张爱玲到处找工作，可三个月下来，却一无所获，似乎没有哪里需要张爱玲这样的人。

事实上，慢说在日本，即使是在世界的任何一个国家，张爱玲所能胜任的职业都是极其有限的，她除了具备驾驭中文和英文的能力之外，其他几乎概无所长。而张爱玲所“具备”的这种“能力”，却并不是战后经济恢复期的日本社会所急需的。因此，她在日本求职的四处碰壁并非是偶然的“不走运”，而是一种客观的必然结果。

怎么办？找不到工作就没有收入，没有收入就无法继续在日本待下去，她该去哪里呢？内地她不想回，其他国家又去不了，她不可能还有别的选择，于是，张爱玲带着沮丧的绝望心情，不得不重又回到了香港。

可是，香港又有哪里是她安身立命之地呢？两手空空，举目无亲，望着维多利亚港湾湛蓝的海水，张爱玲但觉前途渺茫，不知所往。

在走投无路的状况下，她只能硬着头皮再到港大去碰碰运气。

经过两天的思考，张爱玲拟定了一份措辞谨慎的复学申请书，带着憖憖的侥幸心理，她期盼着校方能够给她一个满意的答复。然而，公正地说，对于张爱玲的这份不情之请，校方的拒绝是理所当然的。

港大是一所校风严谨的高等学府，哪能像菜市场似的想来就来、想走就走呢？贝屈更有一种被愚弄的感觉，他不仅不愿意帮忙，而且公开对张爱玲说，即使有人同意张爱玲复学，他也要提出公开的反对意见。贝屈的态度彻底粉碎了张爱玲企图在港大复学的最后一线希望。虽然为了这次复学申请，她把母亲给她的一件颇为值钱的古董送给了贝屈，但是，她的贿赂到底没有发生作用，老头子首先无法自己说服自己。

在如此走投无路的情况下，唯一值得庆幸的是她还不至于流落街头——作为一个未完成学业的准学生，她还可以继续住在港大的学生宿舍里。于是早出晚归，张爱玲开始了新一轮找寻工作的尝试。但不久，港大就住不下去了，她只好搬到女青年会去暂住。

也许是功夫不负有心人吧，东南亚英国专员公署看中了张爱玲，决定录用她担任翻译。由于当时张爱玲在填写表格时将住址写成“港大女生宿舍”，专员公署派人去查，港大竟然说她有共产党间谍的嫌疑，理由是这个人来自内地，战后“以复学为名来到香港，却又在几个月后莫名其妙地退学去了日本，其人背景复杂，行踪诡秘，很是可疑”——香港大学的这一番说辞可让张爱玲吃足了苦头，专员公署的翻译当不成尚在其次，要命的是香港警察局也据此插进来一杠子，接连传讯了张爱玲三次。

面对穿制服的香港警察直接接受问讯，那种局促和尴尬是不难想象的，但为了证明自己的清白，她又不得不三番五次地重复诉说“自己的历史和经历”。

还好，警察局的“审查”最终也没个结果，最后只好以“存疑”归档，张爱玲终于结束了长达半年的“神经紧张期”。

三、柳暗花明

就在张爱玲感觉“山重水复疑无路”的时候，她的命运忽然出现了“柳暗花明又一村”的转机。经人介绍，她得以进入“美新处”担任翻译工作。

“美新处”的翻译工作大体分为两类：一类是负责翻译反共色彩浓厚的书籍、文章和资料，其取舍标准强调的是意识形态领域的倾向性；另一类则是选取一些努力淡化意识形态倾向的书目，诸如翻译世所公认的经典名著、各国历史和地理以及现当代的小说和剧本，等等。张爱玲负责翻译的作品就是属于后者。

“美新处”是当时美国政府派驻亚洲的一个反共桥头堡，它的核心任务就是从事反对中国共产党的宣传工作，收集并整理相关情报，按时推出“中国报告计划”。

“美新处”的机构颇为庞杂，除了编辑出版反共报纸、杂志以外，还组织编写电台广播的各类反共稿件，包括向“美国之音”提供相关的播音文稿。同时，为了掩饰这种赤裸裸的意识形态色彩，它也组织和汇编了一些学术论文，宣扬“自由世界”的“普世价值”，强调没有国界的文化功能。

实际上，直到上班后好长时间，张爱玲也没有彻底搞清楚“美新处”这个机构到底是干什么的。她每天只是把“上面”派人送来的书籍一页一页地从英文翻译成中文，例行公事，不敢偷懒。至于书里究竟写些什么，有些直至翻译完毕她也有点糊里糊涂。当然也有例外，譬如当她翻译海明威的《老人与海》时，就感觉十分愉快，从而显得分外投入。

在“美新处”工作期间，张爱玲结识了同样来自上海的同事宋淇和邝文美夫妇，成为无话不说的朋友。

在与宋淇夫妇的一次交谈中，张爱玲得到了一个至关重要的消息：不久前，美国政府颁布了一个“难民法令”，允许世界范围内少数学有特长的人士入境，这些被允许入境的专家学者，不仅将成为永久居民，在条件成熟的时候，还可以申请加入美国籍。远东地区最近三年分配到五千个名额，目前，“美新处”正处于“摸底排查”的初始阶段。

张爱玲听到这个消息后非常兴奋。她知道，她的“特长”是创作小说而不是从事英文翻译，假如她的这一“特长”得到确认，那么，她的后半生也就有了着落，而不至于像眼下这样，寄人篱下，苟且偷生，干一种自己并不热爱的工作。

她意识到，仅仅凭她以前在内地出版的几本书，未必能够得到英语世界的承认，于是她开始了一个大动作：着手创作英文长篇小说《秧歌》(*The Rice Sprout Song*)。

在正式进入创作状态之前，张爱玲首先拟定了整部小说的故事梗概。她把这个梗概拿给“美新处”的处长理查德·麦卡锡过目，希望听听他的意见。麦卡锡是一位主修过美国文学专业的“中国通”，虽然自己不搞文学创作，但对文学作品却具有很高的鉴赏能力。令张爱玲甚感欣慰的是，麦卡锡对她的小说构思表达了极为赞赏的态度，不仅提了一大堆“进一步完善作品的宝贵意见”，而且还当即表态说，小说《秧歌》的出版将获得“美新处”的资助。

麦卡锡的大力支持立即解除了张爱玲的全部后顾之忧，于是，她便立即心无旁骛地投入到这部长篇小说的创作之中来。

《秧歌》描写的是一个农村和农民的故事。以解放初期上海郊区“土改”运动为背景，围绕着金根一家的悲惨遭遇而展开故事：金根是一位老实巴交的农民，勤劳善良、朴实憨厚，有一身拿手的务农本领，曾被推举为劳动模范，是个农民积极分子，但家境却一直贫寒，衣衫褴褛，寅吃卯粮。解放前，他的妻子月香一直在上海城里给人家帮佣，以微薄的收入贴补家用。为了响应“土改”工作队的号召，月香主动放弃了在城里帮佣的工作，回乡参加农业生产。月香回家后，邻居们都以为她在城里发了财，纷纷上门来告帮借贷，月香有苦难言，邻居们一走她就悄悄地掩面而泣。眼看着一家吃不饱穿不暖的苦日子，她很懊悔自己为什么要从城里跑回家来，害得女儿阿招天天喊饿。年关快到了，不仅金根一家，全村每家每户都为无钱过年而发愁。偏偏在这个时候又有了坏消息：村干部规定每一家都要在年前拿出半头猪和四十斤年糕来慰问军属。这真是屋漏偏遭连夜雨，船迟又遇打头风。原本家家都揭不开锅盖，自己一家老小的肚子都填不饱，如今村干部却一味讨好上级，要让每家每户拿出“半头猪和四十斤年糕”来慰问军属，如此雪上加霜，不是明明不让人活吗？官逼民反，终于，村民们与村干部发生了激烈的对抗，继而不顾一切地哄抢粮仓。村干部下令民兵开枪，结果酿成了流血事件。混乱中，阿招被人群踩死，金根则受了重伤，为了不至于连累家人，他悄悄地死在山林中。失去了丈夫和女儿的月香在极度的痛苦中孤注一掷，一把火烧掉了粮仓，自己也同时葬身于火海之中。这一切结束后，村民们仍在村干部的带领下备齐了猪肉和年糕，扭着秧歌去给军属拜年。

张爱玲编造的这个故事一如天方夜谭，既不着调，也不靠谱，全凭她的一支笔随意杜撰，破绽百出，许多地方就连作者自己也无法自圆其说。

由于张爱玲对农村生活一无所知，对于发生了社会大变革以后的农村更加完全陌生。因此，作品中所描述的农村和农民都被彻底地歪曲了：经过“土改”以后的农民，虽然拥有了地契却无任何喜色，既得不到温饱，也毫无尊严可言，以致被迫给军属送礼拜年，结果闹得夫妻争死、放火烧毁仓库的悲剧下场。

事实上，发生在20世纪中期的那一场土地革命，不仅第一次成功地解决了几千年来从未解决过的农村的土地问题，而且也是第一次使地道的农民真正拥有了属于自己的土地。众所周知，说到底，中国革命的核心问题就是土地问题，土地问题的圆满解决，也就宣告了新民主主义革命的胜利。土地是农民安身立命的根本，获得土地的农民对于新政权的拥护不仅是自然的，尤其是发自内心的。不管从哪个角度去观察，你都不可能看不到获得土地的农民是多么的心满意足，他们的欢天喜地是理所当然的。怎么可能会像《秧歌》中描写的那样，有了土地的农民反而会是“愁眉苦脸和面无喜色”呢？

很显然，《秧歌》的故事情节是随意胡编乱造的，而其中塑造的人物形象也统统都是苍白和概念化的。与张爱玲创作巅峰时期的小说相比，《秧歌》在艺术上简直乏善可陈，不仅显得幼稚和粗糙，而且充满了急功近利的草率。

毫无疑问，《秧歌》是张爱玲为了能够获得美国永久居住权的一次有失尊严的献媚，同时也是她从事文学创作以来最为失败的一次尝试。当然，无论是献媚还是尝试，都是张爱玲本身的一个自觉的行动。这与她本质上的意识形态倾向密不可分。

《秧歌》完稿后，“美新处”处长麦卡锡成为它的第一个读者。麦卡锡对于《秧歌》赞赏备至，说《秧歌》是一部“天才的作品”、“难得一见的上乘之作”。

当然，麦卡锡是个文学的内行人，他的鉴赏能力是毋庸置疑的。很显然，麦卡锡对《秧歌》的赞扬不是从文学出发的，他欣赏的是这部作品对于新中国建立不久的那个新政权的“杀伤力”。

正在这时，美国的畅销书作家马昆德(John P. Marquand)访问香港，麦卡锡在设宴招待马昆德时，有意让张爱玲作陪，借机将她引荐给这位普利策文学奖的得主。张爱玲虽然从未见过马昆德，但对他的作品却并不陌生。席间相谈甚欢。麦卡锡说，张女士最近创作了一部长篇小说，希望能够得到马昆德的指教。马昆德推说访港日程排得很满，就怕抽不出时间来阅读。可凑巧的是，当晚香港大雨滂沱，马昆德出不了门，就随手将床头柜上的书稿拿过来看起来。这一看不要紧，张爱玲的文学才华一下子征服了这位资深的美国佬，虽然他没有看完整部小说，但仅是前两章，就让马昆德认定《秧歌》当是“一流的文学精品”。

在马昆德的大力推介下，1955年1月，美国纽约的查理·司克利卜纳公司(Charles Scribner's)同意出版《秧歌》。

小说出版以后，包括《纽约时报》在内的许多美国报刊都发表了评论文章，就连《时代》周刊也都不甘落后，将其有限的版面留给了一篇推介《秧歌》的书评。

其实，早在《秧歌》的英文版出版之前，张爱玲已经把《秧歌》译成了中文在香港《今日世界》上连载，并且还印行了单行本。但是，《秧歌》在香港的反映平平，似乎没有像英文版在美国那样风光无限，仿佛差一点就要挤进畅销书的排行榜似的。作为移民美国的敲门砖，《秧歌》的分量似乎已经足够了。

有了《秧歌》这块敲门砖，张爱玲开始对她的“赴美之旅”做了一个意味深长的铺垫——她给远在美国的胡适博士写了一封信：

适之先生：

请原谅我这样冒昧地写信来。很久以前我读到你写的《醒世姻缘》与《海上花》的考证，印象非常深。后来找了这两部小说来看，这些年来不知看了多少遍，自己以为得到不少益处。很希望你肯看一遍《秧歌》。假使你认为稍稍有一点接近"平淡而近自然"的境界，那我就太高兴了。

这本书我还写了一个英文本，离出版，大概还有几个月，等印出来了我再寄来请你指正。

张爱玲

十月廿五

当然，对于张爱玲给胡适写信这件事，不同的人会有不同的解读。但我认为，除了惺惺相惜的预期以外，肯定与张爱玲企图在她赴美以后建立广泛的人脉也许不无关系。

有人说，张爱玲果真要建立人脉也不会选择过气的胡适。这便大谬不然。俗话说，虎死威风在，胡适在美国以至在世界范围内的影响力，可不是说过气就端的过气了的。退一步说，也许正因为他的"过气"，对于如今有人还很在乎他反而会格外的留意。张爱玲此时选择结识胡适，就她处人处事的"风格"而言，大概差不多已经算是一种务实的"聪明"了。

《秧歌》的出版固然使张爱玲移居美国变得容易，但是，"美新处"也似乎更加看好张爱玲的身上还有"潜能"可用，于是给她布置了一个新的任务：以"土改"、"三反"和抗美援朝这三件大事为背景，创作一部丑化和抹黑新中国的长篇小说。

胡适博士

当张爱玲拿到一份打印好的"写作提纲"时，她的心情坏到了极点。她不觉得那是在搞创作，而是背负着枷锁跳舞。《赤地之恋》就是在这样的背景下像挤牙膏一样一点一点地变成文字的，胡编乱造，无中生有，终于敷衍成一部无以自圆其说的"遵命文学"的样本：一群大学生被分配到北方农村参加"土改"，刘荃和黄绢在工作中从相识到相恋。后来，刘荃奉命去上海宣传抗美援朝，受到牵连被判处死刑。黄绢救出了刘荃。刘荃出狱后加入抗美援朝部队，又做了战俘，为了报答黄绢，遣返后又回到大陆来。

《赤地之恋》是张爱玲所有作品中最缺少艺术感染力的一部小说，也是受到诟病最多的一件作品。如果说《秧歌》是一部不尽如人意的劣作的话，那么《赤地之恋》就差不多是一个无可挽回的败笔了。

《赤地之恋》出版以后，张爱玲终于算是向"美新处"交了差了。

但是，这个"差"确乎"交"得太沉重了。虽然"美新处"迫不及待地出版了英文版和中文版两个版本，但销路却一直不好，中文版多少还卖出了一些，而英文版则一直堆在书店的仓库里乏人问津。更糟糕的是，它对张爱玲本身造成了无法弥补的伤害，有人甚至怀疑她的艺术创造力是否已经枯竭了。一位多年从事中国现代文学研究的海外学者甚至公开著文，认为《赤地之恋》的作者"张爱玲"不是写《金锁记》的张爱玲，前者是在盗用"张爱玲"的名字沽名钓誉。其理由只有一个：真正的张爱玲不可能写出像《赤地之恋》这样"没有一点艺术含量的低劣之作"。

但这位学者显然太武断了，事实上并没有谁冒充张爱玲的名字沽名钓誉，《赤地之恋》确确实实出自写作《金锁记》的那个"张爱玲"之手。历史在这里发出了狡黠的一笑：一向特立独行的张爱玲也有受制于人的时候！

《赤地之恋》出版后不久，张爱玲就从女青年会搬出来，自己单独租住了一间只有十多平方米的斗室，继续着赚取生活费的零零星星的翻译工作。她整天待在那样一个徒有空空四壁的房间里，于难耐的焦急中等待着尽早赴美的签证。好在麦卡锡已经答应做她的入境保证人，签证的签发只是迟早的事。

她似乎也确实应该离开香港了。

第十二章 人到中年的颠沛流离

一、结识赖雅

1955年秋天，张爱玲结束了在香港三年的艰难岁月，搭乘克利夫兰总统号邮轮(President Cleveland)赴美。至于到美国后将有什么样的命运在等着她，张爱玲心中其实是没底的。虽然她打算仍以写作为生，但与此同时，对于在美国是否仅仅依靠写作即能养活自己她又没有把握。在轮船上，她几乎无时无刻不被这些问题困扰着，但想来想去终是没个答案。后来，她索性也就不去胡思乱想了。反正现在已经在赴美的旅途中，不管前面是康庄大道还是刀山火海，她也只有“坦然面对”这一招了。“当了过河卒子，只有拼命向前”，俗话说，开弓没有回头箭，已经走到这一步，瞻前顾后还有什么用呢？她这一生，似乎只能在前途未卜的迷茫中一步步往前摸索着走下去了。她做不了自己命运的主。

11月中旬，克利夫兰总统号抵达美国檀香山。此时，炎樱正在纽约等着她。炎樱知道，张爱玲到了美国以后，第一个需要面对的问题就是“住在哪儿”。张爱玲在香港时，她们通过电话，炎樱告诉她，车到山前自有路，只要到了美国，就不会让她露宿街头。办法总会有的。

炎樱在纽约有不少朋友，在朋友的帮助下，张爱玲在救世军(Salvation Army)办的职业女子宿舍里找到了一个暂住的地方。

救世军是专门负责救助贫民的，居住在那里的人不是穷困潦倒的醉汉和孤苦无依的鳏夫，就是贫病交加的寡妇和性情古怪的老妪。作为一个救助机构和收容单位，它的服务对象显然不应该包括像张爱玲这样刚刚三十出头的少妇，它只能是一个临时居所，她必须尽快为自己找到一个可以工作和学习的地方。

一个星期后，张爱玲携炎樱一起登门拜访胡适。胡适对张爱玲极为客气，对于面前这位张佩纶的孙女，甚至还有几分恭维的成分。交谈中，胡适几次提到李鸿章和张佩纶，他对于张爱玲的祖父母在南京的宅邸似乎还曾研究过，说得头头是道，真实得一如亲历。其实，张爱玲从来没有去过南京，更别说祖父母居住过的那个大宅子了，因此只好一边静静地聆听着胡适绘声绘色的描绘，一边不停地点头以表示对主人的尊重。

胡适是个礼数很周全的谦谦君子，距离张爱玲登门拜访后不久，胡适居然忽然赶到她的住地来"回访"她，搞得张爱玲措手不及，十分狼狈。

救世军职业女子宿舍逼仄得仅可容身，连个可以落座的地方都没有，况且在那样一个乱糟糟的环境里，怎么去接待这样一位尊贵的长者？可胡适倒无所谓。张爱玲把他带到距离住地不远处的一个"客厅"里。这个"客厅"是一个破旧的大礼堂，紧挨着墙边有个讲台，讲台旁边摆放着一架落满了灰尘的旧钢琴，讲台底下则零零落落地摆放着几只旧沙发，沙发的面料已经辨不清是什么颜色，由于里面的弹簧有的已经断裂，因而显得凹凸不平。他们在这里坐了一会，胡适便起身告辞，张爱玲也无从挽留，就把他送到大门口。这一别，也就成为这两位中国现代文学史上的名人的永诀。

由于救世军职业女子宿舍只是一个临时住地，长期居住是不被允许的。因而在1956年2月，张爱玲只好给麦克道威尔文艺营寄去一份申请书，希望得到文艺营的帮助：

亲爱的先生/夫人：

我是一个来自香港的作家，根据1953年颁发的难民法令，移民来此。我在去年10月份来到这个国家。除了写作所得之外，我别无其他收入来源。目前的经济压力逼迫我向文艺营申请免费栖身，俾能让我完成已经动手在写的小说。我不揣冒昧，要求从3月13日到6月30日期间允许我居住在文艺营，希望在冬季结束的5月15日之后能继续留在贵营。

张爱玲敬启

3月2日，张爱玲的申请获批。3月中旬，她乘火车离开纽约到达波士顿，辗转来到麦克道威尔文艺营。

麦克道威尔文艺营位于新罕布尔山中，由四十多所房舍组成，有二十八个彼此独立的工作室。文艺营拥有一座图书馆，还有一个社交中心可供居住者共用。

在这里，张爱玲不仅有一个舒适的住处，而且还拥有一间自己的工作室。她感觉很满意。但美中不足的是这里的可恶的气候，动辄零下二三十度。这样的寒冷天气对于过敏体质的张爱玲来说，无异是一种折磨。此时，她正在创作一部英文小说*Pink Tears*（《粉泪》），这是一部以《金锁记》的情节为结构基础的重新创作，虽然写得辛苦，但总体还算顺手。假如不是遇到了这样的鬼天气，她会写得比现在还要快十倍。

3月13日，这是一个值得纪念的日子。在文艺营的社交大厅里，张爱玲第一次见到了同在这里从事创作的美国著名戏剧家甫德南·赖雅（Ferdinand Reyher）。

赖雅的父母都是德国人，移民美国后生下了赖雅。父母在世时，赖雅的家庭十分富有，快乐的童年和无忧无虑的青年时代成为他永远美好的回忆。赖雅早慧，这一点和张爱玲相若。五六岁时就能即兴赋诗。十七岁考进宾夕法尼亚大学文学专业，在校读书时即小有文名。诗剧《莎乐美》（*Salome*）更使他一跃而成为远近知名的青年作家，他的诗歌受到校内师生乃至全社会的热烈追捧。二十一岁时，他进入哈佛大学攻读文艺学硕士学位，在校期间，由他创作的《青春欲舞》（*Youth Wish Dance*）的剧本入选在彼得堡召开的麦克道威尔戏剧节（Mac Dowell Colony）。

1914年夏天，赖雅获得哈佛大学文艺学硕士学位，并且经由威廉·尼尔逊教授(Professor William Neilson)推荐，到麻省理工学院教授英文。可赖雅显然并不喜爱教师这个职业，他那好动的性格使他无法适应一成不变的工作。离开麻省理工学院以后，赖雅成为《波士顿邮报》驻欧洲的战地记者。第一次世界大战结束以后，他回到美国，住进纽约的格林威治村，不再寻求固定的工作，而是潜心从事创作，成为一个无拘无束的自由撰稿人。

1917年7月，赖雅与女权主义者吕蓓卡·郝威琪(Rebecca Hourwich)结婚。这是一桩不被看好的婚姻。赖雅推崇自由，他不愿意有一个“家”的无形枷锁羁绊着他。而郝威琪虽然未必也像赖雅那样厌恶“家庭”，但她信仰的“女权主义”已经足够使她自我膨胀得厉害，哪还有什么兴趣把精力放到“家”上来？由这样两个人凑合成一个家庭，无异于大海与礁石结盟，表面上看似结合为一体，其实永远处于激烈的碰撞之中。婚后，他们生了一个女儿菲丝(Faith)，这是他们这桩婚姻唯一的收获。菲丝出生后，他们就开始了聚少离多的生活，为婚姻的危机留下了足够多的时间和空隙。

从1920年开始，赖雅因为获得一笔不菲的稿费，就产生了游历欧洲的冲动，并立即付诸实施。他先后到英国、法国、德国和土耳其等地居留，游览胜地，广交朋友，直到花光身上所有的钱这才回国。

赖雅在欧洲游历期间，郝威琪也没有闲着，她将女儿交给了父母，自己却日夜为“女权事业”而奔波操劳。

不知出于什么原因，1925年，赖雅夫妇忽然发誓要过一种安稳的家庭生活了，他们到缅因州(Maine)赁了住房，设法天天厮守在一起。然而，这样的日子显然都不是他们所需要的。于是，朝夕相处的生活不仅没有弥合他们之前留下的嫌隙，相反却让原本被掩盖的分歧和矛盾得以表面化。1926年，这桩勉强维系了九年的婚姻宣告解体。

没有了婚姻羁绊的赖雅更加自由，他又踏上了游历欧洲的行程。虽然他的手头并不宽裕，但仅凭他在美国的名气，如果一时囊中羞涩，哪怕临时向一些报纸、杂志出售自己的文章也可以换来钞票。正因为如此，赖雅对于自己的作品往往缺乏精雕细琢的耐心，更别说“十年磨一剑”的恒心了。因此，他虽然堪称高产的作家，但是却没有什么精品留给世人。

1927年，赖雅在德国旅居时结识了大戏剧家托脱·布莱希特（Beetolt Brechr），两人很快成为无话不谈的好朋友。赖雅非常欣赏布莱希特的戏剧天分，对于他的戏剧理论更是推崇备至。其实，就当年他们刚结识时在世界范围内的知名度而言，赖雅的影响力是远远超过布莱希特的。尽管如此，赖雅只要一回到美国，就要不遗余力地推广和宣传布莱希特，将此当成是自己的一个义不容辞的责任和义务。

从1931年8月开始，赖雅到南加州定居，专心创作电影剧本。赖雅的才华受到好莱坞电影导演约翰·休斯顿（John Huston）等人的赏识，他创作的电影剧本，包括《艰难之旅》（*Ridind Crooked Mile*）、《斯大林格勒的好男儿》（*The Boys From Stalingrad*）等都被搬上了银幕，并获得广泛的好评，他因而成为电影圈内大家公认的“金牌编剧”，最低的月薪也不少于两千美元。但赖雅没有及时抓住这一创作的大好时机，努力在作品质量上提高自己，而是周旋于几大电影公司之间，有意让这些电影公司的制片人为了争抢到他而抬高薪资的标准。在他居留南加州的十二年间，诸如派拉蒙、哥伦比亚、米高梅、RKO等电影公司他都待过，但没有哪一家能待得长。他就像一个调皮的顽童一样欢蹦乱跳，穿梭于几大电影公司之间，以此满足自己的虚荣心和施展好动的天性。

1933年年初，由于纳粹势力逐渐坐大，布莱希特被迫逃亡到美国。此时的赖雅已经成为一个坚定的马克思主义者，对德国纳粹的大日耳曼主义自是深恶痛绝。对于布莱希特的遭受迫害，他即使不是出于对朋友的情义也一定会施以援手，更别说他们之间那种超乎一般的友谊了。他很快安排布莱希特一家到加州的圣太莫尼卡（Santa Monica）居住，并且还从自己的薪资中拿出一部分作为他们的生活费。整个二战期间，赖雅经常和布莱希特促膝长谈，交流创作体会，相互帮助、提携。

1949年，布莱希特回国后成立了柏林剧团，赖雅成为这个剧团唯一被冠以“永久团员”名号的美国人。

然而，赖雅到达德国后不久就发现，由于名气已今非昔比，“阔”起来后的布莱希特对待他这个客人似已毫无真诚可言。赖雅可受不了这样的怠慢，他毅然离开柏林剧团回国。

回到美国后，赖雅的身体亮起了红灯。由于身体不再支持他废寝忘食地创作，因此也就没有了相应的经济收入。上世纪50年代中期，当年挥金如土的赖雅已是一文不名。他只能辗转在多家文艺营暂居度日，想不到却在麦克道威尔文艺营结识了张爱玲，成就了他晚年生活的一段佳话。

当时，赖雅来到麦克道威尔文艺营可是带着一股重振雄风的野心的，他需要用自己的写作实力去重新打动那些以为他已经成为过气作家的导演们。他不是需要名气，而是需要金钱。他需要继续体面地活下去。

这一年，赖雅六十五岁，他比张爱玲整整大了三十岁。他们是在文艺营社交中心的大厅里邂逅的。几天后，由于一场突然来袭的暴风雪，住在文艺营里的作家们被堵在社交大厅里回不了各自的工作室，于是就挤在窗前向外观赏雪景。赖雅已经知道张爱玲是来自香港的一位年轻作家，到美国才六个月，就走到张爱玲旁边和她攀谈起来。也许是一种缘分，他们在极其有限的接触过程中，却各自都给对方留下了深刻而美好的印象。

半个月以后，他们就开始到对方的工作室做客，他们之间的关系，似乎已经超过那些同样住在文艺营里的一般作家的情谊。这期间，他们不仅就一般的文艺问题交换意见，而且把自己今后一段时间的创作计划都向对方公开，希望得到对方的认同。张爱玲还把英文版的《秧歌》拿给赖雅看，请他点评。一个多月后，他们之间的关系已经非常亲密，并且很快就越出了普通男女交往的界线，成为真正的情人关系。

5月中旬，赖雅住在麦克道威尔文艺营的时间到期，好在他已提前向纽约州的耶多（Yaddo）文艺营提出申请并得到批准，他可以在耶多待到6月底。那时，正好是张爱玲必须离开麦克道威尔文艺营的日子。

由于夏季入营的申请人太多，张爱玲希望在这里续住的申请没有获得批准，她只有等到9、10月份才有机会重回文艺营。在其后三个多月的时间里，她将面临无处安身的窘境。值得庆幸的是，同在文艺营暂住的女友罗丝·安德逊（Ruth

Anderson)邀请她去位于纽约市区的公寓里寄宿，算是一时解决了张爱玲无处栖身的燃眉之急。

这时，由于期限已满，赖雅也从耶多文艺营搬到纽约州北部的小镇萨拉托卡泉镇（Saratoga Springs）的一家小旅馆里暂住。

萨拉托卡泉镇是一处避暑胜地，每到夏天，这里总是聚集着很多富人。虽然赖雅如今穷困潦倒，但是他毕竟长期厮混于上流社会的男男女女之间，在这里，他遇到了不少昔日的朋友。7月5日，他忽然收到张爱玲从纽约市区寄来的一封信，在信里，张爱玲告诉他自己怀孕的消息。这个消息对于身无分文的赖雅来说，无异是一种灾难，他当即就给张爱玲写了回信，表示不能要这个还没有出生的孩子。但与此同时，他则放弃了当年与吕蓓卡离婚后发誓不再结婚的自我设限，正式向张爱玲求婚。第二天，张爱玲在电话里告诉赖雅，她翌日就会到萨拉托卡泉镇来与他见面，有什么话可以见面时再说。

张爱玲来到小镇以后，赖雅带她游览了一些景点，并且当面正式向她求婚。赖雅的求婚可能出于两个方面的考虑：一方面，作为一个男人，他理应承担起使女友怀孕的责任；另一方面，假如张爱玲果真能够接受他的求婚，也让他的晚年生活有了一份不错的保障。毕竟，张爱玲还年轻，而他的身体状况则一天不如一天，他的身边需要一位知冷知热的伴侣。

至于张爱玲答应了赖雅的求婚，似乎也有两个原因。第一，她初来乍到美国，立足未稳而举目无亲，需要找到一个依靠。赖雅虽然身体的健康状态每况愈下，创作上也很难再有什么惊人的建树，但他毕竟曾经辉煌过，在美国社会具有广泛的影响力，而且，赖雅渊博的学问和深广的见闻也是一笔财富，对于打算从此投入英语文学创作而非常需要一位导师和引路人的张爱玲来说，没有谁能比赖雅更合适这一导师和引路人的标准了，赖雅既有可能也有能力帮助张爱玲在英语世界里走得更远。第二，则是一种根深蒂固的心理需求，张爱玲自小就没有父爱，她在丈夫的选择上似乎一直秉持着“父爱”与“夫爱”并重的倾向。当年的胡兰成之所以能够打动她，正是基于对此种“倾向”的确认。现在，大她三十岁的赖雅向她求婚，又正好触碰到她情感需求最敏感和最柔软的部位，当然一拍即合，呼唤与呼应的双方都极默契，根本无须耗费什么精力去相互适应，这桩计划中的婚姻就算成形了。

说及怀孕的事，赖雅鉴于自身的经济状况已经无法抚养一个孩子，自是主张中止妊娠。而张爱玲，从年轻时就开始很讨厌孩子，自然也巴不得立即“流”了的好。一个星期后，张爱玲在赖雅的陪同下去医院做了流产手术，手术很顺利，术后似乎也无须休息，张爱玲一天也没有停止过手头的工作，也没有感觉身体有什么不适。

张爱玲一生只有这一次怀孕的记录，当她决定中止妊娠的时候，事实上也就一如宣告她此生不可能再有担当“母亲”这一角色的机会了。

流产一个月后，也就是1956年8月14日，张爱玲与赖雅举行了婚礼。婚礼虽然简陋，但应有的仪式却样样齐全。就像上一次的婚姻一样，这一回，炎樱又出席了张爱玲的婚礼，而且同样是担当了证婚人的角色。

二、首次安家

婚后，赖雅还是继续留在小镇萨拉托卡泉镇（Saratoga Springs）的这家小旅馆里，而张爱玲则回到新结识的女友罗丝·安德逊的公寓里去暂住。直到一个半月后，1956年10月，麦克道威尔文艺营接受了他们的申请，张爱玲和赖雅这才又双双住进文艺营来。

这一回，麦克道威尔文艺营允许他们夫妇俩住到次年的4月中旬。由于解决了“住”的问题，无论是张爱玲还是赖雅，似乎都有了一种松了一口气的感觉，他们开始认真地度起“新婚蜜月”来。但好景不长，赖雅又一次中风，治疗后虽稍有好转，但已经不能进入正常的写作状态。不久，赖雅又因脸部麻痹而住进了医院。在短短两个月的时间里就两次发病，足见赖雅的身体状况已经非常糟糕了。

多亏张爱玲的悉心照顾，进入新的一年以后，赖雅逐渐康复。3月20日，赖雅陪同张爱玲去纽约，与戴尔公司（Dell）商谈《赤地之恋》的出版事宜。其实，张爱玲知道《赤地之恋》毫无文学价值可言，精明的戴尔公司不大可能当傻子冒险投资，但明知不可为而为之的目的很清楚，那就是碰碰运气，万一戴尔犯了一回傻，同意出版《赤地之恋》，也可稍稍缓解一下他们在经济上的拮据状态。但就像事先预料的那样，戴尔公司虽然没有当面拒绝张爱玲的请求，而是使了个缓兵之计，说是两个星期以后公司会把结果告诉她，但张爱玲知道，戴尔公司显然不像她希望的那样傻。

3月22日，张爱玲和赖雅回到文艺营住地。一件令他们十分惊喜的好事来了：张爱玲的代理人莫瑞·勒德尔来信说，哥伦比亚公司已经同意将《秧歌》改编为剧本。这笔交易的报酬是一千三百五十美元，另外还要外加九十美元的小说翻译权的报酬，两笔相加，足足一千四百四十美元，这对于穷困潦倒的他们夫妇而言，可算是一笔巨款，一笔接近于天文数字的巨款！他们太需要钱了！

他们还没有来得及对这笔“巨款”做出规划，眼看着4月中旬又快到了。赖雅多次向文艺营提出延期居住的申请都被驳回，这就是说，他们夫妇俩必须在4月中旬搬出麦克道威尔文艺营。与麦克道威尔文艺营的态度一样，耶多文艺营也拒绝了赖雅入营暂住的请求。

怎么办？总不能露宿街头吧？他们必须立即为自己找一个安身之地。

为了觅得一处既便宜又不算太差的住地，他们几乎把彼得堡小镇转了个遍。最后，他们终于相中了一幢三层楼的公寓，这幢公寓虽然破旧些，但租金尚算便宜，不包括电费，每月只需六十一美元。当然，这六十一美元，就时价而言，确实很便宜，但对于他们来说，仍然是一笔巨大的支出，也是一个沉重的负担。但也没有办法，有一个可以遮风挡雨的住地，实在是最为基本的生活需求，再往下降低标准，那就该是与乞丐为伍了。

像这样的一间公寓房，但凡有一点固定收入的工薪阶层都不会租住的。墙面剥落，破烂不堪，到处是蚂蚁和蟑螂，墙角处的蜘蛛网上落满了各色各样死去的灯蛾和小虫。窗玻璃上厚厚的尘垢使透明的玻璃看上去像一块块灰色的木板，但破旧归破旧，单就实用性而言，这里还是不错的，无论是卫生间里的马桶，还是厨房里的灶具，几乎只要稍微修理修理，就一样可以正常使用。除此而外，家徒四壁，空空如也，就连睡觉的床铺和吃饭的桌子都没有，更别说沙发和椅子了。真的要把这里当成一个家，不仅需要花大气力打扫，更要添置必不可少的生活用品。赖雅和张爱玲分了工，前者负责到附近的“庭院摊”（Tard Sales）上去搜罗旧货，后者则专事除虫和打扫卫生的工作。

看来赖雅是个拣便宜货的能手，一个星期下来，他已经把家里所需要的物什都凑齐了，什么简易的躺椅、三合板的饭桌、木制的小床和面包烘炉，等等，都一应俱全。每次拣了便宜货回来，赖雅总不会忘记绘声绘色地给张爱玲讲一段他与卖货者之间斗智斗勇的趣事，说得张爱玲心里直痒痒，以至于她也想到庭院摊去碰碰运气。果不其然，张爱玲第一次走进庭院摊就拣了个大便宜：她只花了区区三元七角五分钱就买到了四件中意的绒线衫和一件颜色鲜艳的浴袍，回家试穿后更觉合体合身，她简直不敢相信拣到的便宜竟是真的。

但打扫卫生和除虫的工作可不像到庭院摊去拣便宜货那样轻而易举。张爱玲用旧衣服把自己包裹得像一个跳大神的女巫，拿着喷雾器向每一个可能让虫蚁藏身的角角落落里喷洒，架势利索而滑稽。赖雅看着眼前这位昔日的娇小姐，不禁大笑不止，送了她一个“杀蚁刺客”的雅号。为了让斑驳的门框和窗子等变得悦目些，张爱玲还去买来油漆，亲自动手为家具上漆。

大约一个星期以后，他们正式进入这个“新家”，算是有了第一个属于他们自己的“安乐窝”。在这个安乐窝里，他们过起普通的小镇居民一样平常的日子。赖雅的起居和一般人无异，早睡早起，日出而作，日落而息。白天除了写作，他的日常事务就是去银行取账单、到邮局寄信或到杂货店购置日常用品。张爱玲由于习惯于夜晚写作，因此，只有在下午她起床后才有机会和赖雅坐到一起说说家常话。有时，他们也会跨出家门到小镇上随便走走，但更多的时间则是利用下午的时间读点自己喜爱的书。他们的共同爱好是阅读。但美中不足之处在于：由于小镇太小，只有一万多人口，因此整座彼得堡小镇只有一家图书馆，而且藏书有限。为了读到想读的书，他们有时不得不通过本地的图书馆向新罕布尔州府康科德（Concord）转借。好在转借的手续并不麻烦，而且有求必应，他们转借图书从来没有一次落空。

彼得堡还有一家电影院，平时多在放映大城市几个月前放映过的影片，看电影成为赖雅和张爱玲夫妇最经常也是最快乐的娱乐活动。但平静的生活对于张爱玲来说总是吝啬的,刚刚有了个“家”可以安定下来,她却生病了。当然不是什么大病,还是由于其过敏体质引发的维生素B缺乏症。虽说这样的病不至于危及生命,但她却只能在床上躺着,无法继续她的创作活动。实际上,张爱玲这时已经不是为了文学上的艺术追求和扬名立万的个人建树在搞创作,而是纯粹把写作当成了谋生的手段。只要她停下手中的笔,就可能无法生存。也许正因为如此急功近利的缘故,她的作品经常遭受退稿或被拒绝出版的命运。继司克利卜纳公司拒绝出版她的《粉泪》以后,小说《上海游闲人》(*The Shanghai Loader*)又被杂志退稿。这对于以写作为生的张爱玲来说,其伤害程度绝不亚于生一场大病。

似乎也是天无绝人之路吧,东方不亮西方亮,张爱玲的作品虽然在美国本土的发表屡屡受挫,但在香港那边却行情看涨。在友人宋琪、邝文美夫妇的举荐和帮助下,张爱玲开始为香港国际电影懋业有限公司写作剧本。需要说明的是,香港国际电影懋业有限公司可不简单,在20世纪50年代的香港,它可是当地最具实力的电影公司之一,这家公司拍摄的许多影片,甚至成为那个时期亚洲电影发展的标志性产品。张爱玲能够受邀为这样一家公司创作剧本,与其说是一种荣誉,毋宁看成是拥有了一棵永不枯萎的摇钱树。为了保证电影剧本的质量,同时也是为了能有一个收视率的预期,作为一部试水之作,张爱玲没有敢贸然另起炉灶,而是将麦克斯和舒尔曼的舞台剧《温柔的陷阱》改编成电影剧本《情场如战场》(*The Battle of Love*),并摈弃舞台剧中一些看似严肃的说教,而加进去许多世俗的喜剧调料,将都市男女谈情说爱的过程调制成一席浪漫主义的盛宴,最大限度地满足了市民阶层的审美趣味。

1957年年中,电影《情场如战场》在香港上映,刚一亮相即获得了满堂彩,一举打破了香港国语片的票房纪录,在最具影响力的几大影院中,观众场场爆满,场内笑声不断;影院之外,买票进场的观众更排起了长队,构成了万人空巷的节日气氛。

当张爱玲从宋琪的来信中得知影片在香港大受欢迎的消息时,让她高兴的并不是电影受欢迎本身，而是预期可以拿到一笔可观的稿酬。所谓“可观的稿酬”，其实也只有区区的一千美元。用今天的标准去看，一千美元实在是微不足道的。但在20世纪50年代的香港，电影公司能付给剧本作者一千美元的稿酬，就似乎已经接近于天价了。而对于张爱玲来说，一千美元可以抵付一年多的房租，仿佛也算是一笔可观的大收入了。

三、母亲去世

8月底，张爱玲收到母亲黄逸梵从英国寄来的信。在信中，黄逸梵告诉女儿，她不久前得了重病住进医院，医生会诊后一致同意进行手术治疗。据她的主治医生说，手术成功的概率不高，估计这一回是迈不过这个坎儿了。

张爱玲读了母亲的来信以后显得很沮丧。这种沮丧，既不是伤心和哀痛，也不是惋惜和痛苦，而是外人怎么也揣摸不透的一种遗憾和自责，是无法兑现承诺而产生的无助的呼号。因为在张爱玲看来，她这一生是欠了母亲的债的，这主要是指她读中学和赴港学习时黄逸梵对她的“投资”。这种“投资”，在一般家庭那里，那是父母理所应当和无足挂齿的义务，但在黄逸梵和张爱玲这对母女之间却另作一说。张爱玲一直觉得母亲当年在是否应该在她身上“投资”的问题上是有过犹豫的，因此她就在心里暗暗发誓，一旦自己经济上可以自立，一定要首先把母亲黄逸梵的“投资”还清。可现在，自己已经快届不惑之年，却仍在欠着这笔账，一旦母亲这一回挺不过去而一命呜呼，那就要铸成她终生的遗憾了。张爱玲当即回了信，并且随信附寄了一百美元的支票。一百美元，看似数目不大，可对于当时的张爱玲来说，却是可以拿出来的最大的一笔“巨款”了。这是张爱玲第一次给母亲寄钱，同时也是最后一次。黄逸梵于手术后不久就去世了，张爱玲再也没有机会还上母亲给她的“投资”。

得知母亲逝世的消息，张爱玲既没有感到震惊，更没有一点悲伤。她根本没有想过要到万里之外的英国去奔丧，就连由谁在为母亲料理后事她都懒得打听。自她懂事起，母亲在她的眼里就是一个外人。即使是在她遭到父亲的毒打逃到母亲那里避难的时候，她也从来没有把母亲当成亲人。如果说，很小的时候，她对于母亲的化妆、打扮还充满着崇拜和羡慕，对于母亲的离家出国还多少有一些恋恋不舍的话，那么长大以后，母亲在她的心目中就变成与自己毫无关系的外人，既谈不上恨，更谈不上爱，顶多算是一个认识但却陌生的熟人。

黄逸梵去世后不久，张爱玲却非常意外地收到母亲生前从英国托运到彼得堡小镇的一箱古董。这箱古董，后来成为张爱玲贴补家用的“宝藏”，这些宝藏不断地被变卖，成为他们家一项“取之不尽”的财源。

这段时间，赖雅似乎已经江郎才尽，除了每天例行公事似的涂写一则简短的日记之外，他已没有任何一篇新作问世，家庭的全部开支完全依赖张爱玲一个人的稿费收入和黄逸梵寄来的那箱古董。虽然尽量压缩家庭支出，但他们仍然感觉到随时可能向他们袭来的“经济危机”。因为客观地说，张爱玲这两年也同样没有什么作品问世，除了改编自舞台剧《温柔的陷阱》的那个电影剧本以外，令她稍感满意的也就是刊发于*The Report*上的小说*Stale Mates*（《老搭子》）了。但《老搭子》只是一篇短篇小说，它的稿费只有几十美元，勉强可以付一个月的房租，要派其他大一点的用场就无济于事了。

《老搭子》虽然不赚钱，但若从纯文学的角度去考察，它却无疑是一篇精品之作。后来，《老搭子》以《五四遗事》的标题在台湾的《文学杂志》上发表，曾经引起了圈内许多专家的关注。

《文学杂志》由台湾大学教授夏济安创办于1956年，甫一问世就受到了读者的广泛欢迎。张爱玲的名字出现在《文学杂志》上，这是极具象征意义的一件大事。它不仅是张爱玲为台湾的读者由认识到熟悉的开始，同时也是她能够走进中国现代文学史的滥觞之作。

《五四遗事》乍看上去似乎只是一个不无喜剧色彩的普通故事，但仔细研读你就会发现，这篇小说不仅蕴藉着一个宏大的主题，而且在写作技巧上也攀登上了一个新的高峰。小说以五四运动为背景，写杭州的一位年轻的中学教师罗文涛明明已经结婚，却将家里的妻子置诸脑后，而与五四新女性范小姐谈起了自由恋爱。罗文涛的所作所为自然遭到家庭和妻子的激烈反对，但他我行我素，继续着与范小姐花前月下的恋情。但严峻的现实在于：他尽管可以毫无顾忌地与范小姐昏天黑地地“自由恋爱”，但却无法摆脱家中的发妻，而与心仪的恋人走进婚姻的殿堂。这样半死不活地一直拖了六年也没个结果，范小姐终于由不甚耐烦而至彻底绝望，最后，则转头去和另一个男人谈婚论嫁，而只给罗文涛留下一个渺茫的背影。罗文涛虽然很气恼，但也无可奈何。恰在这时，与发妻拖了六年的婚姻终于结束，为了在范小姐那里争回面子，他与一位年轻漂亮的王姓小姐结婚。但王小姐却与罗文涛过不到一起去。与此同时，范小姐的谈婚论嫁也没有成功。罗文涛复又念起旧情，得到范小姐的响应。于是，罗文涛又提出与王小姐离婚。五年后，离婚成功，罗文涛旋即与范小姐喜结良缘。结婚后才发现，范小姐与他想象的淑女形象相去甚远，不仅没有任何出众之处，而且更像许许多多的家庭主妇一样，是一个懒惰、邋遢的平庸妇人。后来，有人建议罗文涛不妨把先前两位离婚的妇人也一并接来同住，于是，罗文涛在五四运动过去十七年后，居然能同时带着“三位娇妻”游览西湖。朋友开玩笑说：“你们不用另外找搭子，关起门来就是一桌麻将。”

有人曾经著文说张爱玲的《五四遗事》是一篇反对五四运动的小说，是对五四运动提出的新思想和新文化的反动，是着意抹黑这场反对帝国主义反对封建主义全民运动的毒草。其实，像这样上纲上线的极“左”思潮是不值一驳的。小说家以五四运动为背景编织的这个故事，它所辐射的时空区间也许确实宏大。但是，她却并不是在拿那个宏大的“时空”做文章，小说要展示的是人性中那些隐秘的善与恶，以及由善恶生成的惯性与惰性。当人们已经习惯于行走在老路上的时候，哪怕是一场触及人们灵魂的重大社会变革也无以一下子改变已经形成的路径。这就是这篇小说的全部意义，它与这个主义、那个主义都没有关系。

事实上，对张爱玲的小说做出过分解读毫无意义，不仅对《五四遗事》如此，不管是张爱玲的哪篇文章，过分解读都是极不科学的。因为说到底，张爱玲自始至终只是一个以自我为中心的自由主义者，她不懂政治，也一向远离政治，这不是一种刻意的选择，而是由她的性情和性格决定的。这几乎不需要怎么去深究就可以轻易地看出她的“政治见地”。别的且不说，单是从最能看出一个人的立场和性情的婚姻来研判，就可以断定她与“政治”和“意识形态”之类几乎是绝缘的：她的两任丈夫——胡兰成和赖雅，前者是个汉奸，是国家、民族的叛徒，张爱玲对他却爱得恋恋不舍、一往情深；而后者是个坚定的马克思主义者，她同样爱得情真意切、义无反顾——你说她这是糊涂还是怎么了？其实，这才是一个真实的张爱玲，一个站在政治舞台之外的看客和旁观者，一个醉心于艺术而丢失了自我的糊涂虫。

当然，谁也不能说张爱玲自身没有一点“反共”的自觉，也不是说她对于包括“美新处”在内的反共势力利用她的小说从事反共活动没有些许知觉。但是，对于她来说，20世纪50年代以后，个人的经济窘境显然战胜了意识形态的感知能力。当然，张爱玲也并不是在着意逃避政治，但她知道，与可以换来面包的美元相比，无论是政治还是意识形态，对她来说都已经显得无足轻重了。

四、入籍美国

1958年年初，张爱玲和赖雅共同向位于洛杉矶近郊的亨廷顿·哈特福基金会(Huntington Hartford Foundation)开办的文艺营提出居住的申请。这个文艺营位于加州太平洋绝壁(Pacific Palidsades, Calif.)，是一块风景秀丽的风水宝地，冬暖夏凉，交通便利，到洛杉矶市中心只有不到半个钟头的车程。

向哈特福基金会提出居住申请的主张是由张爱玲建议的，赖雅起初不同意。他认为，彼得堡环境优美、安静舒适，这对于从事写作的他们夫妇来说，实在是再适宜不过的好地方。但张爱玲不这样看，她早已厌倦了这个小镇的闭塞和冷清。她向往大城市，向往大城市的喧嚣和热闹。在留与迁的讨论中，赖雅最终被张爱玲说服。

这期间，为了满足张爱玲逛街的欲望，赖雅陪她去了一趟波士顿。当然，此次波士顿之行更主要的目的是带上黄逸梵寄来的部分古董去估价。后来，他们与一位叫做德·爱厄曼的经销商做成了这笔交易，怀揣四百五十美元的“巨款”喜滋滋地回到彼得堡。

此后不久，他们就收到亨廷顿·哈特福基金会的入营通知。通知说，他们可以于当年的11月8日开始到文艺营居住，直至翌年的5月上旬结束。

能够离开彼得堡去洛杉矶，这是张爱玲梦寐以求的事情，接获通知后她很兴奋，恨不得能够立即成行。

在准备去洛杉矶的日子里，他们把日常生活处理得非常丰富多彩。6月，为了庆祝赖雅六十七岁生日，他们一起外出购物；10月份是张爱玲的生日，赖雅陪她到小镇唯一的一家电影院去看了一场由安迪·格里菲丝（Andy Griffith）主演的电影《刻不容缓》（*No Time for Sergeants*）。由于两个人的心情都非常好，以至把一部平平常常的喜剧片看成了特献巨制，笑得前仰后合，不亦乐乎。

终于盼到了11月。

13日，他们迫不及待地赶到亨廷顿·哈特福基金会报到。手续办理几乎没用多少时间，他们立即拿到了房间的钥匙。推开房间的玻璃窗，一望无际的太平洋尽收眼底，虽然已是深秋，但大洋岸边的绿树仍是葱茏、葳蕤，更兼百花齐放点缀其间，确乎一派人间仙境的感觉。张爱玲看得入迷，喜不自胜的内心愉悦一时溢满了眉梢。看到爱妻如此高兴，赖雅也不自觉地受到感染，他们简单地收拾了一下房间，就立即走出室外，切身领略一下这个所谓“洛杉矶名贵地区”的“名贵”之处。

虽然张爱玲仍是潜心于创作，但是，这里惬意的环境还是让她没有忘记享受生活。她与赖雅最钟情的地方是比华利山（Beverly Hills）的百货公司，且不说那儿无可挑剔的购物环境，单是那些摆放得琳琅满目的各种商品就足可看得人目醉神迷。当然，由于他们总是光看不买，难免会使那些眼皮很浅的售货员显得不太耐烦。有时赖雅实在忍无可忍，难免要与那些不懂礼貌的售货员发生争执，每当这种时候，张爱玲总会主动站出来从中调和，大事化小，小事化了，尽量不让这样的事情破坏他们闲逛商店的初衷。赖雅对于张爱玲的“委曲求全”颇为不满，认为没有必要去纵容“那些没有教养的浑蛋”。但张爱玲则坚持说，人家那里是购物场所，不是让人休闲的公园，我们什么都不买而只是溜达，凭什么还要人家对你客客气气？既然自己“无理”在先，也就没有理由要求别人如何如何。在她看来，能够徜徉在那么丰富多彩的商品之间已经是一种享受了，哪还有工夫去计较人家对他们的态度怎样呢？更何况，他们来逛商场，原来的目的就是一个“逛”字，压根儿没想过要到这里来买什么东西，售货员的态度恶劣是理所当然的。你无法要求每一个售货员都能对囊中羞涩的顾客表现出同样虚假的热情来。

除了到百货公司闲逛，张爱玲这段时间还恢复了年轻时在上海的嗜好，热衷于自己剪裁服装。她托远在香港的宋琪、邝文美夫妇买来布料，花了几天的工夫为自己做了几件别致而可意的衣裳。为了给这些服装留下纪念，她还特地穿上新衣服，请基金会的摄影艺术家西尔维亚·史蒂文森（Sylvia Stevenson）拍了几张时髦的照片。照片洗好后，张爱玲挑了两张特别中意的装进相框里，将它们挂在床前的墙上——这可是一项空前之举，张爱玲似乎很少有如此自恋的时候。

但美好的日子总会过得很快，张爱玲还没有来得及把基金会周围的风景看遍，他们必须离开的时间又到了。

1959年5月13日，他们离开洛杉矶，前往旧金山。

旧金山是一座山城，位于加州西海岸的圣弗朗西斯科半岛，三面环水，阳光充足，气候宜人，冬暖夏凉，被誉为“最受美国人欢迎的城市”。在这里，遍布全市的维多利亚式房屋、希腊罗马式的“艺术宫”、雕龙镂凤的唐人街城门、东洋味的日本城五重塔、漆着意大利彩画的餐馆，以及世界级的芭蕾舞、高雅的古典音乐、百老汇的音乐剧、缠绵悱恻的爵士乐，等等，都共同浑然融入城市的节拍之中。美国作家威廉萨洛扬说：“如果你还活着，旧金山不会使你厌倦；如果你已经死了，旧金山会让你起死回生。”而这，正是张爱玲理想中的城市风貌和品格。

他们很快在距离旧金山华埠不远的布什街（Bush）租好了一处公寓，虽然略嫌破旧，但总体还算干净。他们简单地打扫了一下，就迫不及待地搬了进来。

也许因为有了“家”的感觉，张爱玲很快就爱上了这套公寓。中午起床后推开窗子，扑鼻的花草香气有一股令人感觉荡气回肠的舒坦。为了给张爱玲创造一个安静、舒适的写作环境，赖雅到离家不远的鲍斯特街（Post Street）租借了一个小小的办公室，每天早晨起床后，赖雅为了避免惊醒张爱玲，尽量不弄出一点声响，小心翼翼地为自己制作好简单的早餐，独自享用完毕，就蹑手蹑脚地走出家门，及时赶到他的小小的办公室去上班。中午，往往到他下班后走进家门时张爱玲还没有睡醒，赖雅便俯身轻声叫醒她，共进午餐是他们一天中最愉快的时光。赖雅会把上午的创作成果或沿途的所见所闻说给张爱玲听，张爱玲如果做了一个有趣的梦，也会对赖雅津津乐道。当然，如果昨天夜里创作时遇到了什么坎儿，她也会请求赖雅帮她越过去。——饭菜因此而变得津津有味，他们总是在愉快的交谈中结束每一顿简单的午餐。

夜晚张爱玲工作的时候，赖雅一般都不会打扰她，而是一个人翻翻杂志或阅读图书，偶尔也会打开电视，看一看当地的新闻或综艺节目。有些时候，他们会一起去看一场新上映的电影。看电影是他们的最爱，每次看完电影从影院里走出来，在回家的路上，他们总是津津有味地讨论影片的得失并评价演员的表演技巧，等等。

在这里，日子过得像流水，他们偶尔还会到栗树街（Chestunt Street）去参加大型派对。在这种派对上，赖雅总会遇到很多以前的熟人和朋友，而张爱玲却一如往常，讨厌这类热闹得充满世俗气氛的聚会。不等派对结束她就提前离场，回家后继续她手头的工作。

有时，他们也会受邀参加一些公益事业的开业典礼。在这样的场合，他们有机会认识许多人。于是他们各自都结交了新朋友。张爱玲的新朋友是一位名叫爱丽丝·匹瑟尔的艺术家，两个人志趣相投，很快就发展到无话不谈的地步。她们经常一起去逛街、购物，更多的时候则是到唐人街和意大利区交界处的华盛顿公园散步、聊天。如果走得累了，她们则会到唐人街的某家点心店里坐坐，要一杯红茶或甜水，点一些诸如榴莲酥或萝卜糕之类的小吃，边吃边聊，并有一眼没一眼地瞅一瞅街上的行人，直到太阳西下，她们才会走回布什街的公寓。而赖雅，则已经为她们准备好丰盛的晚餐，三个人围桌而坐，一边评价赖雅的厨艺，一边海阔天空地说东道西，轻轻松松地度过一两个小时的晚餐时光。

转眼就到了他们结婚三周年的纪念日。1959年8月14日这一天，张爱玲刚起床，赖雅就邀她一起步行去唐人街和附近的意大利区，购置可口的甜品、糕点、奶酪和咖啡，回家后，则将这些东西摊满了一桌，慢慢品尝，一阵饕餮过后，又一起出门去看电影。这是一部由著名影星詹姆斯·史都华(James Stewart)和李丽美(Lee Remick)主演的新片《桃色凶案》(*Anatomy of a Murder*)，张爱玲对该片评价不高，倒是赖雅觉得影片不错，认为它反映了当前美国电影的最高水平。从电影院出来后，他们没有立即回家，而是走到附近的托尼氏餐馆去吃了蛋糕，喝足咖啡以后，则牵手步行回家，算是过了一个愉快的“精心安排”的结婚纪念日。

1959年11月，经过漫长的等待，张爱玲终于等来了入籍美国的正式通知。但要真正入籍，其手续之繁杂简直是令人难以想象的。1960年7月，张爱玲办完了一切需要办理的手续，成功获得了美国公民的身份。这个时候，距离她提出入籍申请的时间整整过去了将近五年。

五、台湾之行

早在取得美国公民身份之前的1959年年底，张爱玲就做出了一个大胆的决定：她要寻找机会去一趟台湾。

去台湾的目的有两个，一是亲身考察一下在台北逐渐升温的所谓“张爱玲热”，看一看在这一“张爱玲热”里她本人能借机做点什么；二是到台湾收集相关资料，为她打算创作的《少帅传奇》做些准备。当然，真正促使她下决心的，还有此次的东方之旅用不着花钱，当年驻香港的“美新处”处长麦卡锡已经调任美国驻中国台北“领事馆”文化专员兼台北“美新处”处长，他答应出面邀请张爱玲到台湾去考察，自是可以为张爱玲之行的花费埋单。

办理完入籍手续以后，张爱玲把自己打算去一趟台湾的想法告诉了赖雅，令她感觉意外的是，赖雅居然激烈反对她的这一计划。虽然他说不出反对的理由，但态度的坚决却是无可置疑的。张爱玲没有和他争辩，而是选择了说理的方法，慢慢化解他的抵触情绪。她对赖雅说，虽然你现在每个月可以领取五十美元的保险金，但这五十美元就连付房租都不够。我们的生活来源必须依靠稿费收入。五年来，虽然我们挺过来了，但如果没有新作问世，那以后的日子就会变得十分艰辛。你也知道，这几年，我的作品很难在英语世界找到出版商，即使偶尔有出版商愿意接受，也始终打不开销路。这对于我们来说是致命的。我必须寻求突破，力争找到一个英语世界熟悉的人和事去编织故事，从而吸引美国出版商和世界范围内的读者。这个所谓“人和事”，现在我找到了，那就是张学良和西安事变。为了写好这部计划中的小说，我有必要去一趟台北，尽量调动关系能与张学良见上一面。

赖雅并不是真的反对张爱玲的这趟台湾之行，他所担忧的是害怕张爱玲去了台湾就丢下他不愿回来了。张爱玲说，你真是老糊涂了，我们是夫妻，哪能一走就不回来呢？你放心，我一办好手头上的事情就立即赶回来，我还要为你庆祝七十大寿呢！

1961年10月12日，张爱玲登上了飞往台北的飞机，赖雅到机场送她。当飞机起飞的时候，赖雅忍不住流下了惜别的眼泪。直到飞机飞得没了影儿，赖雅还是站在原地不动，模糊的泪眼仍然在机场上空的云层间逡巡。

10月13日，张爱玲飞抵台北。麦卡锡安排她住在阳明山上的一家日式旅馆里。看着木制隔扇掩映下的榻榻米，她立即回忆起几年前那次一事无成的日本之行。稍事休息以后，她向麦卡锡说起想采访张学良的愿望。麦卡锡说，虽说早在两年前，蒋介石就已下令解除对张学良长达二十四年的软禁，但实际上张学良并没有恢复真正意义上的人身自由，现在想采访张学良，恐怕不会得到当局的批准。麦卡锡的一席话直说得张爱玲的脊梁冰冷。采访张学良是她此行最主要的任务，假如不能见到张学良，这兴师动众的“东方之旅”还有什么意义？麦卡锡见张爱玲很失望，就宽慰她说，反正有的是时间，你不妨向台北当局提出申请，看他们怎么答复你。万一同意了你的采访，那不是更好吗？即使不同意，你也算尽力了，以后也就不会感觉有什么遗憾了。张爱玲果真听从了麦卡锡的建议，认认真真地向台北当局提出要采访张学良的申请，结果不出所料，当局拒绝了她的请求。

为了安慰张爱玲，麦卡锡安排她与当时在台湾很有影响的一批年轻作家见面。他们是：白先勇、王文兴、欧阳子、陈若曦、戴天、殷张兰熙和王祯和等人。

这几位年轻作家可不简单，他们差不多代表了台湾文学的未来。

早在1960年，当时还在台湾大学外文系读书的白先勇和陈若曦等人就创办了文学杂志《现代文学》，在台湾乃至东南亚一带都具有广泛的影响。由于他们上学时都曾经听过夏济安教授的课，听他分析过张爱玲的作品，因此从麦卡锡那里一听说张爱玲眼下身在台北，个个都恨不能立即见到她。其实，他们从《现代文学》创刊号起，就曾经将杂志一期未落地寄给了张爱玲，但不知道为什么，张爱玲只收到过两期，其余的都不知在哪里丢失了。在《现代文学》上，张爱玲曾经读过王祯和写的小说《鬼·北风·人》，对作品中渲染的花莲一带的风土人情印象极其深刻，如今到了台湾，就想亲自到花莲去体会一下，看看那里的西洋景。

自己心目中的偶像想到花莲去游览，几位青年作家都很兴奋。陈若曦和殷张兰熙自告奋勇打前站，提早赶到花莲的王祯和家里，帮助王祯和的家人一起做好接待张爱玲的准备工作。王家人很好客也很随和，不仅把里里外外打扫得干干净净，还特地准备了当地的一些土特产品，要让远来的客人尝个鲜。

从台北出发的时候，张爱玲脱下了那件浅色的旗袍，而只穿了一件衬衫，领口的两颗纽扣是松开的，显得别致而洒脱。她与王祯和上了火车以后，车上的旅客都十分好奇地看着张爱玲那身装束。张爱玲早在年轻时就习惯于被人观赏，倒也并不介意。很快到了花莲，下车后他们就直奔王祯和家。稍事休息，主人便立即把将要安排参观的内容一一说给张爱玲听，张爱玲笑说客随主便。于是，一行人便从王家出发，不慌不忙地走到第一个参观的地方。

这是一个叫“大观园”的甲级妓女户，他们进门的时候，那妓女正坐在嫖客的大腿上嗑瓜子。张爱玲好奇地看着妓女那从容不迫的悠闲媚态，而妓女则把一双眼睛滴溜乱转地上下打量着近在咫尺的张爱玲。偶一四目交会，却是天涯无语，确乎算得上是一段奇特的经历。走出甲级妓女户的大门，他们一行又去参观了当地一家有名的酒家和一座古老的城隍庙。在酒家，酒客邀请张爱玲与他们共饮，张爱玲倒也当仁不让，这让众酒客兴奋不已。在城隍庙，张爱玲似乎没有看到什么稀奇，而是对于庙里的地面上铺着白瓷砖有点反感，觉得那是铺错了地方，看了感觉像浴室。

晚上安排的节目很让张爱玲惊喜，当她在花冈山上看到由阿美族的男男女女表演的丰年祭时，竟入神到忘却身在何处。

丰年祭原是一年一度阿美族男子为自卫御敌而举行的军事训练演习，后来就演变为一个歌舞共饮的狂欢节日，接连数天，尽情地唱，肆意地舞，更兼毫无节制地狂饮，把男人的自信、力量和豪放都一起张扬在花冈山上。

张爱玲起初站得离表演者较远，看着看着，就弯腰跑到了前排，盘腿坐到了草地上。花莲县长也在观看演出，一听说有一位从美国来的女作家在现场，立即过来请她到贵宾席就座。张爱玲敬谢不敏，仍然坚持坐在草地上不动。有趣的是，一位从台北来的舞蹈家也跑过来与张爱玲搭话，他觉得丰年祭的表演一点也不精彩，说是假如让他来编舞一定要好看得多。张爱玲后来对王祯和说："这人真是莫名其妙，山地舞，要他来编干吗？"于兹足见张爱玲的审美趣味非同凡响。

夜里，张爱玲住在王祯和家楼下的一个房间里。王祯和把一套完整的《现代文学》杂志送给她。张爱玲利用休闲的时间很快读完，而将刊物原封不动地奉还给王祯和，她说，由于行李太多、杂志太沉，她担心背不动。

10月15日，张爱玲离开王家前夕，特地拉上王祯和与他的母亲去照相馆拍照，同时还不忘给王祯和的舅舅准备了一份礼物，以感谢他领她参观甲级妓女户的一片盛情。

离开花莲后，根据原先的日程安排，张爱玲还要相继参访台东、屏东和高雄，可车子刚到台东，车站站长就赶来通知她，说是"美新处"刚才打来电话，说赖雅先生在美国再一次中风，病危住院，要张爱玲立即打电话联系。

赖雅病危住院的消息虽属突然，但张爱玲似乎早有预感。飞赴台北之前，她曾建议赖雅不要再随意搬家，就在旧金山继续住下去。可赖雅却不愿意。张爱玲还没走，他就迫不及待地给亨廷顿·哈特福基金会写信，要求前去居住；同时又给刚刚搬到华盛顿不久的女儿菲丝写信，问她能不能把他的一些杂物搬到她家里去。结果，亨廷顿基金会断然拒绝了他的申请，这让赖雅极其伤心。至于女儿菲丝，回信时对于赖雅的要求也未置可否，但却告诉他，她家的附近倒有一处公寓可以居住，租金也并不昂贵。

赖雅正是在搬入新公寓不久后病倒的，这肯定与劳累有关。电话是菲丝打来的，她请麦卡锡及时通知张爱玲。

张爱玲马上和麦卡锡通了电话，一放下电话就立即心急火燎地赶往台北。

按照常理，此时她当然要立即飞回美国去。可到了台北，她却犹豫了：因为她就连买一张机票的钱都没有。她也想过是否张口向别人暂时借点钱，可强烈的自尊心让她实在开不了这个口。

最终，她没有回美国，而是登机去了香港。香港之行也是从美国出发前就计划好了的——她要去那里写剧本赚钱。

至于去香港之前她是否与赖雅和菲丝联系过，以及她是如何排解赖雅重病时她不在其身边的歉疚之情，张爱玲的日记里都没有记录。因为找不到任何资料去填补这个空白，我们也不能杜撰，只能宣告阙如。

六、重回故地

飞抵香港以后，张爱玲暂时借居在宋琪、邝文美夫妇的公寓里。但由于张爱玲的起居和作息时间无法与宋氏夫妇同步，相互影响，后来她就在他们的公寓附近租了间房子单住。

张爱玲要写的电影剧本是在美国时就与宋琪商定了的——为电懋公司写一部上、下两集的《红楼梦》。

《红楼梦》是张爱玲最为熟悉和钟爱的古典名著之一，她十一二岁的时候就已经通读过《红楼梦》，及至读中学时，更是反复研读，不仅对《红楼梦》中的故事情节非常熟悉，而且对其中四百多个有名有姓的人物，都能把他们的性格特点说出个子丑寅卯来。按理说，创作《红楼梦》剧本对于张爱玲来说该不是什么难事，但不知为什么，当她拿起笔来打算真正投入到创作中的时候，却怎么也不在状态。这可能与她担心赖雅的疾病不无关系，但最直接的原因则是她自己一直受到眼疾的困扰。由于长期佩戴隐形眼镜，张爱玲眼睛溃疡的毛病始终没有彻底治愈过。这次在香港急于赶写电影剧本，每天连续工作十几个钟头，溃疡的双眼一直在出血。加之双腿浮肿，行走困难，所以，剧本写得很不顺手。她很着急，但越急越不出活。本来，她想用两个月的时间完成剧本，可根据目前的创作进度，可能花双倍的时间也未必能写好。她是冲着《红楼梦》剧本两千美元的稿酬来的，如今迟迟交不了稿，她的内心被煎熬得十分难受。

几个月后，剧本终于脱稿。

但宋琪读了剧本以后却极不满意，他觉得张爱玲是因为急着要回美国而没有真正潜下心来写作剧本，因而把这样一个烂熟于心的题材写得如此之差。宋琪虽然没有把这些难听的话说出口，但张爱玲仅从宋琪对她态度的变化上已经可以敏锐地感觉到。

对于张爱玲来说，宋琪对剧本的否定态度并没有使她完全失望，她仍然希望剧本能够得到电懋公司上层的肯定，她太需要预期中的两千美元的稿费了。

宋琪知道张爱玲这时很需要钱，就建议她赶快投入到另一个拟议中的电影剧本《南北一家亲》的创作上来。张爱玲接受了宋琪的建议，这一回倒是非常顺利，《南北一家亲》很快杀青，并且立即获得通过，她顺利地拿到了八百美元的稿酬。

相比《南北一家亲》，电影剧本《红楼梦》的命运就显得疙疙瘩瘩了。这边厢电懋还在审定剧本，那边厢却传出邵氏公司也要大笔投资拍摄《红楼梦》的消息。不久，张爱玲就知道了剧本没有获得通过的决定。这也就是说，她预期中两千美元稿酬的好事将是镜花水月一场空了。

此时，张爱玲的心情坏到了极点。没有经济效益的“东方之旅”简直是浪费生命，她有点想哭。在她给赖雅连续寄出的几封信中，张爱玲毫无保留地向他倾诉了自己的坏心情。

可直到1962年1月，张爱玲才收到赖雅的第一封回信。原来，她虽然不断给赖雅写信，但信封上却把地址写错了，赖雅只收到她的一封信。在信中，赖雅告诉她，出院后，他已经搬到华盛顿第六街105号的皇家庭院（Regal Court）居住，这里环境不错，相信张爱玲一定会喜欢。他还说，既然《红楼梦》剧本通过无望，那还是赶快回来。他建议张爱玲不要把终点站选在华盛顿，而是纽约，他想与她重温一次初识时的浪漫经历。届时，他将亲自到纽约机场去接她，然后带她到纽约最具生气的街区去逛一逛。张爱玲回信说，她会马上回美国去，但却拒绝赖雅要到纽约机场接她的想法。因为去纽约是要花钱的，他们现在还不具备花这份冤枉钱的条件。

第十三章　晚景岁月的角色转换

一、后母难当

1962年3月16日，张爱玲从香港启德机场登上了飞往美国的班机。经过十几个小时的长途飞行，飞机平稳地降落在华盛顿机场。赖雅和菲丝早已在机场迎候，赖雅刚打眼看到张爱玲推着机场的行李车走出通道，就迫不及待地迎上前去……

虽然他们分别只有短短的五个月，但是却不无沦落天涯各一方的感受。起初，张爱玲提出去一趟台北的时候，赖雅就曾担心她不再回来了，接着自己病危住院，更觉得此生似乎恐怕再难有见面的机会了。如今，张爱玲不仅回来了，而且还像以往一样对他嘘寒问暖，更让他百感交集。他们差不多说了一夜的话。张爱玲十分详细地向他述说了她在台湾和香港时的遭遇与感受，不胜欷歔，人情冷暖竟无以言说，唯有浩叹而已。赖雅告诉她，他已经在国会图书馆成功申请到一个固定的座位，如果张爱玲愿意，他还可以为她申请一个。

第二天，赖雅带着张爱玲来到国会图书馆，很快就在他那固定座位不远的地方也给张爱玲申请到一个座位。他们在图书馆盘桓了半日，傍晚的时候，赖雅又带着她到菲丝家吃晚饭。菲丝一家待他们极为热情，彼此相处融洽，气氛热烈得真的像一家人。

菲丝的性格可能与年轻时的赖雅相似，热情奔放，谈锋甚健，整天唧唧喳喳的，像一只快乐的小鸟。她是华盛顿芭蕾舞学校(Academy of Washington Ballet)的行政管理员和教师，在家的时候则是一个称职的家庭主妇、一个贤惠的妻子和一个爱心拳拳的母亲。她的丈夫迈尔文是一位海事历史学家，刚刚从佛罗里达调到华盛顿史密斯索尼亚研究所(Smithsonian Institute)工作不久，他的话不多，但为人随和，是一位待人诚恳的谦谦君子。菲丝与迈尔文有三个儿子，个个都很争气，爱好运动，成绩优秀。他们都很喜欢外公，喜欢听他讲过去的故事。

就像赖雅在信中估计的那样，张爱玲果真对新公寓十分满意。虽然新家还像以前一样的一无所有，但张爱玲却把家徒四壁的贫穷清洁出一份干净来。每天一大早，赖雅就起床为自己准备早餐，餐后即步行到国会图书馆去看书或写作。张爱玲还是以往的习惯，夜里工作，中午起床，下午则是属于她与赖雅共同的时光。他们或者外出散步，或者到附近的百货公司去闲逛。虽然张爱玲在国会图书馆有自己的固定座位，但她很少去那里工作。因为她不喜欢见到许多人，搞创作，她还是喜爱自己一个人待在家里，面对笔下的稿纸和洁白的墙壁，那会给她带来一种恬静的安全感。

赖雅与张爱玲不同，他喜欢热闹。虽然年轻的时候讨厌家庭生活的约束，但人到老年，却回归到崇尚天伦之乐的享受。他爱女儿菲丝，也爱他的三个外孙。和他们待在一起，他就会有发自内心的无限欢乐。许多时候，他与张爱玲下午出去散步或逛商场往回走的时候，就会下意识地走到菲丝家里去，两个人不仅在那里吃晚饭，而且一待就是几个钟头。赖雅和外孙们下棋、看电视，听他们讲学校里的新鲜事。而赖雅，则见缝插针地讲一些他年轻时的逸闻趣事，只听得外孙们如痴如醉，对眼前的外公越来越充满了崇敬和亲情。

张爱玲虽然也喜爱菲丝一家，但毕竟无法也像赖雅一样和他们相处得亲密无间。这是由她的性格决定的。首先，她不喜欢热闹，习惯于离群索居，也不知道该怎么样去处理这一越来越亲近的家庭关系。另外，这也是最主要的：在她看来，老是经常这样到菲丝家吃白饭而无力回请他们一家，这既有伤自尊，也有违人情。

赖雅无法理解张爱玲的这种感受，为此，他甚至都与张爱玲发生过争执。赖雅认为，他们经常到菲丝家吃饭，只是意在体会亲情的温暖，而不是要来白吃白拿地讨便宜；至于没有能力回请菲丝一家，倒不是他们不愿意回请，而是目前他们不具备这样的经济实力。既然菲丝一家从不计较，他们又何必自寻烦恼呢？但张爱玲不这样认为，作为一个“后母”，她应该拥有自己的尊严。菲丝欢迎他们来她家做客是一回事，而他们怎么去看待和处理这种“欢迎”却是另一回事。尽管赖雅千方百计地企图说服张爱玲，但是，张爱玲就是张爱玲，她有自己的生活信条和原则，不管和她多么亲近的人都不能改变她。

二、赖雅病逝

随着年龄的增长，赖雅的健康状况变得越来越糟。1962年整个一年，他起码大病了两场。一次是5月中旬，赖雅再一次中风，并伴有可怕的大出血。住院治疗期间，赖雅显得很悲观，担心自己越不过这个坎儿。出院回家静养时，则全靠张爱玲的悉心照顾，一直好好坏坏两个多月，才算勉强康复。

7月26日是赖雅的七十一岁生日，大病初愈的赖雅和张爱玲一起乘车到巴尔迪摩（Baltimore）市中心的海鲜餐馆去吃了帝国蟹和软蟹，接着又与邂逅的友人一起浏览了市容，直到很晚才回到住地，算是过了一个丰富多彩的生日。赖雅乐得几天后还在念叨这值得纪念的一天。

但愉快的日子很快就结束了，这一年的年底，赖雅又病了，这一回是疝气复发，需要住院手术治疗。但赖雅考虑到家庭的经济状况，却坚持在家保守治疗。后来在张爱玲和菲丝的劝说下，这才住进了医院，仅仅住院七天就花去四百一十五美元，这在他们这个家庭已经算是一笔无法承受的经济负担了。

1963年同样不好过，7月的一天，赖雅在华盛顿街道上散步时跌断了腿。人都说“伤筋动骨一百天”，可赖雅却在床上一躺就是五个月，不仅生活不能自理，就连坚持写了几十年的日记也从此中断了。

1964年，赖雅又中风了几次。有一天，他从国会图书馆出来，不知怎么就摔了一跤。这一跤摔得邪乎，竟至摔断了股骨。这一年，赖雅很少消停过，一直往返于家与医院之间，这种日子真的不好过。而对于张爱玲来说，对一个卧床不起的病号的全天候照顾，就成为她义不容辞的义务和责任。更要命的还在于：她一方面必须全身心地去照顾赖雅，同时还要设法赚钱来维持两个人的生计，其窘迫与左右为难可以想象。

实际上，张爱玲的身体虽然不至于糟糕得像赖雅一样，但她也算不上是一个健康的人，这且不说，她的工作际遇同样显得磕磕绊绊。1964年6月20日，香港电懋公司的创办人遭遇空难去世，不久"电懋"就被改组为"国泰机构（香港）有限公司"，旧巢新主，物是人非，宋琪不得不离开公司另谋出路。而宋琪一走，张爱玲也就在那里立即失去了依傍。

这么多年来，正是因为有了宋琪这个中间人，才搭起了她与电懋公司之间的桥梁，为他们创作电影剧本，从而获得相对比较稳定的收入。而如今，电懋不再，宋琪又另谋生路去了，她的剧本还能卖给谁？每思及此，张爱玲总有一种大难临头的危机感。本来，她还满怀希望地等待她为电懋公司创作的《魂归离恨天》剧本能够立即投入拍摄，如今一切成空，她竟至有了某种绝望的感觉。

由于最后这一个赚钱的财路被堵塞，张爱玲觉得已经不能再硬着头皮在这个公寓里住下去了。他们决定搬到黑人区的肯德基院（Kentucky Court）去居住。

肯德基院是政府向贫民提供的廉租房，这里是华盛顿地区穷人最集中的聚居区之一。

这时候，赖雅的健康状况进一步恶化，卧床不起，更兼大小便失禁，完全成为一个废人。在这种情况下，张爱玲根本无法正常工作，有时她刚刚把稿纸摊开，那边就听到赖雅在叫她。于是，她只能把自己变成全职全能的看护，在尽力护理好赖雅的前提下，她再挤出时间工作。没有工作就没有收入，工作是她和赖雅能够继续生存下去的唯一选择。

在一次浏览报纸的时候，张爱玲偶尔看到一则启事：俄亥俄州牛津市的迈阿密大学（Miami University in Oxford, Ohio）正在招募一名驻校作家。张爱玲立即去信应聘。不久就得到校方回应，同意她成为该校的驻校作家。

美国的大学有聘请驻校作家的传统，目的是为了增强学生对人文学科的兴趣。校方为驻校作家提供住地，并适当解决一些必要的交通费用，但不支付工资。

在出发去牛津市之前，张爱玲与菲丝商量，问她是否可以把赖雅接到她家里去住，想不到却受到菲丝的断然拒绝。也难怪，菲丝除了自己的工作以外，还要关照丈夫和三个儿子的饮食起居，她哪里还能够腾出精力照顾赖雅？

此路不通，张爱玲又打算雇用同在黑人区居住的两名黑人妇女来照顾赖雅。可是，人家一听说要为一位大小便失禁的重病患者当护理，便知难而退，不敢来应聘了。

万般无奈之下，张爱玲只好带着赖雅到迈阿密大学去报到。

驻校作家没有具体的工作任务，迈阿密大学当局只要求张爱玲每个星期能够和教职员工、学生交谈几个钟头。这类“交谈”，也带有浓重的“美国特色”，既没有设定主题，也无须设计效果，纯粹是一种你一言我一语的东拉西扯，自由而随意。除了每周的“交谈”之外，其他的时间则由张爱玲自由支配。

张爱玲利用这段时间，除了精心照料赖雅之外，还把大部分精力用在翻译吴语小说《海上花列传》上。事实上，她的这项工作得到了洛克菲勒基金会的资助，对于挣扎在生存线上的他们夫妇说来，这种“资助”绝不是可有可无的。因此，她几乎没有一点时间放到与教职员工及学生“交谈”以外的活动中去。这和以往驻校作家的行事风格相去甚远，时间一长，校方自是极不满意。

既然眼看无法继续在迈阿密大学待下去，张爱玲就立即向位于马萨诸塞州康桥的赖德克利夫大学（Radcliffe College）的朋丁学院（Bunting Institute）提出当驻校作家的申请，由于有夏志清从中周旋，很快获得批准。

1967年9月，张爱玲带着赖雅来到朋丁学院报到。校方已经为她准备好寄宿的公寓，张爱玲首先把赖雅安顿好，这才与校方的有关部门商议开展工作的事。但是，此时的赖雅已经奄奄一息，张爱玲尚没有来得及喘一口气，10月8日，赖雅就悄然地撒手西去了。

在校方的帮助下，赖雅被送到当地的火化场。张爱玲将赖雅的骨灰转交给菲丝，这才回过头来收拾自己痛苦的孤寂，为以后的日子作出大致的安排。

赖雅走了，表面上看来，张爱玲似乎一下子卸下了一个沉重的包袱，实际上，外人很难知道张爱玲内心的真实感受。十几年来,这对患难夫妻朝夕相处、相濡以沫,其恩爱程度实际上超乎人们的想象。张爱玲当初之所以选择赖雅,隐然包含着“利用”赖雅名气的实用主义倾向。但是,作为一个敢爱敢恨、顶天立地的男人,一个浑身上下充满着艺术气质的作家、学者,赖雅的异性吸引力是不容置疑的。同样的,初次踏上美国国土的张爱玲当时正值盛年,高挑明净、婉约可人,更兼才华出众、谈吐不俗,她对年近古稀的赖雅自是一种诱惑。两人由相识、相亲到最终结为伉俪,不断互相发现,竟至爱到如胶似漆的程度,实在是一件顺理成章的事。他们仅仅在一起生活了十一年,其间赖雅却整整病了七年,而最后的几年,赖雅卧床不起,生活不能自理不说,更兼大小便失禁,全靠张爱玲独自承担起对他护理的重任。假如他们不是真心相爱,很难想象像张爱玲这样一个自小过着饭来张口、衣来伸手的悠闲日子,成年后仍然疏于料理家务的女作家,会那样任劳任怨、心甘情愿地照顾一位长年卧床不起的重病患者。尽管这种照顾也是出于无奈,但是,正是从这一“无奈”的坚持中,我们可以清楚地看到张爱玲与赖雅之间非同一般的夫妻情感。试想一下,假如把赖雅换成胡兰成,哪怕同样是夫妻,张爱玲还会那么无怨无悔地悉心照护而自觉应该吗?

当然,客观地说,赖雅去世以后,张爱玲没有了后顾之忧,当然可以把更多的精力投入到工作中去,但是,孑然一身的孤独感也随之而来。

赖雅生前曾立下遗嘱,张爱玲不仅是他所有作品版权版税的拥有者,同时也是他与布莱希特的信件和部分遗稿的继承人。事实上,所谓“版权版税”并无实际意义,赖雅的著作没有哪一家出版社愿意再版。而所谓“遗稿”,更是毫无意义,一是因为它们往往都是半成品,即使偶尔有一两篇文章尚算完整,也没有哪家杂志愿意采用它们。但菲丝却误认为这些都是价值连城的财富,现在被张爱玲一个人独吞了,颇有些愤愤不平。也正因为如此,菲丝一家从此也不再与张爱玲来往,从而使张爱玲成为实在意义上的孤家寡人。

成为“孤家寡人”的张爱玲从此闭门谢客,而把全部精力都投入到《海上花列传》的翻译中来。

三、学者生涯

1969年7月初，经夏志清教授的推荐，张爱玲成为加州大学伯克莱(Berkeley)分校中国研究中心(Center for Chinese Studies)的高级研究员。

加州大学伯克莱分校中国研究中心由陈世骧教授主持，他之所以出面邀请张爱玲加入他的研究团队，一方面是由于夏志清的极力举荐，认定张爱玲是一位难得的奇才；另一方面也看中她曾在新中国生活过三年的经历。陈世骧交给张爱玲的任务其实很简单，就是让她收集并分析研究中国共产党主政大陆后涌现出来的新词和专用词汇。当时，由中国共产党和毛泽东亲自发动的“文化大革命”正进行得如火如荼，西方世界对于发生在那里的一切事情都觉得新鲜和好奇。作为一位学者，陈世骧选取一个特殊的视角——文化的视角(新词和专用词汇)来研究中国，当然有他的智慧和用心。他对张爱玲的这项研究工作寄予了很大的希望。

但过了不久，陈世骧就发现，张爱玲可能并不是他想象中的那种敬业而刻苦的学者。时间很快过去了半年，但张爱玲的工作却毫无起色，他又耐心地等待她一年，张爱玲收集到的新词和专用词汇仍然极为有限。

在这期间，陈世骧夫妇多次宴请张爱玲都遭到她的婉拒，其推托的理由则一以贯之：她的胃无法适应酒楼饭店里的饮食。后来，陈世骧有一次索性设家宴招待她，张爱玲推托不掉，只好赶来赴宴。但虽然人勉强地来了，面对满桌的宾客却一直沉默不语，即使与人偶有搭讪，也是虚与委蛇，并无热情，加之说话的声音极小，似乎只是在嗓子眼里嘟哝，让人听不清，致使整个宴会显得沉闷而索然无味。

平时，慢说是同事，就是陈世骧本人，也很少能看到张爱玲的人影。她的上班时间是和别人反着的。下午五点多钟，同事们下班了，她才一个人悄无声息地走进空无一人的办公室，然后埋头工作到凌晨两三点钟，这才慢悠悠地下班回家。

说是“上班”，实际上她的“工作”几乎与研究中心分配给她的任务毫无关系。其时，她正全身心地投入到《红楼梦》的版本和作者生平及其他相关的研究，似乎早把什么“新词”和“专用词汇”忘到脑后去了。张爱玲对《红楼梦》向来情有独钟，早在十几岁的时候就痴迷于此，心得时有，但苦于没有机会和时间做深入的研究，如今一下子抓到了这么好的时机，她哪还舍得轻易放弃？果真，不久，她的研究就有了丰硕的成果。最终，她把这期间相继发表的七篇论文集结在一起，以《红楼梦魇》的书名正式出版。

且不论《红楼梦魇》究竟有多大的学术价值，单是张爱玲这种“不务正业”的所作所为就是陈世骧教授所无法接受的。这时，他已不能再原谅这位行为怪异的“下属”，于是公事公办，毫不客气地解雇了这位不称职的“高级研究员”。

有趣之处在于：被解雇后的张爱玲却反而认真地做起了“文革”名词的研究工作。1972年9月，她把研究成果以英文写成一篇论文，题为《文革的结束》，同时还写了一篇叫做《知青下放》的短文，一并寄给夏志清教授。夏志清对于这两篇文章持有同样的否定态度，于是张爱玲只好作罢，算是她对夏志清推举她到加州大学伯克莱分校中国研究中心的一个总结和交代。

这时距离她被解聘已经过去了四个多月，她仍然住在研究中心之前给她提供的房子里。这幢位于杜兰街的公寓由于地处北加州，住在里面就像住在冰窖里。

张爱玲早就想搬到洛杉矶去住。此时，她已不似两年前那样贫困，台湾皇冠出版社不断汇来的稿费和版税使她有了一定的储蓄，张爱玲第一次有了任由自己选择居住城市的自由。

四、接受采访

1971年7月9日至13日，由王祯和在台湾大学外文系的同学水晶撰写的人物访谈长文《蝉——夜访张爱玲》在台湾《中国时报·人间副刊》上连载，一下子引起了轰动。水晶先生不仅是“张迷”，而且是张爱玲小说较为出色的研究者，著有《张爱玲的小说艺术》一书。他的这篇访谈写得非常生动，成为“揭秘张爱玲”的开山之作。

水晶初次约谈张爱玲时，他按响门铃后等待好长时间，张爱玲才在传话器里冷冷地说：“因为感冒，躺在床上，很抱歉。”然后就挂上了话筒，表现出了明显的不悦。

一个星期后的一天，水晶这一次没有冒昧地上门，而是给张爱玲打去电话，表示自己想前去看望她的愿望。由于打电话时已是凌晨两点，而这个时段，正是张爱玲一天中精力最为旺盛的时候，故没有立即挂断电话，而是和水晶在电话里聊了几句闲话。她告诉水晶，她之所以要去上班（此时她仍在加州大学伯克莱分校陈世骧教授的中国研究中心工作），是因为公寓楼里太热，而班上有冷气。接着她还要去了水晶的地址和电话号码，答应他先写张便条，然后再电话联系，以便约定见面的具体时间。

这次通话后又过去一个多月，水晶这才见到了"真神"。

张爱玲给水晶的第一印象是"很瘦"。那一天，她穿着一袭高领的青莲色旗袍，梳着一款"五凤翻飞"式的发型，斜欠身子坐在沙发上，"逸兴湍飞，笑容可掬"。"她的起居室有如雪洞一般，墙上没有一些装饰和照片，迎面一排落地玻璃长窗。在她的起居室里，非常意外的是竟找不到一张书桌，仅有一张上海人所谓'夜壶箱'的小桌子"。

因为已经得知水晶不久将要订婚的消息，张爱玲特意为他准备了一瓶八盎司重的Chane 1 No.5版香水，送给他的未婚妻。水晶受宠若惊，对于张爱玲的细心和周到感到十分意外。于是，他们之间的谈话也就随之变得轻松、愉快起来。他们谈风俗习惯，谈章回小说，谈张爱玲的作品。这期间，张爱玲接连喝了四杯咖啡。他说，她是一个和月亮共进退的人，故而她的小说对月亮的意象描写便格外地玲珑剔透。

张爱玲还向水晶介绍了她平时的阅读情况。平常最爱看的是英文通俗小说，阅读对她来说已成为第二生命。她笑着说，赖雅在世的时候，说她专看"垃圾"。此言既不妄也不假，她自小就迷恋小报，对所谓"文字垃圾"有一种固执的偏好。

谈话结束时，已是凌晨两点半。水晶与张爱玲的这次会面，足足谈了七个小时。这篇"访谈"，则成为张爱玲在美国生活的唯一的文字资料，也是研究张爱玲的重要文献之一。

水晶的《蝉——夜访张爱玲》见报以后，"张爱玲热"自此在台湾岛内经久不衰，继而又由台湾辐射到东南亚和全球的华人世界。海外出版过一部《近代中国

张爱玲在洛杉矶的公寓

文学史》，其中评论张爱玲的内容整整占了四十页，相比之下，它用来评论鲁迅的文字却只用了二十六页。在海外一些学者的眼里，张爱玲无疑是中国现代最优秀的小说家之一，认为即使把张爱玲的作品拿出来与诺贝尔文学奖得主的作品放在一起比较，张爱玲也同样毫不逊色。

张爱玲红了，她终于在有生之年亲眼见到自己怎么在同胞中逐渐地“红”起来——就这一点而言，张爱玲是幸运的。

五、会见友人

1971年10月，也就是在陈世骧教授因突发心脏病去世后五个月，张爱玲离开加州大学伯克莱分校，正式搬进了洛杉矶的新家。这是一栋半新不旧的公寓楼，张爱玲居住的房间里装着几只两百瓦的大灯泡，虽然既有会客室也有厨房，但进屋就见满地的塑料饭盒和简易刀叉。丝绒沙发和厚地毯都显得很旧，而宽大的落地玻璃窗整天被厚厚的两层窗帘遮盖得严严实实，与世隔绝的装饰格局让人立即失去了时空的期待和方向感，仿佛走进了一个深不见底的地窖。

像以往一样，张爱玲仍然拒绝与人来往，偶或听到有人按门铃也全不理会。每天仍是中午起床，简单地用过从超市买来的简易午餐后就开始工作。工作时手中始终不离咖啡杯子，一会儿一杯地喝，工作不已则咖啡不止。原先她是不喝咖啡的，但由于买不到中意的茶叶，后来就改饮咖啡，从此一发而不可收，一喝就没完没了。她喝咖啡是不加糖的，但有时却要加点牛奶。她平时也储藏点苦艾酒（Vermouth）或波旁（Bourbon），但不常喝。她吃的食物都极简单，每天只吃半个Englishmuffin（一种类似烧饼一样的烤饼）。以前她喜欢吃鱼，但后来听医生说，鱼肉里胆固醇和脂肪含量太高，容易引起动脉硬化，所以也不再吃鱼了。她经常会生一种类似于“感冒”的疾病，一生病就接连几天无法进食，不管是什么食物，一吃就吐个没完没了。每当这种时候，她就只能以咖啡来“充饥”。

这期间，张爱玲很少与外界联系。美国之外只与香港的宋琪、邝文美夫妇通信，在美国本土，与她有较多联系的只有庄信正夫妇。

庄信正与张爱玲认识于1966年，那一年新年前后，庄信正与张爱玲共同参加由印第安纳大学比较文学系主任福伦兹教授主持的中西文学关系研讨会。会后，庄信正与夏志清及《中国现代小说史》的翻译者刘绍铭一起，硬着头皮去旅馆求见孤高冷傲的张爱玲。想不到张爱玲这一回却给了他们面子，不仅开门让他们进了房间，而且还很客气地同他们交谈了一会。因为有这一面之缘，庄信正后来几乎成为张爱玲晚年在美国唯一的朋友。

1974年6月底，庄信正夫妇决定搬到印第安纳州去，张爱玲得知后，特地邀请他们于出发前一天的晚上八点到她的公寓里小聚一次。难得张爱玲能有如此雅兴，庄信正夫妇自是求之不得。张爱玲在电话里对他们说，来时务必把照相簿带上。

庄信正夫妇很守时，依约前往，可到了张爱玲的公寓楼下按门铃却不见回应。

他们坚信张爱玲肯定不会爽约，于是就每隔十分钟按一次门铃。直到八点四十，张爱玲才把门打开。庄信正夫妇进屋后才知道，张爱玲竟然把他们约见的日子记成了翌日。

客厅里只有一张半旧的小圆桌和两把椅子，待庄氏夫妇坐定，张爱玲就开始忙碌起来。

由于平时没有在家里接待过什么人，等她把咖啡煮好后，这才发现很难凑齐供三个人同时饮用的杯子、托盘和汤匙，就更别说还要匀出餐具来装冰淇淋了。幸好庄信正夫妇来公寓之前顺便弯到街上买了些中国点心，否则，由张爱玲建议的这场“小聚”可就寒酸到只有咖啡和冰淇淋了。

但这一切都没有影响他们的谈兴。

庄信正首先从包里取出照相簿请张爱玲浏览他们一家的陈年旧照，待一一翻看完毕，张爱玲就起身走进卧室里拿出一本大而破旧的照相簿来，这可是一件宝贝，张爱玲轻易不会拿出来示人的。

这本照相簿是她20世纪50年代第二次去香港时，由姑姑张茂渊亲手交给她的。张茂渊担心，在当时的政治气氛下，像她们这样的家庭，或迟或早总要被“清算”的。而这本照相簿，则是对一个封建家庭所有“罪恶”的形象浓缩。张爱玲此次赴港，她把照相簿交给她保存，既是出于未雨绸缪的考虑，也是让她记住张家和李家的血脉。

照相簿里大多是母亲黄逸梵和姑姑张茂渊年轻时的靓照，除此之外，上自张爱玲的曾祖父张印塘、外曾祖父李鸿章、祖父张佩纶、祖母李菊耦，下至张爱玲、张子静以及舅舅黄定柱家的几位表妹，都有一些珍贵的照片留在这本照相簿内。庄信正夫妇看得很投入，他们都是“张迷”，今天忽然能够亲眼目睹这么多神交已久的“故人”，别说心里有多么满足了。张爱玲坐在他们夫妇对面，偶尔会就照相簿里的某张照片作点说明。

看完照片，接着又聊了些彼此感兴趣的话题，不知不觉已过去六七个小时，等庄信正夫妇依依不舍地离开张宅的时候，已是凌晨三点半了。

庄信正虽然从此离开了洛杉矶，但却与张爱玲一直时有书信联系。这期间，庄信正有一件事做得尤其有意义，也许，当庄信正把友人林式同介绍给张爱玲，希望他能对她多多关照的时候，根本不会想到林式同对于张爱玲的后半生乃至整个晚年是多么重要。然而,正是因为有了这位林式同,张爱玲离世后才算有个完满的收场。

六、国际名声

林式同先生是一位建筑师,他是庄信正的好朋友。虽然林先生不是“张迷”,甚至连张爱玲的书也没有读过一本,但他却早就从庄信正那里了解了张爱玲的为人,以及她那非同一般的才华。他对张爱玲很景仰,把关照张爱玲当成是自己一份义不容辞的责任。

但林式同想与张爱玲见上一面却很不容易。

林先生第一次去拜访张爱玲是在庄信正夫妇迁居到印第安纳州后不久。出发前,林先生给张爱玲打了电话,讲好当天去看望她。张爱玲在电话里也答应了,可当林式同开了整整四十分钟的车赶到张爱玲的楼下时,不管他怎么按门铃,张爱玲就是死活不开门,林先生无奈,只好悻悻地往回赶。

林式同回家后又给张爱玲打电话,电话通了,林先生问她怎么不给他开门,张爱玲却说不知道是他按的门铃。不仅让人家吃闭门羹的理由十分牵强,而且语气中也没有一点愧疚的表示。

不久,张爱玲主动给林式同打去电话,说是有事情要给他说,请他能到她的公寓里来一趟。鉴于上一次吃闭门羹的教训,林式同与她约好时间,又反反复复地重复了好多遍,在得到准确无误的确认后,这才把电话挂断。

到了约定的那一天,林式同又足足开了四十分钟的车,这才到了张爱玲的公寓楼下。这一回,张爱玲倒是开了门,可林先生刚刚进门坐了五分钟,这场“郑重其事的会见”就宣告结束了。张爱玲的待人之冷,于兹可见一斑。

但张爱玲的“待人之冷”又不是普通意义上的恃才傲物,她只是根据她的行事风格去待人接物,觉得人与人交往无须客套和应酬,该说什么说什么,事情说完了,办完了,“见面”自然也就结束了,还“耗”在一起作甚?张爱玲仍然在应用十分古老的原始方式与人交往,由于不合时宜,让一般人看来,其“待人之冷”也就感觉不可思议了。

1975年3月，张爱玲决定把她酝酿了很久的一部小说《小团圆》给写出来。她在动笔之前把自己的打算写信告诉了宋琪和邝文美。而在写作过程中，则又三天两头地告知写作进度。她对邝文美说，也许是因为这部小说构思得太久了，所以写起来非常顺手。到了同年的9月中旬，她就说小说已经写完了。但后来由于反复增补内容，又老是无以结束。直到1976年3月14日，十八万字的长篇小说才算彻底完稿。

张爱玲希望宋琪帮忙将其首先在港台的报纸上连载。但宋琪对于《小团圆》并不看好，至于在报纸上连载则更是没有信心。在1976年4月28日写给张爱玲的信中，宋琪直言不讳地说出了自己的看法："在读完前三分之一时，我有一个感觉，就是：第一、二章太乱，有点像点名簿，而且插写太平洋战争，初期作品中已见过，如果在报纸上连载，可能吸引不住读者'追'下去读。……及至看到胡兰成的那一段，前面两章所pose的问题反而变成微不足道了。我知道你的书名也是ironical的，才子佳人小说中的男主角都中了状元，然后三妻四妾个个貌美、和顺，心甘心情愿同他一起生活，所以是'大团圆'。现在这部小说里的男主角是一个汉奸，最后躲了起来，个个同他好的女人都或被休，或困于情势，或看穿他为人，都同他分了手，结果只有一阵风光，连'小团圆'都谈不上。"

宋琪还在信中提醒张爱玲："女主角九莉给写成一个胆大，非传统的女人，她的爱是没有条件的，虽然明知(一)这男人是汉奸；(二)另外他有好几个女人；(三)会为社会舆论和亲友所轻视。当然最后她是幻灭了，把他抛弃。可是我们可以想象得到一定会有人指出：九莉就是张爱玲，邵之雍就是胡兰成。张爱玲明知他的身份和为人，还是同他好，然后加油加酱地添上一大堆，此应彼和，存有私心和妒忌的人更是每个人踢上一脚，恨不得踏死你为止。那时候，你说上一百遍：《小团圆》是小说，九莉是小说中人物，同张爱玲不是一回事，没有人会理你。不要忘了，旁边还有一个定时炸弹：'无赖人'，此人不知搭上了什么线，去台湾中国文化学院教书，大写其文章，后来给人指出是汉奸，《中央日报》都出来攻击他，只好撤职，写文章也只好用笔名。《小团圆》一出，等于肥猪送上门，还不借此良机大出风头，写其自成一格的怪文？不停地说：九莉就是爱玲，某些地方是真情实事，某些地方改头换面，其他地方与我的记忆稍有出入，等等，扬扬得意之情想都想得出来。一个将近淹死的人，在水里抓得着什么就是什么，结果连累你也拖下水去，真是何苦来？……大前提是in its present form，此书恐怕不能发表或出版。连鑫涛都会考虑再三，这本书也许会捞一笔，但他不会肯自毁长城。”

宋琪的这些话，使当时急于想发表《小团圆》的张爱玲冷静了下来。这也许就是《小团圆》一直没有面世的真正原因。

1975年年底，张爱玲从麦卡锡那里获悉，纽约威尔逊公司不久前出版了一部叫做《世界作家简介·一九五〇——一九七〇，二十世纪作家简介补册》的书，书中对张爱玲作了介绍。

张爱玲向来没有买书的习惯，对这样的书籍更加不会关注。她此时正全身心地投入到《小团圆》的写作中，就更不会特别留意这样一件事了。

她也许并不知道，这件事对她绝不是无足轻重的。威尔逊公司的作家书系可非同一般，它在整个英语世界的影响力远远超过一般的人物传记系列。威尔逊作家书系不仅规模庞大，而且对收录的作家艺术家也有十分苛刻的条件。无论是小说家、诗人，还是剧作家或批评家，包括一些哲学家、历史学家和神学家，等等，首先你必须在世界范围内尤其在英语世界具有广泛的影响力，为广大读者所熟悉。与此同时，你的作品的文学意义还必须超越你的同代人，才能有机会被收录。正因为如此，能够入选威尔逊作家书系是许多作家终生的梦想。

张爱玲在美国定居二十年以后获此殊荣，实际上是美国社会对她最高的褒奖，也是她这一生获得的最具意义的国际名声。这个荣誉对于张爱玲来说，绝不是可有可无的，它的意义远远超出了这件事情本身。

20世纪70年代后半期，由于身体状况一天不如一天，张爱玲几乎没有什么新作问世。直到1978年4月11日，台湾的《中国时报·人间副刊》上发表了小说《色·戒》，才再一次唤起了人们对张爱玲的持续关注。

《色·戒》的意义在于揭示了人性中隐秘的成分，它是从一个真实的历史事件中演绎出来的故事。它的文学价值远远大于它的历史和政治的意义。

1979年，国内的政治环境开始变得宽松，香港人回内地探亲成为一股潮流。通过身处香港的宋琪和邝文美夫妇，张爱玲与姑姑张茂渊取得了联系。张茂渊此时已是一位七十七岁的老人，自张爱玲离开上海后，她一直没有搬过家，仍然住在长江公寓里，她在光明大戏院上班，直至退休。能够重新取得联系，不管是张爱玲，还是张茂渊，自是都非常高兴。从通信中，张爱玲知道张茂渊在"文革"中曾受到冲击，但好在没有伤筋动骨，比想象中要好得多。张爱玲并没有把她在美国的坎坎坷坷告诉姑姑，更没有敞开心扉与姑姑说点私房话。而且联系也越来越不经常，就连她在美国的住地和信箱也对张茂渊保密，似乎已经没有什么姑侄之间所谓"自家人"的亲情了。张茂渊于1991年去世，张爱玲也是后来才知道的，当然也谈不上伤心什么的。

进入20世纪80年代，张爱玲热逐渐为中国内地所了解。1981年年底，当时在整个文学界具有广泛影响的上海《文汇月刊》发表了一篇传记体散文《张爱玲传奇》，第一次向内地读者比较详细地介绍了张爱玲的生平和创作。也就是从那时开始，内地的"张爱玲热"进入"预热"阶段，为其后在更大范围内掀起的"张爱玲旋风"做了铺垫。

有趣的是，当时仍在中学教书的张子静读到这篇文章时，他居然怀疑自己的姐姐还活着。

张子静一生未婚，懦弱的性格也始终没有什么改变。平时很少与人交往，就是与同在上海居住的姑姑张茂渊也极少见面。因此，他一点也不知道姑姑已经与姐姐联系上的消息。

张子静从小就崇拜张爱玲，自从看了《文汇月刊》上的那篇文章以后，他就开始四处打听，并且通过如今仍在海外的亲友寻找张爱玲的下落。也算是功夫不负有心人吧，1983年年底，张子静终于联系上了张爱玲。但张爱玲对于这个几十年没有见过面的弟弟似乎并没有什么感情，几年也通不上一封信，最终则干脆拒绝再联系，好不容易接上的"线"又断了。

张子静于1986年退休，1989年又试图和张爱玲联系，但由于张爱玲对他采取待理不理的态度，令张子静很失望，故直到去世，他也没有再与张爱玲联系。

第十四章 寂寞凄清的孤独谢幕

一、功德圆满

1991年7月，台湾皇冠出版社决定为张爱玲出版全集。平鑫涛把这个决定告诉了张爱玲，希望得到她的支持。张爱玲这一次倒很配合，全集的出版工作很快就进入实质性的操作阶段。

出版全集可不是一件轻松的事，出版社除了要收集作者的全部作品以外，还要协调编辑与作者、出版社与印刷厂、出版社与书商等各个方面之间的关系。更何况，张爱玲又不在台湾而在美国，不是什么事情都依靠电话就能够解决的，故要联系她就得靠书信、邮件等方式，从台湾到美国，多次往返，其费时费力不难想象。但偏偏张爱玲对待这件事情又特别较真，其间的磕磕碰碰自是难免。有时单单为了一个字，就要纠缠好半天。全集共计十四卷，近五百万字，明明出版社和印刷厂都安排了校对，但张爱玲还是不放心，非要亲自一个字一个字地校对不可。她此时的身体状况已经很差，加之眼睛痼疾遗害，这对于一位年逾古稀的老人说来，实在不是一件轻松的事。但她既是如此坚持，出版社方面也不好不买她的面子，只好耐心地等她一个字一个字地校对完毕，这才定稿付印，待得成书，已经整整耗时一年了。

1994年6月，皇冠出版社又出版了《张爱玲全集》第十五卷。这是一本以老照片为主的图文集，书名则说得直白:《对照记——看老照相簿》。这本书的文字部分早在十四卷全集出版后不久张爱玲就已经寄给皇冠出版社了,但其中的照片她却迟迟定不下来,前前后后一直拖了有一年多的时间,后来终于选定了五十多幅。由于照片年代久远,加之保管不善,好多幅照片都已破损,虫蛀腐蚀,模糊不清。出版社拿到这些照片后,首先要对它们一一进行修补,然后再拍成幻灯片。至于文字部分,则仍依前例,先由出版社校对完毕,认为已无错讹,再将校样寄给张爱玲。张爱玲的认真程度也仍然一如既往,一个字一个字地校对,绝不放过一个错字和标点。这一次速度还算不慢,一个多月后,张爱玲就把样稿寄回台北。《对照记》一书共收入照片五十多幅,绝大多数都是张爱玲青少年时代的照片,家族中其他人只有黄逸梵、张茂渊等人的照片,有趣的是,虽然至亲的照片收录得不多,但却有印度女孩炎樱的照片。张志沂和孙用蕃的照片没有收录当在意料之中,但没有胡兰成和赖雅的照片却颇为耐人寻味。

张爱玲晚年在洛杉矶的最后一张照片，摄于1994 年获得台湾《中国时报》“时报文学奖”的“特别成就奖”的时候。当时文艺界敏感人士认为这张照片隐含着她不久于人世的不祥气息。

1994年9月,台湾《中国时报》将第十七届“时报文学奖”的“特别成就奖”授予张爱玲。

1994年12月3日,《中国时报·副刊》发表了张爱玲的获奖感言:《忆〈西风〉——第十七届时报文学奖特别成就奖得奖感言》。在这篇文章中,张爱玲回忆了她年轻时参加《西风》杂志有奖征文的往事,娓娓道来,却也有趣。

这篇短文，是张爱玲生前公开发表的最后一篇文章。

二、悄然离去

1992年2月17日，张爱玲给林式同先生寄去一封信，信中夹附了一份遗嘱。在信中，张爱玲问他是否愿意担当她的遗嘱执行人，如果他不愿意，她将另请别人。林式同觉得张爱玲身体尚好，年龄也不算很大，觉得此时说遗嘱的事有点瘆人，因此就没有搭茬。张爱玲没有等到林式同的答复，便认定他已默认，于是也就没有再找别的遗嘱执行人。

1995年9月8日中午，林式同刚一到家，电话铃就响了。打电话的是张爱玲房东的女儿。她在电话里说，她们已经有好几天没有看见张爱玲了，也没有听到她的房间里有任何声响，她们怀疑张爱玲是不是出事了。

林式同接了这个电话以后颇为震惊，他草草地用了午餐，正准备出门赶往张爱玲在西木区罗切斯特街的公寓，电话又响了。这一回不是张爱玲房东的女儿，而是洛杉矶警察局，他们正式通知林式同：张爱玲已经去世。

当林式同赶到罗切斯特街公寓时，洛杉矶警察局已经勘验完毕。林式同要进去看一看张爱玲的遗容却没有被批准。林式同把张爱玲交给他的遗嘱和自己的身份证、驾驶证一并交到警察的手里，仍然不许进入房间。后来，一位女警察将一个手提包交给他，说是里面装着死者的重要遗物。林式同看了一眼，发现提包里装的都是信封和文件，也就没有太当一回事。

就在这时，殡仪馆的人来了。他们要林式同在火化手续上签字，以证明死者确实是张爱玲本人。林式同说，我看不到遗体，怎么知道是不是张爱玲本人？警察直到这时才不得不让林式同走进房间来。

张爱玲躺在一张靠墙的行军床上，身上没有盖被子或毯子，身下铺着一床灰蓝色毛毯，双目紧闭，遗容安详，似乎是在睡梦中走完生命最后一程的。

张爱玲的房间里很乱，地上到处都是散落的纸片、信封、账单、收据和旧报纸。房间里既没有书架和写字台，也没有衣箱和橱柜。张爱玲平时好像就是趴在几只叠起的纸盒上写字，房间里的许多废纸片上都留有她的字迹。

还好，张爱玲另外租了一个小小的仓库，三英尺见方，那里储藏着她的英文著作和打字稿。张爱玲粗中有细，在与仓库老板签约时，在"租用人"项下，她填写了张爱玲和林式同两个名字。

林式同将这些遗物清理后，全部寄给了香港的宋琪。与此同时，他还把张爱玲的遗嘱概括为七条，一并告知了宋琪夫妇：

一、死后立即火化，不让人看到遗体；

二、不举行任何形式的葬礼仪式；

三、骨灰撒到空旷无人处；

四、遗物全部都寄给宋琪先生；

五、将已经完成的《小团圆》文稿销毁；

六、未完成的文稿一律不得发表；

七、已经完成的《知青下放》仅供保存。

张爱玲就这么走了，走得无声无息。

2011年1月11日—2月28日初稿于上海

2011年3月22日定稿于沪上余兴斋

附:张爱玲年表

1920年

9月30日,出生于上海淮安路313号(即今康定东路87弄),乳名张煐。

1921年

12月11日,弟弟张子静出生,乳名张魁。

1922年

随父母定居天津法租界32号路61号。

1924年

和弟弟张子静一起接受私塾教育,母亲黄逸梵携姑姑张茂渊赴英国留学。

1928年

全家迁回上海,和母亲、姑姑搬入陕西南路宝隆花园居住。开始学习绘画、钢琴和英文。

1929年

寄出平生第一封投稿信。

1930年

入教会开办的黄氏小学读书,报名时第一次使用"张爱玲"这个名字。插班六年级。父母离异,母亲从家中搬走,不久,母亲即远赴法国。

1931年

全家搬到延安中路740弄10号康乐村。秋天,张爱玲进入贵族学校——圣玛利亚女中读书。

1932年

在圣玛利亚女中校刊《凤藻》上发表处女作《不幸的她》。

1933年

在圣玛利亚女中校刊《凤藻》上发表散文《迟暮》。

1934年

父亲张志沂再婚，娶沪上名媛孙用蕃。

1935年

全家重又搬回淮安路313号居住。

1936年

在汪宏声主办的学生刊物《国光》上发表了短篇小说《牛》。

1937年

在《国光》上发表历史小说《霸王别姬》。

中学毕业。

母亲回国。

与后母发生争执，惨遭父亲毒打，并被囚禁在家数月。

1938年

春节前夕逃出父亲的家，投奔母亲，随即在英文《大美晚报》上发表文章，披露被囚经历，控诉家庭暴力。

1939年

年初，与母亲、姑姑搬到静安寺赫德路192号爱丁顿公寓5楼51室居住。在伦敦大学远东区考试中获得第一名，因"二战"爆发而改入香港大学。与印度女孩炎樱结下终身友谊。参加上海《西风》杂志的征文活动。

1940年

《我的天才梦》获得《西风》杂志征文名誉奖第三名。

1941年

太平洋战争爆发，港大停课，张爱玲报名当看护。

1942年

5月，与炎樱回上海。秋天插班圣约翰大学国文系四年级，两个月后退学。开始向英文杂志《二十世纪》投稿。

1943年

年初，拜访《紫罗兰》主编周瘦鹃。小说《沉香屑第一炉香》和《沉香屑第二炉香》在《紫罗兰》第二期至第六期上发表。7月，拜访《万象》杂志主编柯灵，相继发表《心经》、《琉璃瓦》、《连环套》、《茉莉香片》、《倾城之恋》和《金锁记》等力作。

1944年

在《杂志》上发表小说《年轻的时候》、《花凋》、《红玫瑰与白玫瑰》、《等》和散文《有女同车》、《论写作》和《写什么》等，成为上海滩最红的女作家。

2月，结识胡兰成；8月，与胡兰成结为夫妇。

8月，小说集《传奇》出版，引起轰动。

10月，胡兰成在南京创办刊物《苦竹》。张爱玲的《谈音乐》、《桂花蒸·阿小悲秋》和《自己的文章》在《苦竹》上发表。

12月，散文集《流言》出版。

12月26日，张爱玲根据自己的小说《倾城之恋》改编的同名话剧在上海上演，获得巨大成功。

1945年

在《杂志》上发表《创世纪》和《姑姑语录》等作品。

8月，抗战胜利，张爱玲背负汉奸嫌疑，淡出文坛。

1946年

2月，赴温州看望胡兰成，发现胡兰成已另娶范秀美，决心与之决裂。

4月，在《大家》杂志上发表散文《华丽缘》。

11月，小说集《传奇》增订本出版。

1947年

4月，由张爱玲编剧的第一部电影《不了情》上映，反响热烈，随即将其改编为小说在《大家》上发表。

12月，由张爱玲编剧的第二部电影《太太万岁》成功上映，同样引起轰动。

秋天，母亲黄逸梵回国。

1949年

4月，由张爱玲编剧的第三部影片《哀乐中年》上映。

1950年

与姑姑张茂渊迁居到派克路的卡尔登公寓。

3月25日，开始以“梁京”的笔名在《亦报》上连载第一部长篇小说《十八春》。

7月，出席上海第一次文代会。

1951年

长篇小说《十八春》发行单行本。

11月4日，《亦报》开始连载中篇小说《小艾》。

1952年

7月，离境赴港。

11月，应炎樱之邀赴日本。

1953年

2月，由日本返回香港。再次向港大提出复学申请被拒。

开始为"美新处"工作。

着手创作英文长篇小说《秧歌》。

1954年

将《秧歌》中文稿寄给胡适征求意见。

1955年

创作英文小说《赤地之恋》。

秋天离港赴美，11月中旬抵达美国。

1956年

2月13日，向麦克道威尔文艺营提出居住申请；3月，获得同意，随即前往。

3月13日，结识赖雅，继则频繁交往。

5月14日，赖雅离开麦克道威尔文艺营，转往纽约州耶多文艺营。

7月，张爱玲告知赖雅自己怀孕，接着在赖雅陪同下做了流产手术。

8月14日，张爱玲与赖雅举行简易婚礼。

1957年

4月，与赖雅在彼得堡市租房居住。开始为香港电懋公司写电影剧本。

8月下旬，母亲黄逸梵病重，不久病逝于英国。

1958年

1月，致信胡兰成，借书未得。

11月，与赖雅一起前往洛杉矶，入住由亨廷顿·哈特福基金会开办的文艺营。

1959年

5月，与赖雅迁居旧金山。

1960年

7月，张爱玲取得美国公民身份。

1961年

10月13日，张爱玲抵达台湾。不久即得知赖雅中风的消息。

10月下旬，由台赴港，创作电影剧本《红楼梦》和《南北一家亲》。剧本《红楼梦》被毙，《南北一家亲》被拍成电影上映。

1962年

3月18日，由香港回到华盛顿。

1964年

6月2日，香港电懋公司创办人遭遇空难，张爱玲从此失去了为“电懋”写作剧本的“专利”。

1966年

9月，被聘为迈阿密大学驻校作家。

1967年

9月，被聘为马萨诸塞州赖德克利夫大学朋丁学院驻校作家。

10月8日，赖雅去世。

1969年

7月，出任加州大学伯克莱分校中国研究中心高级研究员。

1971年

5月，被加州大学伯克莱分校中国研究中心解雇。

1972年

5月，修改完成英文稿《文革的结束》和《知青下放》。

1973年

7月，迁居洛杉矶。

1974年

入选美国纽约威尔逊公司出版的《世界作家简介·一九五〇—一九七〇，二十世纪作家简介补册》。

1975年

5月，开始写作长篇小说《小团圆》。

9月，《小团圆》完成初稿。

1976年

3月，十八万字的《小团圆》定稿，并将誊清后的全稿寄给香港的宋琪、邝文美夫妇。

1978年

4月11日，台湾《中国时报·人间》发表小说《色·戒》。

1979年

与姑姑张茂渊重新取得联系。

1981年

上海《文汇月刊》发表张葆莘的《张爱玲传奇》。

1983年

年底，与弟弟张子静取得联系。

1985年

国内大型文学刊物《收获》第三期刊发《倾城之恋》。

1991年

7月，台湾皇冠出版社决定出版《张爱玲全集》。

1994年

6月，《对照记——看老照相簿》作为《张爱玲全集》第十五卷出版。

9月，获《中国时报》第十七届“时报文学奖”的“特别成就奖”。

1995年

9月8日，张爱玲被发现逝世于洛杉矶西木区罗切斯特街公寓。

后 记

当这本传记完稿以后，我没有如释重负的喜悦，而是长长地叹了一口气。造化弄人，为什么让一个人拥有无与伦比的才华，却要同时让她始终生活在此起彼伏的困苦之中？

如果说，青少年时代的张爱玲虽然没有家庭温暖但却衣食无忧的话，那么从成年到老死，她却一直生活在寅吃卯粮、捉襟见肘的困窘之中。

张爱玲不幸的人生是与生俱来的。人们都说“性格决定命运”，张爱玲始终与外部世界冲突的性格决定了她与幸福无缘。她似乎也曾经做过无数次努力，企图调整她与外部世界的紧张关系，但她失败了，她那顽强的个性无法与周围的环境达至和解。当她先是与母亲继而是与父亲，接着与所有家庭成员都产生了感情疏离以后，事实上她已经跨出了命运多舛的人生之路的第一步。后来，无论是婚姻上的挫折还是生活上的坎坷，虽然我们可以罗列出一百条外部原因来做出解释，但其实，真正起决定作用的因素却是她的性格。

进入晚年以后，张爱玲曾经对她的前半生进行了一次完整的梳理，创作了带有自传体性质的长篇小说《小团圆》，虽然她说“在《小团圆》里讲到自己也很不客气，这种地方总是自己来揭发得好”，但实际上她“不客气”的自我“揭发”并不彻底，更谈不上深刻。她的自省能力在这里受到了挑战。《小团圆》既不是一部好小说，也不是一本好传记。她曾声言《小团圆》“是一个热情故事，我想表达出爱情的万转千回，完全幻灭了之后也还有点什么东西在”。但通读小说之后，我们既没有看到“爱情的万转千回”，也没有看到“完全幻灭之后也还有点什么东西在”。事实上，张胡恋本身就是一笔糊涂账，要想从这片废墟上清理出天高地阔来，是根本不可能的。《小团圆》是张爱玲留给世人的最后一处败笔。

另，在撰著并配图的过程中，由于年代久远，有些图片暂未联系到原作者，敬请相关著作权所有者见书后与出版单位联系，以便奉上稿酬。

邵江天

2011年3月于上海